韬略平天下

隋唐韬略

董恩林 章雪峰

著

长江出版传媒 崇文书局

图书在版编目（CIP）数据

隋唐韬略 / 董恩林，章雪峰著 . — 武汉：崇文书
局，2023.3
　（韬略平天下）
　ISBN 978-7-5403-7081-7

　Ⅰ . ①隋… Ⅱ . ①董… ②章… Ⅲ . ①中国历史－研
究－隋唐时代 Ⅳ . ① K240.7

中国国家版本馆 CIP 数据核字（2023）第 019100 号

隋唐韬略

责任编辑　李利霞
出版发行　长江出版传媒｜崇文书局
地　　址　武汉市雄楚大街 268 号 C 座 11 层
电　　话　(027)87677133　邮政编码　430070
印　　刷　武汉市首壹印务有限公司
开　　本　700mm×1000mm　　1/16
印　　张　26
字　　数　390 千字
版　　次　2023 年 3 月第 1 版
印　　次　2023 年 3 月第 1 次印刷
定　　价　78.00 元

（如发现印装质量问题，影响阅读，由本社负责调换）

前　言

　　隋唐三百二十七年的创造历程，把古老的中华帝国推向了世界民族之林的巅峰。特别是大唐王朝，无论政治、经济、军事，还是文化，都在当时的世界上处于领先地位。时至今日，从日本的和服、欧美的唐人街和东南亚的"唐山"等人文景观中，仍能透视出这种盛唐气象的存在和影响。

　　强大帝国的出现，是中华民族大智慧的造化。这种大智慧的物化形式，我们已经从以往史学家、文学家的生花妙笔中多有所闻，有所领悟；但是，更能说明和体现这种大智慧运筹帷幄、决胜千里的思谋脉络和操作过程，却鲜为人们所注目和解剖。本书写作的目的，正在于此。

　　隋唐的政治、经济、军事、文化、外交等方面的成就，夺目璀璨，令人目不暇接。诸如政治上的三省制、封驳制、科举制、考课制等，军事上的府兵制、募兵制以及东征高丽、北服突厥、西讨吐蕃等，经济上的均田制、两税法、漕运法等救弊一时、泽被几代的宏韬伟略等。

　　又如隋文帝杨坚、唐高祖李渊、唐太宗李世民、女皇武则天、唐玄宗李隆基，文臣武将高颎、韩擒虎、房玄龄、杜如晦、李靖、魏征、姚崇、宋璟、李泌、李德裕、裴度、陆贽、郭子仪、李光弼等经邦安国、流芳百世的政治家或军事家，如满天星斗，数不胜数。

　　至于社会生活、人际交往中的奇谋妙策，更是俯拾即是。面对这样一幅波澜壮阔、纵横捭阖、英雄辈出的宏伟画卷，要想用一本区区二三十万字的小册子，把其中的大智慧和小计谋一一描写出来，无异于以蠡测海！所以，笔者只能就隋唐的军国大计提纲挈领地进行铺叙与赏析，至于多如牛毛的小计小谋，只好暂付阙如。

军事是政治的继续。在笔者看来，政治谋略相对于军事谋略来说，是更值得研究和关注的大谋略。因为它关系着亿万民众的衣食住行，从而决定着国家与社会的长治久安，远比只为政治家服务的军事胜利要有意义得多。

孙子说过："百战百胜，非善之善者也；不战而屈人之兵，善之善者也。"不战而屈人之兵，靠什么？靠的就是谋略！而且是政治上的大谋略。之所以说它大，是由于它往往不是一个方面的一个行动或一个措施，而是一连串甚至是一国或几个国家在政治、经济和军事方面的总体认同、部署与合作；也往往不是一时半会可以毕其役、显其功的，而是需要几年、十几年甚至是几十年的时间方可成其事、奏其效的。中国几千年专制政治结出的经济实惠之果虽然不多，但开出的政治韬略之花却漫山遍野、璀璨夺目。尽管时移世易，但只要我们认真总结，剔除其争权夺利之类的糟粕，吸取其济世安民的精华，是可以有所得、有所为的。

中国发轫于先秦的政治韬略思想，到了隋唐时代，已经进入一种自觉境界和成熟阶段，其标志便是具有分权与制衡原则的三省制与封驳制的成熟完善，以及《贞观政要》《通典》《唐六典》等政治学、行政管理学经典著作的出现。但以往的韬略研究大多只着眼于军事谋略，似乎韬略只是专为军事与战争而产生的，这显然有失偏颇。基于此，笔者在本书的写作中，对隋唐各代帝王贤臣的政治谋略及由此而产生的政治体制给予了更多的关注。这也算是本书的特点之一吧。

我们常说，读史使人明智。明智就是明白道理、增长智慧。尽管我们这些凡夫俗子不可能也没必要去奢望成为叱咤风云的政治家和军事家，但日常生活中又何尝不需要韬略呢？

中国古代大思想家老子说过："治大国若烹小鲜。"反过来，道理也一样：烹小鲜若治大国。因为，天人一体，家国同构。政治也好，军事也罢，都只是社会生活的一种极致。所以，生活中也有哲学，也需韬略。

可悲的是，当今世界并不是人人都深谙"知识就是力量""智慧就是财富"的真谛。更有甚者，只知谋求百战百胜、寸步不让的眼前之利，自以为聪明得志，智慧过人；不察先知先贤大智若愚、大巧若拙的大智慧，不懂不战而屈人之兵、无为而无所不为的大韬略；更不理解大千世界祸福相倚、得失相伴的大道理，也不去深思智慧与韬略从何而得。

实际上，人生在世，不仅需要丰衣足食的小计小谋，更离不开吃亏是福、难得糊涂的大智大谋。吃亏也好，糊涂也罢，其精神都是指在人与人的关系中要互利互惠、互助互让，自己得益的同时也让人受惠，以便获得更持久的生存。这就如同当今世界政治与经济的可持续发展战略一样，强调在处理人与自然的关系中，既要索取，又要付出，以求人类能长久地与自然同在。人类离开了自然无法生存，个人离开了别人也无法生存。如果一味地只知索取，而不知付出，到头来必然是竹篮打水一场空，吃亏更多，结果更惨，这就是人生大道理、大智慧！

古今中外无数事实表明，见多才能识广，识广方可足智，足智自会多谋，多谋然后成事，厚德方能不败。我们如果能从古今中外的韬略家那里学到一点"遇事退一步想、高一步看"的态度与胸怀，领会一点"谋事在人、成事在德"的精义，或可于事有补于万一，于人有益于一万。这便是本书写作的又一动机。

二十五年前的 1997 年，本书曾以《隋唐韬略》为名梓行。二十几年后，承崇文书局厚意，认为本书尚有再版的价值，嘱我再次修订补充。因事多务杂，无暇分身，只好全权委托我的学生章雪峰君负责修改。雪峰君当时供职于省人民出版社，身负业务之责，工作繁忙，却不辞劳苦，拨冗担当，且才思敏捷，妙笔生花，使本书面貌焕然一新，读之不能释手，令我满怀欣慰与谢意！本来事先说好，新版我不再署名，任由雪峰君处置，现在他却仍然要把我放在第一作者位置，这实在是有点名不副实，特此言明，以慰其劳，且表其功。

回首二十五年，弹指一挥间。当年我写作本书之时，正当年富力强；如今修订再版之时，已是年过花甲。但是，经过了二十五年的岁月洗礼，我当年的这本小册子，仍然能够得到出版方和读者的认可，无论如何，都是一件值得高兴的事。

最后，需要再次提及的是，由于笔者学识有限，特别是对于"韬略"这一涉及哲学、心理、社会、天文、地理、政治、军事等诸多学科知识综合运用的深奥问题，缺乏全面而深入的认识，加之时日尚短，故本书粗糙乃至错误之处在所难免，谨此诚恳地祈求读者与专家予以教正。

董恩林

二〇二二年九月

于武昌桂子山耕夫斋

目录

第一章
杨坚窃国　大智若愚

韬光养晦 / 003

独揽大权 / 006

培植党羽 / 010

缓除内忧 / 013

速平外患 / 019

革故鼎新 / 022

第二章
快刀乱麻　平定叛乱

促成其恶 / 028

合纵连横 / 031

上屋抽梯 / 034

背水一战 / 037

兵不厌诈 / 040

千里奇袭 / 042

直捣长安 / 044

第三章
远交近攻　征服突厥
顶层设计 / 049
远交近攻 / 053
离强合弱 / 058

第四章
先声夺人　平定南陈
战前陈国 / 063
先声夺人 / 065
瞒天过海 / 070
上下夹击 / 073

第五章
短命隋朝　遗产丰富
强盛帝国 / 081
新建首都 / 083
京杭大运河 / 086
三省六部制 / 087
科举制 / 091
《开皇律》 / 093

第六章
群雄逐鹿　昙花一现
初露锋芒 / 098
功败垂成 / 105
围魏救赵 / 116

主动投降 / 124

第七章
大唐立国　关中为本

暗中准备 / 130

北联西尊 / 135

扩军备战 / 138

入主长安 / 142

招招领先 / 147

第八章
太宗用兵　后发制人

浅水原之战：以逸待劳 / 156

柏壁之战：穷追猛打 / 160

中原决战：围点打援 / 164

洺水之战：水陆夹击 / 170

第九章
太宗治国　任贤纳谏

内心恐惧的治国原点 / 176

居安思危的忧患意识 / 179

仁义治国的大政方针 / 182

精英治国的用人之道 / 185

高效制衡的权力机制 / 195

宽简公平的法治手段 / 198

休养生息的基本国策 / 201

四海一家的大气方针 / 204

第十章
贞观政要　治国宏论
为君之道 / 210
为臣之道 / 220
为政之道 / 225

第十一章
李靖用兵　奇正制变
剿平萧铣　反败为胜 / 238
当涂会战　引蛇出洞 / 242
轻骑三千　奇袭突厥 / 245
征吐谷浑　穷追猛打 / 248
文武双全　李靖著书 / 250

第十二章
武后当国　善恶相济
谋夺皇后 / 260
成为"二圣" / 265
武后施政 / 270
成为女皇 / 274
不让须眉 / 282

第十三章
玄宗中兴　任人唯贤
先发制人的两次政变 / 290
慎用贤相的治国方略 / 296

开源节流的基本国策 / 301

寸土不让的国防战略 / 304

第十四章
安史之乱　暴逆必败

秘密准备，直取首都 / 312

急于求成，丧失良机 / 316

只求速胜，只要首都 / 324

纵虎归山，死灰复燃 / 328

敌后战场，艰苦卓绝 / 334

战略失误，帮了倒忙 / 341

第十五章
唐廷削藩　双管齐下

李适削藩，虎头蛇尾 / 345

李纯削藩，形式统一 / 355

第十六章
名将武略　扬威边疆

李世勣苦战平高丽 / 367

刘仁轨孤军镇百济 / 370

裴行俭妙计赚可汗 / 374

郭元振自强制吐蕃 / 378

王忠嗣持重守边疆 / 380

高仙芝奇袭小勃律 / 382

第十七章
宰臣文韬　驰誉中原

刘晏理财，养民富国 / 387

杨炎两税，利国便民 / 392

陆贽政论，匡谬正误 / 394

德裕当政，纵横捭阖 / 400

杨坚窃国　大智若愚

自古以来，得天下者，有靠"打"的，也有靠"窃"的。"窃"这个事儿，只要干得好，也很有"前途"。古人云："窃钩者诛，窃国者侯。"可见，凡事要干，就得干一票大的。只要窃到国家，往小了说，你是个王侯；往大了说，你可以当皇帝。

杨坚的皇帝之位，就是这样来的。

不过，"窃"字太难听。"禅让"比较好，我们一直用它。

"禅让"，在中国是有传统的。

中国最早的部落首领尧、舜、禹，就是通过禅让制移交权力的，那是一种名副其实的禅让。

但是，接下来的汉代王莽、三国时期魏国曹丕、西晋司马炎，以及南朝宋齐梁陈和北朝齐周的开国君主都玩过"禅让"，包括后来唐代的武则天和朱温又步杨坚的后尘。这些，就不是原汁原味的禅让了，而是彻头彻尾的"窃国"。

但"窃国"这个事儿，也分难度大小。

有十分难的。比如，西汉外戚王莽前后经过九年的矫情伪饰、苦心经营，方谋得皇帝宝座；唐代女皇武则天从当上皇后到登临皇位处心积虑三十四年。三国曹丕篡汉、司马炎代魏及南北朝的"禅让"均经历一两代人多年的苦心经营，直至功名显赫、瓜熟蒂落方才敢问鼎皇位。

也有特别容易的。杨坚代周，前后不到一年，即从一个并无多大军政实权的大前疑（北周宣帝所设四大辅臣之一），摇身一变而成一国之君，轻飘飘稳当当，似乎没费多大周折，事后也并无多大余震。

所以，清代那位读遍了二十二史的大学者赵翼在他的《廿二史札记》中，酸溜溜地说："古来得天下之易，未有如隋文帝者。"

也就是说，古往今来，"窃国"这个活计，杨坚干得最好。

那他是怎么做到的呢？他的诀窍或者说韬略，何在？

韬光养晦

杨坚是官二代。

父亲杨忠是北周开国名将，爵封随国公。杨坚 15 岁即因父勋被授予"车骑大将军"的官号，后来女儿又做了周宣帝的皇后。因为父亲跟随周太祖宇文泰从龙有功，杨家被赐姓普六茹。

所以，杨坚，我们又可以叫他普六茹坚。感觉怪怪的，也没办法。这是荣誉！

普六茹坚长得帅。据说额头宽阔且隐约有五根肉柱直贯头顶，目光犀利逼人，腰长腿短。更神奇的是，他手上还有个从娘胎里带来的汉字文身——王。到底是天之骄子，龙凤之姿啊！

可见，杨坚从小就不是一般人。

长大了的杨坚，为人比较严肃，喜怒不形于色，大约是个闷葫芦，但这样的人往往工于心计。

极富眼力的大政治家周太祖宇文泰说他风骨不像凡间人，当时具有高超相术的来和、张宾、焦子顺、董子华、赵昭等人都曾说他日后必为帝王，中央和地方部分文武大臣如郑译、窦荣定、庞晃、郭荣、宇文庆等也认为他不是凡夫俗子，将来会奄有天下而倾心结纳。

说的人多了，信的人也多了，杨坚的麻烦来了。在那个年代，说某某人日后必为帝王，跟要杀他差不多一个意思。

听说杨坚将来要当皇帝，这还得了？北周皇室先后执政的晋公宇文护和齐王宇文宪以及内史王轨等都断定他面有反相，必欲除之而后快。所以，杨坚虽然很早袭爵做官，却一直受到周武帝、宣帝的猜疑和提防。

最险的一次，是杨坚的女婿周宣帝突然动念，要直接把他这位现任老丈人砍了。周宣帝宣召杨坚进宫，预先吩咐手下人说："只要他脸色稍有改变，就杀掉他。"所幸，杨坚脸部肌肉控制得相当好，在周宣帝的百般责辱中装聋作哑、泰然自若，终于涉险过关。

在如此政治高压之下，杨坚成了乖宝宝。所谓人生如戏，全靠演技。他在人前只好装出一副木讷迟钝、少言寡语且毫无政治头脑的样子，遇事随声附和、不拿主张。因此，我们查遍史书，也找不到杨坚进入政治中心做宰相前有什么提得上筷子的政绩。

这，也叫韬光养晦。

韬光养晦是人生的大谋略。通俗一点说，就是大智若愚、大巧若拙，看似不是计，却比一般小计谋要高深艰难得多。舞台上的演员演戏只是一时的，只装一会儿，过后仍现原形；人生韬光养晦却是本来聪明要装傻、本来会说要装哑、本来可见要装盲、本来能听要装聋，而且不是一时一事一处，而是时时事事处处、年年月月一生一世，这该是多么难演的戏！多么难得的韬略！

其实，杨坚的政治野心很早就有了，在"装乖"的过程中，也暴露过那么一两次。杨坚在由定州总管转亳州总管时，内心十分不乐意，与之过从甚密的庞晃就劝过他："燕代是天下精兵所在之处，现在如果起兵反叛，天下不愁到不了手。"虽然他以"时机未成熟"而拒绝了这一建议，但当时他的小心脏一定是剧烈地跳动过的。可见一旦气候适宜、时机合适，他是不会安分守己的。

杨坚知道，总这么当乖宝宝也不是办法，实在是太危险了。特别是碰到周宣帝这么一个主儿。周宣帝是一个患有严重神经质的虐待狂，杖杀大臣如同儿戏，不论身份场合。涉险过关的活计，玩一次就够了，玩多次的话，杨坚对于是否成功没有把握。

杨坚深知既然受到猜忌，留在帝王身边就等于慢性自杀，便向深受宣帝宠信的老同学、内史上大夫郑译请求出任地方官，这就是当年诸葛亮教刘琦"申生在内而危、重耳在外而安"的避祸方法。

因为，在中国古代的政治游戏中，朝官为重，地方官为轻；另一方面，由于地方官远离专制帝王，仕途与性命却最为保险，所谓"将在外，君命有所不受"，其不仅是一种政治军事规律，有时候也可以用作抗拒中央、化险为夷的托词。

于是杨坚决定不在京城玩儿了。580 年五月，他一直在等待的离开京城的机会，终于来了。

周宣帝决定派郑译率兵讨伐江南陈朝，郑译趁机推荐杨坚作元帅，于是杨坚获得了扬州总管的任命。

独揽大权

正当杨坚准备溜之大吉的时候，继位刚满两年的周宣帝突然得急病死了，年仅22岁。他留下的皇储周静帝只有7岁（在前一年的二月，宣帝已宣布传位给长子宇文衍，后改名宇文阐，是为周静帝，自己则称天元皇帝）。

皇帝年纪小，太好了。此时已有一大帮人感觉到皇位在对自己微笑。其中就有杨坚。

因为这帮人都看到了：北周王朝出现了前所未有的权力真空。

之所以会出现权力真空，全是因为周宣帝自作孽。

在他当皇帝期间，出于保卫皇位安全的目的，他把皇族中颇有权略的齐王宇文宪杀了。这还不够，又将叔父中的赵王宇文招、陈王宇文纯、越王宇文盛、代王宇文达、滕王宇文逌一概遣送回各自的封国。

京城里有影响、有实力的宇文皇族，就此清空。

没有皇族，有几个雄才大略的功臣宿将拱卫皇室，辅佐幼帝，也行啊。可惜的是，周宣帝生前所信任的郑译、刘昉等人都是些无远略、无忠心的平庸之辈，根本谈不上雄才大略。

当然，实在要找一个有谋略的大臣出来嘛，也有。只是，可能忠心有点儿谈不上。

比如，周静帝的那位名义上的外公，一直都在装乖宝宝的杨坚。

于是，天上掉个馅饼，正好砸中杨坚。

事实上，机遇降临时，杨坚并没有完全准备好。否则，就不会有下一幕了：

当周宣帝挺尸寝宫时，其宠臣刘昉、郑译秘而不宣，商议请杨坚出来主政。杨坚却将头摇得像拨浪鼓似的，坚决不干，直到刘昉威胁说"您要干，那就赶快答应下来；要是不干，我可就不客气了"，杨坚才点头应允。杨坚的推辞既是一种政治家的故作姿态，也多少反映出他当时胸无成竹的心思。

此时的杨坚，既不是统兵宿将，也并非执政老臣，在朝廷中没有多大政治势力。他并无十足的把握。

别人也是这样看的。杨坚少年时代的同学元谐曾这样告诫他："您没有党羽援助，犹如水中一堵墙，非常危险，可要小心努力。"

因为，此时他的政治对手非常多。周宣帝去世时，其叔父也就是宇文泰十三个儿子中尚存的赵王、陈王、越王、代王、滕王虽然出镇外藩，但仍是一方诸侯，并未退出政治舞台；尤其是宇文泰的外甥尉迟迥，当时是相州总管，手握强兵，其余各地将帅也多是宇文泰旧部。这些人将来都有可能用各种方式给杨坚制造麻烦。

但是，杨坚当年装乖宝宝本就是演戏，事实上他一直在蓄势待发。现在既然机会来了，他自然要听从内心政治野心的召唤，勇往直前，为着自己的政治目标而不择手段。

在答应刘昉、郑译的当天，杨坚便假称受周宣帝遗诏辅政，总领皇城内外禁卫军，把皇城军队握在了手里。

开弓没有回头箭。抓了军权之后，下一步以什么名义和形式独揽所有大权呢？

杨坚此时的政治盟友刘昉、郑译的打算是：杨坚以大冢宰的头衔主政，以便自己能从中分一杯羹，分别出任小冢宰和大司马，意即三人共同辅政。两人的算盘，那是打得山响。

杨坚的主意呢？他自己感觉有点不会玩儿了。现在自己就好像赌徒一样，抓了满把的好牌，却不知道怎么打了。于是，他去请教了一位高人。

谁？李德林。

李德林好比杨坚的"张良"，是杨坚最重要的智囊人物，博陵安平（今河北安平）人。时人评论他："经国大体，是贾生、晁错之俦；雕虫小技，殆相如、子云之辈。""必为天下伟器。"（《隋书·李德林传》）

这个时候，杨坚首先想到的，就是他。

高人就是高人。李德林给杨坚支了关键一招儿："应当称左大丞相、假黄钺、都督中外诸军事。否则，不能以威服人。"

当时的政治体制，大冢宰只是百官之长，相当于丞相。而李德林所列举的这一连串的头衔中，假黄钺意味着代皇帝行使权威，都督中外诸军事则拥有中外一切军队的实际指挥权。这就是说，李德林所列的官职囊括了皇权、政权和军权。

这个头衔，才是真正的大权独揽。

像杨坚这样一位缺乏政治实力的人物，突然被推上历史舞台的前沿，头衔、名分，很重要。

"唯名与器不可以假人"，这是孔子提出的政治大略，也是后世政治家们无不遵循的原则。名分在皇权专制时代有着不可估量的作用，宋代大政治家司马光对此有过精妙的表述，他说："天下这么大，民众这么多，受制于一人，虽有绝伦之力、非凡之智，无不为之奔走服役、俯首帖耳，不就是因为礼制规定了君臣名分的尊卑秩序吗！"

杨坚是行家，果断地接受了这一头衔。

三天后公布周宣帝去世的消息，杨坚在已经总揽军权的前提下，出任假黄钺、左大丞相，名正言顺，大权独揽。

这，是杨坚后来能够顺利篡权登基的关键一步，充分显示了杨坚高超的政治韬略。

封建时代尽管人们口口声声宣扬仁义道德，但统治者并不讲什么能力的大小与德行的厚薄。先到为君后到为臣，先发制人，占山为王，一旦上台窃取了名与器，旁人一时就难以动摇其地位，这是古今中外专制政治的铁律，是东汉桓灵二帝那样的昏君、三国蜀汉后主刘禅及晋惠帝司马衷那样的蠢材、秦二世胡亥及北齐后主高纬那样的暴君之所以能够维持统治的根本原因，也是孔子所言"唯名与器不可以假人"的奥妙所在。

不过，杨坚在篡周立隋的"窃国"过程中，并不是一次性地把所有大权都揽在手中，而是根据形势发展，循序渐进、偷梁换柱，一步步地加强自己的权力，抬高自己的地位，十分讲究策略。

　　比如军权，杨坚于七月二十四日，兼都督中外诸军事，将全国的军队指挥权抓在手中；平定东部叛乱之后，于九月二十八日，任命长子杨勇为中原战略要地洛州的总管、东京小冢宰，统领潼关以东地区，以加强对关东地方诸侯的监视。再比如政权，九月三十日，杨坚受命为大丞相，废左、右丞相之职，以杜绝分权的可能；十二月，杨坚先是奏请静帝下诏废除以前周皇室对汉族文武大臣的赐姓，以取得大批汉族官员的支持；接着进位为相国，总百揆，即总领百官和内外一切军政事务，并晋爵为随王，以安陆等二十郡为随国，可以享用帝王专用的九锡之礼。

　　这样，杨坚便取得了如东汉末曹操、三国魏司马懿、东魏高欢、西魏宇文泰那样的名誉和实权，从而使篡位自立变得易如反掌。

　　大权在手。皇权已经像桃子一样，熟了。

培植党羽

上台执政，要有班子。

班子很重要。稀烂的班子成不了事，实干的班子能成大事。这是常识。事在人为，无人成不了事，这也是常识。

对于缺乏统治基础的杨坚来说，招揽人才、培植亲信，绝对是迫在眉睫的大事。

到了杨坚来选择班底的时候，他有两种选择：

第一个选择是，重用推荐自己入宫辅政的郑译、刘昉之辈，并让朝廷中现有文武大臣各任旧职，以沽名钓誉、安定人心；

第二个选择是，选贤举能，破格选拔一批文武能人以成就自己的窃国大事。

问题是，郑译、刘昉等人虽有恩于己，但能力有限，声誉无称，可与享其成，不可与虑始。也就是说，这帮人不能用，第一个选择作废。

那就只剩下第二个选择了，大胆起用新人。

主意打定，考虑到兵权优先、武人优先原则，杨坚在辅政伊始，就将勇武过人的将军卢贲、元冑、李圆通、陶澄等召至身边日夜宿卫，委以心腹，这对于身处宫城、内外有疑、随时可能招致杀身之祸的杨坚，犹如暗夜烛光一样的重要。

效果嘛，也是立竿见影。

580年五月二十三日，杨坚宣布宣帝去世，自己受命辅政时，群臣中出现了议论纷纷、多有不服的现象。于是，卢贲在杨坚的命令下，率兵将群臣团团围住。在刀枪之下，群臣服了。至少是暂时服了。

而杨坚在辅政的大半年时间里，屡遭周室诸王暗算，也是得力于元胄兄弟及李圆通等武士的死命护卫才化险为夷。

护身用武将，运筹需文臣。对于想通过平稳方式篡夺帝位的杨坚来说，谋臣显得更为重要。所以，辅政之始，杨坚即特地派人去找当时朝中素负重名的儒士李德林，咨询心腹大事，转达倚重之意。

此后，又先后拔擢重用高颎、苏威、李穆、韦孝宽、杨素、贺若弼、韩擒虎等文武俊才。这些人，后来都成为杨坚执政的中坚力量。

高颎，杨坚辅政之初即委以心腹、极为重用的又一位智囊人物。他对于杨坚的重要性，犹如汉代萧何之于刘邦，不仅在隋朝杨坚、杨广两位帝王的经邦治国中历任宰相，屡运奇策、屡建伟功，而且为杨坚罗致了诸如苏威、杨素、贺若弼、韩擒虎等一代名将名臣，史称他："有文武大略，明达世务。当朝执政将二十年，朝野推服，物无异议。治致升平，颎之力也。"（《隋书·高颎传》）

苏威，杨坚的"南山四皓"。他是曾创制西魏一代典章制度的著名政治家苏绰的儿子。其继承父志，为隋唐新的典章制度及隋代政治做出了巨大贡献。所以，杨坚把他比为汉代受汉高祖、惠帝两代帝王器重的南山四皓。

韦孝宽，北周第一名将，常胜将军，在其同辈将领中，赫赫有名。此人能为杨坚所用，实在是杨坚的幸运。而他给杨坚带来的，是一战而定隋朝天下。

李穆也是和韦孝宽一起，跟随宇文泰打天下的一流的老练军事家，战功卓著。

韦孝宽、李穆，是杨坚重用的第一代名将。

杨坚重用的第二代名将中，代表人物是杨素。杨素后来成为隋文帝及其儿子杨广两代帝王的得力谋士，兼任将相，文武兼备，虽然为臣之道有缺，为杨广谋位夺嫡做了许多不光彩的手脚，但任事之责无憾，平生几乎没有过失败的记录。

而贺若弼、韩擒虎，则是杨坚重用的第三代名将。

在武将方面，终杨坚一生，确实是满把好牌：

第一代名将韦孝宽，助他平定北周时期的叛乱，一战而把皇位送给杨坚；

第二代名将杨素，助他平定隋朝时期的叛乱，奠定统治基础；

第三代名将贺若弼、韩擒虎，则助他平定陈国，完成帝国大一统。

更重要的是，杨坚不仅善于选拔贤俊为己所用，而且深得统御之妙：

李德林胸怀大略而较为保守，杨坚即用其为幕僚，专充谋士，不使担当政务；

高颎文韬武略，锐意革新，杨坚即委以政务重任，后为隋朝最有作为的宰相；

苏威熟悉典故，也富有改革观念，杨坚任以宰相之副，专责以创一代制度；

韦孝宽、贺若弼、韩擒虎等长于用兵打仗，杨坚便长期委以军事之责，东征西讨，卓有战功。

杨坚最终能"窃国"得天下，在文臣武将方面，可谓"济济多士"。正因为杨坚上台伊始就选拔了李德林、高颎、杨素等一大批文武干才，而且用人不疑、各尽其才，他才能够得心应手地实施其宏图大略。否则，纵使他有三头六臂、高天才智，也不可能在毫无统治基础的情况下轻而易举地篡夺帝位。

缓除内忧

杨坚上台后的内忧，主要来自北周宇文皇族，那些个宇文们。

在杨坚那个时代，正统观念深入人心，天命有定，皇位不是人人都能随便向往的，尤其是宇文泰去世才二十余年，其威名与恩惠犹在人心中。七岁小儿周静帝自然微不足道，周皇室诸王却不可等闲视之。

北周皇室诸王，都姓宇文。这些个宇文们，个个都不是省油的灯，一旦他们与宇文泰的功臣宿将互相呼应，足以翻天覆地。所以，杨坚要夺取皇位，这些个宇文们是必须下手除掉的。

这当然很好理解，权力斗争，不是你死就是我活，特别是当皇帝这事儿。姓杨的要当上皇帝，姓宇文的就都得死，一个都不能留。

远大目标是一个不能留，但现实情况下，还得有所区别。具体的方案是，幼年的宇文们，重在笼络，不能杀；对于成年的握有实权的宇文们，才举起屠刀。

笼络的力度不小。在册立周静帝的同一天，杨坚即借皇帝之命委任只有十几岁的汉王宇文赞为上柱国、右大丞相，位在杨坚的左大丞相之上，更任命年幼的秦王宇文贽为上柱国。在处死宇文贤之后，又升宇文赞为大冢宰。八月，加宇文赞为太师，命与之同龄的宋王宇文实为大前疑，升宇文贽为大右弼。

这样的笼络，既高明，又没有风险。高明在于，这些侯王都是静帝的亲叔叔，比五王的血缘更近一层，而这些职位比杨坚的职位要高一级，这下总不能说我杨坚独揽大权了吧？没有风险嘛，主要是因为这几个宇文年龄小。

话都说不明白，也没有什么政治主见，能掀起什么大风大浪？

成年的宇文们，那就不一样了。得杀。

但怎么杀，先杀谁，却有讲究。

最痛快的，是以周静帝的名义，一纸诏书，把所有的宇文抓住，全部绑赴刑场，咔嚓一刀，人头落地，痛快淋漓，斩草除根。

但是不行。

一是做不到。因为绝大部分宇文们不在京城。一纸诏书颁下，却抓不到人，等于在同一时间将全体宇文们逼反，如此一来，恐怕就不是杨坚砍他们的脑袋了，杨坚自己的脑袋可能都保不住。

二是即使做到了，后果严重。一上台就无缘无故大开杀戒，对社会与人心的震动太大，不利于笼络人心。既然将来要坐稳天下，沽名钓誉、收揽人心，那是必须的。

所以，杀这些宇文们，要杀之有名，要循序渐进，要一个一个地慢慢杀。

第一步，先搞定威胁最大的宇文——尚属幼年宇文的宇文赞。

不是说幼年宇文们是笼络对象不能杀吗？没杀，只是让他挪挪地儿。

因为宇文赞在幼年宇文中比较特殊。主要特殊在两点：

一是地位比杨坚高。杨坚宣布辅政班子，为了掩人耳目，曾把周宣帝的弟弟、年仅十几岁的宇文赞拉来，让他以皇叔身份，担任上柱国、右大丞相，位在自己之上。其实，谁都知道，十几岁的小毛孩子懂得什么？宇文赞就是杨坚专权的遮羞布而已，就是个摆设。但这个摆设，仍然是地位高于杨坚的摆设。

二是办公地点比杨坚优越。宇文赞和周静帝同住在一起，这就麻烦了。宇文赞地位比杨坚高，这还真没啥。但这人天天和静帝住在一起，朝夕相处，两个人中一个是小孩子，一个是半大孩子，性格、脾气都还未到稳定期。万一这两个小孩子前一晚在被窝里商量好了，第二天早上突然下诏，给朕砍了左大丞相，怎么办？虽然杨坚军权在手，这两个孩子肯定砍不着他。但问题是这样一来，局面就全盘被动了，非逼得杨坚提前弑君不可。同时，留这么个不托底的人在皇帝身边，万一他和外面手握重兵的功臣宿将勾起手来，再给静帝递个话……吓得杨坚不敢往下想了。

此人潜在威胁太大，变数太多。杨坚认为必须改变这种被动局面。但是，暂时还不能杀了他，因为最大的威胁不是来自于他这个人，而是来自于他的办公地点。只需让他挪挪地方办公就可以了，仍然是不杀。

怎么挪呢？杨坚想到了美人计。

杨坚指使刘昉给宇文赞送去几个美女，并趁机骗他说："大王，您是先皇帝的弟弟，众望所归，静帝太小，岂能做皇帝！如今先帝刚死，人心未定。您暂且回到王府去，等到事情办妥后，您再入宫做天子，这是万全之计。"

十几岁的孩子，又长期生活在皇宫，毫无政治经验，听了刘昉的话，好不高兴，宇文赞居然同意了！当天，他便回自己的王府去了。威胁消除。

第二步要算计的是手握地方军政大权的五王：赵王、陈王、越王、代王、滕王。小孩子一骗就灵，现在各地贵为一方诸侯的宇文五王，可不是小孩子，不大好骗。

怎么办？杨坚下了两步极为高明又险恶的棋：诱虎入笼，然后促成其恶，再除掉。

诱虎入笼，就是把这五王诱到京城来。

杨坚此举，是一招打破历史常规的险棋，更可以说是杨坚在政治上的一次押宝赌博。

五王入京，敌人近在咫尺，很容易变生肘腋，弄不好就是引狼入室、养虎伤身。杨坚自己也会有性命之忧。

按照历史上的先例，每逢皇帝去世，朝中如有篡位者，一般都是以各种理由让在外侯王不能进京参加葬礼。因为侯王在外，对朝廷事务鞭长莫及，更有利于朝廷内的篡权活动。

但是，杨坚想得更远。

此时北周的地方诸侯、封疆大吏及驻军将帅，都是北周皇室的功臣宿将。五王在外，完全可以就近与其他地方功臣宿将联合，反对自己改朝换代，甚至可能打出周室旗号自立为帝或搞地方割据；五王进京，则失去军政依托，犹如鱼儿失水、鸟儿进笼，其下场只能是乖乖就范。杨坚想捏圆，他们就得圆；杨坚想捏扁，他们就得扁。

主意打定，开始实施。

在尚未公布宣帝死讯前，杨坚就以赵王宇文招将嫁女于突厥为理由，以宣帝名义发布诏令，征召赵王本人、陈王、越王、代王、滕王速来长安以便举行隆重的婚嫁之礼。

周宣帝之命，又是皇族婚嫁大事，赵王还是当事人，五王还真不好拒绝。一个月之内，580年六月，五王来了。

五王到了京城才发现，原来自己到京不是来办喜事的，而是来办丧事的。宣召自己进京的周宣帝，死了；而杨坚呢，已大权在握。完完全全是上当了。

但此时又不能走。未有朝命的情况下，诸侯王私自离开京城，形同谋反。五王即使一肚子的不舒服，也只好既来之则安之了。

好在掌权的杨坚还比较懂事。他给予五王以"剑履上殿、入朝不趋"的超规格政治待遇。要知道，能够佩剑穿履去见皇上，在当时可是功勋老臣或权倾内外的重臣才能享受的殊荣！同时，杨坚还经常造访五王府宅，以示亲近无隙。

当然，五王也不是傻瓜，不是那么好哄的。他们深知，杨坚要篡位换代，绝对不会放过宇文诸王。

五王还没有动，一直在京的毕王宇文贤先动了。

宇文贤是周明帝长子、周宣帝堂兄。他出面暗中联络五王，想趁杨坚造访五王府宅的时候，伺机刺杀杨坚。

这就是自作孽，不可活了。

杨坚当时在京城已是耳目遍布，一得到情报，就立即下令以谋反罪名处决宇文贤及其一家。

接下来，杨坚极讲究策略，留了一手，对五王的同谋行为，好像忘记了，隐而不问，缩小了打击面。因为现在不是大规模诛杀宇文们的时候。此时，雄踞河东的尉迟迥已举兵对抗，如果杀了五王，惩治谋反罪就会被人理解成诛杀皇族，不仅使京城皇族和文武大臣寒心，而且也会给尉迟迥提供有力的借口。

尉迟迥一造反，五王也觉得时机到了，终于动手了。

这次是赵王宇文招为主谋。他伏甲于帷幕，然后邀请杨坚到府中宴饮，企图借机刺杀他。杨坚装聋卖傻，欣然从命，以"不入虎穴，焉得虎子"的胆量，自带酒肴，与堂弟大将军杨弘及大将军元胄、元威兄弟等几位心腹兼侍卫前往赴宴。

出乎意料的是，"鸿门宴"上赵王几次暗示部下动手，皆因元胄严密护卫而终未得逞。

这下，就不能怪杨坚翻脸无情了。

把柄到手的杨坚立即以谋反罪诛杀赵王、越王及其子女。这一次，仍然只是惩办首恶，胁从不问。

胁从的三个王，是代王、滕王和陈王。暂不杀。是的，说好的，要一个一个慢慢地杀。

十月，杀陈王及其子。

十二月，杀代王、滕王及其子。

那些个成年的宇文们，一直慢慢杀到581年二月，杨坚登基了。

这下，再也不需遮遮掩掩了，周皇室所有的宇文们，同日引颈受戮。

终于杀完了。

事后来看，杨坚杀这些宇文们，非常讲究，如国手布局：早就下定决心要坚决地剪除，但在实施上却缓慢地进行，内刚外柔，刚柔并济，既不给对手可乘之机，也不给天下议论之柄。

杨坚此举，从心理上讲狠了点，从手段上讲无懈可击，基本上算改朝换代的正常操作。历朝历代，每一次皇朝更换，新的统治者大肆诛杀前朝皇族，都遵循这一普遍规律。北周帝王当初对待前代西魏皇族又何尝不是这样！

政治斗争，就是你死我活、非此即彼的斗争，容不得半点仁慈，来不得半点心软，尤其是杨坚处在当时那种内忧外患、毫无统治基础的情况下，更应该如此。

让人不能理解的是杨坚蓄意诛杀幼儿。

只有几岁的宇文幼儿们，也一律杀掉。斩草除根得太过分了。幼儿即使为害，也在将来。可以囚禁使其无权，但可得其天年；亦可以在其长大后反迹出现时，再予诛杀。杨坚不管不顾，还是都杀了。杀得高兴，杀得果断。

他不知道，人在做，天在看，出来混，迟早都是要还的。

仅仅三十七年之后，上天要假另一个也姓宇文的人之手，把他的子孙，包括幼儿，也斩草除根，诛杀殆尽。也杀得高兴，杀得果断。

这叫报应。

公道，其实一直都在。虽然有时候会迟到，但绝不会不到。

速平外患

580 年八月，杨坚真正的考验来了。

一直担心的最大外患——尉迟迥，反了。

尉迟迥是宇文泰的外甥，北周皇室至亲外戚，北周最有实力的将领之一，时任相州总管，手握重兵，控扼河东（今河南、山西）要地。

这样的人反了，麻烦大了。

但他是杨坚逼反的。杨坚为什么要在自己刚刚掌握大权的时候，逼反这样的人呢？

其实，逼反尉迟迥，是杨坚深思熟虑的结果。

尉迟迥这样的人，收买肯定不管用。人家不仅是亲戚，而且受恩深重，是铁杆保皇派。

诱他入京，再仿效宇文五王，慢慢杀，也是一法。只是时间上已经来不及。要知道，宇文五王是在周宣帝死讯宣布前，以周宣帝的名义宣召入京的。否则，这些宇文也难入杨坚彀中。现在周宣帝死讯已经宣布，再召尉迟迥入京，他心中肯定要打鼓，不敢来的可能性大。

但是，这个脓包迟早要挤穿，这个马蜂窝迟早要捅。

尉迟迥迟早是一反，那不如激其早反。迟解决不如早解决。

早解决，激其早反，使其仓促，让尉迟迥在准备上至少没有那么充分。这是一。

还有二。早解决，就是在北周天下的框架内解决尉迟迥。在北周的天下，尉迟迥反叛，等于是与北周作对，反的是周静帝，抗的是入朝参加葬礼。作为皇室外甥，尉迟迥这样做无疑是大逆不道，杨坚再以周静帝的名义，举兵讨伐，合于礼义、顺乎民心。

而如果等到杨坚自己登上皇位，尉迟迥再反，就会打着恢复北周统治的旗号，这在封建正统观念十分盛行的当时是很能蛊惑人心的。心怀北周的人会与他站在一起，从而增加平叛难度。

怎么样？杨坚的算盘，打得精吧？

既然决心已定，杨坚便采取先发制人的手段，以进京参加葬礼为理由征召尉迟迥入朝，同时任命北周第一名将韦孝宽为相州总管。还要求韦孝宽克期出发，前往相州接任，以便让尉迟迥早日返京。

这是告诉尉迟迥，你的位置有人顶替，相州没你什么事了。

杨坚逼反尉迟迥，就是靠这一招儿。在当时那种特殊局势下，无故更换尉迟迥这种与北周皇室有着至亲关系的一方大将，必然会引起反叛。

果然，朝廷征召和委任诏命甫出，韦孝宽尚未到达相州，尉迟迥立即火大。反了，反了。

杨坚激怒其在先，等到尉迟迥真火大了，又假惺惺地先礼后兵，派朝官破六韩裒为特使前往相州进行劝说。尉迟迥这年已经 60 多岁了，反叛这样的大事，又不是小孩过家家，开弓哪有回头箭的？劝说无效，尉迟迥继续火大。

这边杨坚也火大了。他立即任命韦孝宽为元帅，率梁士彦、元谐、宇文忻、宇文述、崔弘度、杨素、李询等大将出兵讨伐。由于师出有名、将帅有略，很快平定了这次大规模的叛乱。

"很快平定"的意思是，68 天。这，才叫速度。

而与尉迟迥相配合的据有两湖八州的司马消难和据有巴蜀的王谦所发起的叛乱，也在不久之后一并被镇压下去。

他们仨，加在一起，叫"三总管叛乱"。

但是，还有外患。

杨坚这时把控的北周，还没有一统天下，北有突厥，东南有陈国，西南有梁国。这些邻国，时不时会闹出点小动静，让杨坚吃个小苍蝇，闹闹心。

比如，突厥可汗是北周皇室女婿，杨坚上台伊始，即出兵南侵，声称要为老丈人撑腰；对于这样的硬茬儿，杨坚采取的是软硬兼施、分化瓦解的策略。他派遣长孙晟等护送千金公主到突厥与摄图可汗成亲，既临之以兵，又诱之以财物与美女。

有了财物与美女，突厥就消停了。你当他真的是要为老丈人撑腰？

陈国倒是省心。因为远在江浙三吴，自己国家里都处于主昏臣奸、国弱民困、苟延残喘的状态，倒一时还顾不上管杨坚的闲事。杨坚也防了一手，任命于颢为吴州总管，率领强兵，进行遏制。

敢动？揍你！不动？以后再揍你！

后梁，就要麻烦一些。因为后梁是宇文泰一手扶立的北周附庸，对于杨坚的上台会采取什么态度，用脚指头想都能知道。

但是后梁国小兵微，实力有限，就像蚂蚁一样，想干预大象打架的事儿，只怕要认真想一想。

杨坚抓住了后梁这个心理，亲自接见梁世宗萧岿的使者柳庄，伸出橄榄枝，拉后梁入伙。

杨坚征服了柳庄。而柳庄，则对于梁国的态度起了关键作用。梁国决定，不跟尉迟迥玩暧昧了，出兵策应的事儿，免谈，咱不掺和。

就这样，外患被杨坚在短时间内一一解决。

在杨坚整个篡权过程中，叛乱被迅速平定，突厥始终未构成严重威胁，江南的陈国和梁国也未出动过一兵一卒添乱。

革故鼎新

581 年元月，杨坚觊觎已久的皇权，像一颗桃子一样，熟了。

是时候了，可以摘桃了。时年 40 岁的杨坚没有像曹操、司马懿、宇文泰、高欢等政治家那样扭扭捏捏，把已经到手的皇冠留给后代去摘取，而是理直气壮地接受周静帝迫不得已的禅让，登上为之奋斗已久的皇帝宝座，完成了他精心导演的一出非常成功的政治活剧，从而拉开了中国封建社会鼎盛时期的序幕。

得民心者得天下。杨坚此时，可谓得民心者。

北周的宇文泰、宇文邕，还算是比较合格的得民心的皇帝。

宇文泰创始于先，周武帝宇文邕继承于后，改革体制，刷新政治，一扫魏晋以来政治舞台的陋风恶习，故能北服戎狄、东灭北齐、南侵江淮。

事情就坏在宇文邕的儿子——周宣帝宇文赟身上。

这是一个十足的酒鬼、淫棍、恶少、暴君。

只举一个例子：父亲宇文邕刚刚死，尸体还没冷，宇文赟便闯入后宫，将父皇的妃嫔一一奸淫，大骂其父死得太晚。

宇文赟即位之后，更是倒行逆施，峻刑苛政，诛杀大臣王侯如同儿戏。

关于他的劣迹，大臣乐运曾冒着生命危险对他进行了全面总结：一、独断专行，不参宰辅；二、好色荒淫，乃至强令仪同以上官女不许嫁；三、信用阉宦、不出后宫；四、朝令夕改，严刑峻法；五、大兴土木，穷奢极欲；六、赋役苛重，挥霍无度；七、大臣上书误字即治其罪；八、上天垂诚，不思悔改。（《周书·乐运传》）

如此搞法，不到两年，就把朝气蓬勃的北周王朝弄得乌烟瘴气，民不聊生，朝野离心，上下思变。

可以说，是宇文赟给了杨坚机会，杨坚也充分地利用了这个机会。

他一上台执政，就举贤任能，去奸除弊，制定《开皇律》，尊礼佛道二教，施宽大无为之政，倡勤奋俭朴之风。

朝野上下，一片欢呼。杨坚也由此获得了皇宫的入场券。

事过千余年，我们今天再回过头来审视杨坚当年的所作所为，不难看出，其政治方略显然与众不同。

中国传统儒家政治道德讲究"内圣外王"，即一个人只有修炼成似玉无瑕、功德圆满的谦谦君子，才能成为帝王。

当然，历史上从来没有一个帝王能真正做到这一点。

大多数帝王尤其是那些靠和平方式篡夺帝位的君主，往往要在这方面矫揉造作、冠冕堂皇一番，反复声称自己功德不足、能力有限，不敢僭越，心甘情愿地做一辈子帝王奴仆云云，直至在位帝王再三恳请，这才装出天命难违、无可奈何的样子登上早已垂涎三尺的皇帝宝座，这样一来二往，几年时间一晃而过。人都等老了。

杨坚不一样。他很直接。

一开始，他就怀有篡权夺位、改朝换代的野心，一言一行直奔主题，这是他与众多篡夺皇位的前辈最不同的地方，是魏晋以来复杂多变的政治风云教给他的政治思想，也是他一旦上台大权在握之后不可逃避的结局。

因为，他是一个早就被人怀疑面有反相、必膺天命的人。即使没有政治野心，也会被新的统治者视为对手而置之死地，一旦辅政掌权自然更是对权力欲罢不能。

其中的奥妙，曹操早就说过："如今若想让我轻易交出军政大权而回到我的封国去，是万万不可的。为什么？因为我实在害怕自己一旦失去兵权就会遭人谋杀。既为子孙安危着想，也出于自己若身败名裂则国家也有可能随之灭亡的考虑，所以不能仰慕那种急流勇退的虚名而遭受身死国亡的实祸。"

杨坚深知其中利害。所以他一开始就坚定不移地实施其夺权篡位计划，但他并不显山露水，一切都在北周皇朝的幌子下进行，一切都借周静帝之手去实施，清除一个个路障，一步步收揽大权以树立威信，一切都做得那么合情合理、天衣无缝。待到内外障碍扫除干净，他自己也已经站到了皇宫的大门外，距离皇帝宝座仅有一步之遥，然后再名正言顺地接受禅让。

虽急于求成，却环环相扣、步步得当；虽基础不厚，却内外慑服、稳如泰山。

杨坚，高人也。

第
二
章

CHAPTER2

快刀乱麻　平定叛乱

580 年六月初，在杨坚上台辅政一个月左右的时候，据有相、卫、黎、贝、赵、冀、沧等州的相州总管尉迟迥，在邺城反了。

而且，他还不是一个人在战斗。

共襄盛举的还有：尉迟迥的弟弟之子——青州总管尉迟勤，东楚州刺史费也利进，荥州刺史邵公宇文胄，申州刺史李惠，潼州刺史曹孝远，徐州总管席毗罗等。阵容颇为强大。

在撕破脸宣布造反之后，尉迟迥兵分三路，开始攻城略地。

中路遣大将军石逊、宇文胄、宇文威等连克建州、潞州、汴州，兵锋直指东都洛阳。

北路由纥豆陵为帅袭夺钜鹿，矛头指向河东军事要地晋阳。

南路派将军李惠、檀让、席毗罗等率兵攻拔永州、曹州、亳州等，企图南向拓展河南，攻击徐州总管源雄。尉迟迥造反的动静，那是相当的大。

一句话，北周一半的国土，河南、山东、河北全境及山西一部，全反了。

不仅如此，尉迟迥还在拉人下水：他以儿子为人质，向南边的陈国求援；北边，则派人拉拢镇守山西重镇晋阳的并州总管李穆，还联络突厥发兵南下。

他的策略起到了一定作用。郧州总管司马消难和镇守巴蜀的益州总管王谦也起兵反叛，酿成了周隋之际著名的"三总管叛乱"。

长安之外，四面楚歌。杨坚辅政后最大的麻烦，来了。

但是，尉迟迥带给杨坚的，仍然只是麻烦。麻烦嘛，总都是可以解决的。

为什么说尉迟迥只是个麻烦呢？

因为他一开始就犯错了。他所谓的兵分三路，完全不知所谓。

尉迟迥在杨坚"挟天子以令诸侯"的政治威势之下造反，只有一条路，那就是集中兵力，在对方尚未来得及调集军队进行围剿之前，直扑东都洛阳，然后全力突破潼关天险，最后直捣长安，以拿下长安、擒获杨坚为唯一目的。只有这样，才能掌握主动，时间、人心才会在自己这一边。

兵分三路，尉迟迥的主要目的仍然是要占领洛阳、潼关、长安一线，但由于分散了兵力，拖延了时间，并未达到预定目标。总的来看，尉迟迥，包括后来的司马消难、王谦，都没有向长安方向全力攻击。

表面上看起来，这帮人的造反不像是要对杨坚一击致命，倒像是要扩大现有地盘，制造地方割据的局面。

事实证明，没有全力攻击长安的错误，是致命的。

尉迟迥由此失去了先机，白白葬送大好局面，给了杨坚各个击破的机会。

促成其恶

如此场面壮观、声势浩大的造反局面，居然是杨坚有意为之的。

不过，杨坚想的只是尉迟迥一个人造反，没想到他这么闹腾，动静这么大。

自上台辅政以来，尉迟迥一直是杨坚最大的心病。

尉迟迥才兼文武，能征惯战。尉迟迥年轻时就跟随舅舅宇文泰收复弘农，攻克沙苑，屡立战功。不到 30 岁，就当上了侍中、骠骑大将军、开府仪同三司、魏安郡公的大官儿，后又升任尚书左仆射，兼任领军将军。

侍中、尚书左仆射都是文职，骠骑大将军、领军将军则是武职，尉迟迥能够一个人同时兼任文职和武职，说明他个人具有"才兼文武"的超强能力。

尉迟迥在战场上，也比较能打。他曾独立领兵，为宇文泰平定蜀地。553 年春，尉迟迥仅率士兵一万两千人，战马一万匹，受命伐蜀。半年之后，蜀地被尉迟迥收入囊中。

此时的尉迟迥，已经是赫赫有名的封疆大吏了。

尉迟迥人在外地，却手握重兵。从地图上看，其管辖的相、卫、黎、贝、赵、冀、沧等州，相当于现在的一个省级区域，可以叫他省长了。不仅如此，他手上还有兵权，兼任省军区司令。

尉迟迥省长兼司令这一反，再加上尉迟勤所辖的青、齐、胶、光、莒等州，以及东楚州、荥州、申州、潼州、徐州等地，相当于北周于 577 年平定北齐白忙活了。因为，北齐旧地，几乎全反了。

作为北周外戚又是重臣的尉迟迥，对于杨坚肯定是不服的，杨坚要图谋皇位，他这一关，难过。

难过，也要过。杨坚决心已下，决定刺激尉迟迥，让他起兵造反，造北周的反，造周静帝的反。

尉迟迥身为北周重臣，在杨坚并未取代北周皇室的情况下，起兵造反，首先在道义上就失了分。

尉迟迥的确不是帅才，头脑简单得很，一下子就中了杨坚的圈套。

千年之后，我们来给尉迟迥支个招儿，他应该怎么办？

一是不去长安；二是不离相州，表面顺从，暂不反叛，但事实上割据；三是积极做好反叛的各项准备；四是杨坚一旦篡位，马上宣布造反，联络各地，直取长安，砍下杨坚的脑袋。到时，或挽北周于既倒，或自己创立新朝，都是胜利者的选项。如此一来，至少成败还在两可之间。

可惜的是，尉迟迥受不了杨坚以韦孝宽取代自己为相州总管这一激，就火大了，直接反了。

拿破仑曾经说过："绝对不要做你的敌人希望你做的事，原因很简单，因为敌人希望你这样做。"

尉迟迥，就做了自己的敌人杨坚希望他做的事。长安城外，四处冒烟；长安城内，安定如常。

虽然有一半的国土发生叛乱，但杨坚心中有底：自己处于挟天子以令诸侯的有利政治地位，出兵镇压叛乱是维护北周统治，是天经地义的正义举措；而各地的叛乱尽管打的是反对他篡权夺位的旗号，但他毕竟还没有公开篡位。因此，这种反叛无疑是对北周皇室的不忠，是人人得而诛之的大逆不道行为。

杨坚现在是代天行伐，以顺讨逆。可以说是胜算在握。

当然也有危险性：假设叛乱者攻到皇城脚下，在他权力基础不十分稳固的情况下，各地诸侯及都城内的王公大臣很有可能与之呼应，那就大势已去了。

为了排除这种危险，杨坚派杨尚希率宗兵三千驻守潼关，以防叛军直捣关中，进击长安。先守住阵脚，任叛乱者在他们自己的地盘里闹腾。

　　什么叫宗兵？就是杨氏宗族家兵，即嫡系部队。虽然人数不多，但加上潼关天险，长安保险了。

　　稳住了长安，杨坚以周静帝的名义，下诏宣布：撤销尉迟迥一切职务，增兵东都洛阳，以洛阳、河阳（今河南孟州，为洛阳北面屏障和军事要地）为平叛大本营，任命大将军韦孝宽为相州总管统兵进攻尉迟迥，迅速对叛乱分子予以武力镇压。

　　杨坚以周静帝的名义，下诏宣布：任命王谊为元帅，率兵进剿司马消难，以遏制叛军的相互呼应与联合。

　　杨坚以周静帝的名义，下诏宣布：任命于颐为吴州总管，以防陈国入侵。

　　杨坚以周静帝的名义，下诏宣布：任命柱国梁睿为益州总管，做好进军准备，但暂时不进攻在巴蜀叛乱的王谦，以免使朝廷在兵力和财力方面陷入应接不暇、穷于应付的地步。

　　尉迟迥肯定比窦娥还冤，自己明明保的是周静帝，反的是杨坚，可全天下人都误会了，以为自己反的是周静帝！就连周静帝也误会了！

　　我本将心向明月，奈何明月照沟渠啊。

　　尉迟迥，做敌人希望你做的事，这就是后果。

合纵连横

在刀兵相见的关键时刻，尉迟迥和杨坚两个人，分别派出使者，穿梭于北周大地。使者们去见的，都是当时举足轻重、足以影响二人成败的政治势力代表。有的使者，一路向北，去见晋阳的李穆，去突厥；有的使者，则一路向南，去后梁，去东南陈国。

李穆，比杨坚大 32 岁，是跟随宇文泰南征北战的老将，已年过 70。此时，他正驻守晋阳，手握重兵。晋阳，又是关中门户，历来是兵家必争之地。

李穆作为北周皇室的功臣宿将，对杨坚谈不上什么很深的感情。反了，无可厚非；不反，是杨坚的惊喜。

但他所在的晋阳，战略位置非常关键。他一反，关中门户洞开，杨坚的长安根本之地将受到极大威胁。所以，他的去留就对杨坚与尉迟迥双方都具有举足轻重的意义。

为了拿到李穆这颗举足轻重的棋子，杨坚向晋阳派出了两个人。

一个是自己的心腹重臣，能说会道的柳裘，负责向李穆晓以大义。

关键的另一个，是李穆时在长安朝廷中任职的儿子李浑，负责向李穆打出感情牌。

杨坚是不是被叛乱吓昏了头？怎么把这么重要的一个人质放了？这不是放虎归山吗？

这正是杨坚的高明所在。杨坚在这样一个内忧外患、四处冒烟的时刻，放回李穆的儿子，就是要通过这个行动，向李穆传递自己的一番话："你要反，决不会在乎一个儿子的死活。所以，我将你的儿子送回来，足以表明我对你的诚意和敬重，我也知道，这会方便你造反，但是，在我杨坚如此困难的时刻，如果你不反，我将一辈子记得你此时帮我的大忙，我会在将来百倍地回报你。"

杨坚是聪明人，李穆也是。他读懂了杨坚的这番话。

作为一名久经沙场的老将，李穆本来就对当时的政治大势了然于心，他深知杨坚挟天子之威难以动摇，在柳裘、李浑先后到来之后，决意拥戴杨坚。

作为聪明人，他也回应了杨坚一句话："愿您执掌威柄以慰安天下！"同时，附送晋阳土产熨斗一把，并送上只有皇帝才能使用的十三环金带。

多么贴切的象征！熨斗，供您慰安天下；多么吉祥的祝福！金带，供您当皇帝时使用。

李穆视杨坚为熨斗，杨坚呢，视李穆为铁拳，打击尉迟迥的铁拳。

更北的北边，还有突厥。杨坚采纳长孙晟离强合弱、剿抚并施的战略，派大将宇文神庆和长孙晟，迅速护送千金公主去突厥与摄图可汗成亲，以笼络突厥人。

反正千金公主又不姓杨，舍弃一个姓宇文的女人，让突厥不再蠢蠢欲动，何乐而不为？

南边，威胁最大的是陈国，但最没有远略的也是陈国。在王谊、于顗两把利剑的掣肘下，陈国很老实。

对于威胁小一点，但与北周宇文皇室关系更好的后梁，杨坚充分展示了他高超的外交手腕。

杨坚亲自接见梁世宗萧岿的使者柳庄，临别之际，以痛说家史的方式，拉着他的手，动情地说：

"我往年做随州刺史时，在江陵深受贵国君主礼遇。如今我国皇上年幼，时局危艰，先帝托付我辅佐幼主。贵国几代君王均与我国友好相待，岁寒而知松柏坚贞，眼下正是我国岁寒之日，愿梁王与我共保岁寒长青的真诚友谊。"

这一番话，深深地打动了柳庄，也深深地打动了已经在和尉迟迥眉来眼去的后梁。

柳庄回到江陵，转达了杨坚的话并认为杨坚一定能成功地夺取北周帝位，劝梁世宗保境息民，静观时变。后梁由此也消停了。

如此一来，尉迟迥寄予厚望的盟友们，都靠不住。

在对尉迟迥实施围剿之前，杨坚已拥有了有利于己的战略态势：以洛阳、晋阳为铁拳，对尉迟迥的老巢邺城形成南北夹击之势，进足以直捣敌巢，退足以控扼国门。

上屋抽梯

杨坚在宣布以洛阳、河阳为平叛大本营，任命大将军韦孝宽为相州总管统兵进攻尉迟迥时，这位北周第一名将就奔波在逃命的路上。

他此时的逃命，全拜杨坚所赐。

尉迟迥还没有反，杨坚就任命韦孝宽为相州总管，还催着他早日去接任。

这个官儿，可不是那么好接任的。但是，韦孝宽还是硬着头皮出发了。

为了试探尉迟迥的反意，无论是杨坚还是韦孝宽，这点风险还是要冒的。即使韦孝宽到了相州，尉迟迥再翻脸，把韦孝宽一刀砍了，韦孝宽也得上路。

当他率领随从到达朝歌（今河南淇县）时，尉迟迥派其大将贺兰贵带着他的亲笔信已在此等候。

一番交谈下，颇具政治头脑的韦孝宽发现，尉迟迥确有反意。于是他耍了一个花招，声称自己有病，一来减慢前往相州的速度，二来借机派人快速到相州，以买药治病为名秘密侦察尉迟迥的动向。

不久，尉迟迥又派韦孝宽的侄子、魏郡太守韦艺前来迎接。尉迟迥此举的目的，应该是利用侄子的关系，坚定韦孝宽快速到达相州的决心，从而将他诱杀。

但尉迟迥没有想到的是，此时的韦艺，虽已铁了心跟定尉迟迥造反，但并没有铁了心要为尉迟迥去死。对于这个侄子，韦孝宽知根知底。韦孝宽稍一威胁要砍了他，韦艺就和盘托出了。

韦孝宽当即决定，不能再去相州自投罗网了，必须马上返回长安报告，准备平叛。但还有个当务之急要解决。自己已经接近相州，这一回头，尉迟迥肯定会察觉，如何摆脱他的追捕？

名将就是名将。在如此险恶的环境下，韦孝宽仍然有招儿。

他每经过一处驿站，就把驿马全部赶走，并嘱咐驿站人员："蜀公（尉迟迥的封爵）马上就要来了，请你们赶快准备酒食招待。"

果然，尉迟迥知道韦孝宽的动向后，马上派大将军梁子康率数百骑兵追赶。

由于韦孝宽的预先安排，追赶者每到一处驿站就受到驿站人员的热情接待，一个个酒足饭饱、人仰马翻，加上没有马匹替换，以致行动迟缓，最终没能追上韦孝宽。

就这样，尉迟迥放跑了自己战场上最大的对手，坐视韦孝宽从自己的指缝间溜走了。

杨坚在得到韦孝宽的有关情报之后，欲擒故纵，再次派破六韩裒到相州解释劝说，并暗中给尉迟迥的长史晋昶写了封信，嘱他忠于皇室，防备尉迟迥叛乱。

杨坚此举，直接断送了这两人的性命。尉迟迥得知此事后，对杨坚策反自己身边的人非常愤怒，直接砍了破六韩裒和晋昶，然后召集文武将士，公开宣布，反了。

杨坚也针锋相对，于六月十日任命韦孝宽为元帅，率梁士彦、元谐、宇文忻、宇文述、崔弘度、杨素、李询七位大将讨伐尉迟迥。

关键时刻，杨坚这边却出了事。

正当韦孝宽受命率诸大将准备进兵平叛时，韦孝宽的长史李询派人给杨坚送来密报，说韦孝宽部下大将梁士彦、宇文忻、崔弘度接受尉迟迥赠送的钱财，军心大乱。

这还了得？杨坚一时信以为真，就与郑译商议派人取代他们的大将职务。

这时，他的"张良"——李德林说话了："眼下丞相您与前线诸将名义上都是国家重臣，诸将只是迫于天子之令听您调遣，内心并不一定诚服。现在怀疑前线诸将不忠，又怎能保证后面派去代替的将领能尽心报国呢！而且，受贿之事，真假难辨，如今一旦派人取代，可能诸将会惧罪叛逃，如果加以逮捕，又可能使前线将帅人人惊疑。特别是临敌易将，为用兵大忌，战国时代燕国骑劫代乐毅而败、赵括代廉颇而亡正是由于这个原因。依我之见，您只需派一位既有智略又一直受到诸将敬佩的心腹大将，迅速到前线去视察。这样，即使有心怀异志的将领，必定不敢轻举妄动，就是有什么异常情况也能随时处置。"

李德林的话比较长，但道理很简单。

你杨坚和前线诸将之间的关系，说穿了，只是同事关系。他们只是因为周静帝下令，才听你杨坚的指挥。临敌易将，从来都是用兵的大忌。他们受贿的事，如果有，但他们并没有公开追随尉迟迥，还是在听从命令，参与平叛；如果没有，你杨坚的疑心会导致前线平叛部队的直接崩溃。两相比较，只能冷处理和暗中处理。

杨坚恍然大悟："您要是不说这番话，我的大事就坏了。"随之派高颎去前线协助韦孝宽，以暗中帮助韦孝宽掌握部队。

由于李德林的建议，杨坚的平叛部队如期进兵。

也是兵分三路，中路军是主力，按照"擒贼先擒王、中路突破、直捣邺城"的进军战略，韦孝宽亲率主力军，自洛阳出发直扑相州。

同时派将军于仲文率军讨伐檀让，杨素率军讨伐宇文胄，以掩护主力右翼；命令已经明确表态支持杨坚的李穆，从晋阳出兵攻占潞州，以打击叛军北路，掩护主力左翼。

背水一战

中路军最主要的战斗，发生在沁水。

韦孝宽军在沁水西岸，尉迟迥派遣儿子尉迟惇率兵十万进驻武德（今河南沁阳），在沁水东岸摆开决战架势。

当时正是涨水季节，韦孝宽的部队无法马上涉河，且面对强敌将士均有惧色，两军遂隔水对峙。

韦孝宽、高颎决定架浮桥渡河。尉迟惇自然不能坐视，打算放火烧掉浮桥，但被高颎以土拒火，未能成功。韦孝宽军的浮桥架起来了。

尉迟惇看阻止架桥不成，想起孙子"军半渡可击"的谆谆教导，决定趁韦孝宽的部队渡河之际出击，就下令军队稍稍后退，以便让对方部队渡河。

尉迟惇是个好孩子，他看河边太挤了，很主动地要求自己的部队向后退却，给韦孝宽军挪点地方出来，以便两军决战。

历史，在这里出现了惊人的重复。

197 年前，前秦王苻坚率百万大军与手中只有八万将士的东晋大将谢石、谢玄隔淝水决战，苻坚大方地挥兵后撤以便趁东晋军队渡河过半时出击，东晋军队趁机进攻，结果他的军队一退而不可收，最后全军覆没。

此时的尉迟惇，犯了同样的致命错误。他自恃优势兵力，抱定"军半渡可击"的传统兵法，以为必能再创前人孙武和韩信曾创造过的辉煌战绩。

但是，尉迟惇忘了他的对手是名将韦孝宽；更要命的是，他还忘了，前人半渡而击的往往是涉水或行船而来的敌军，韦孝宽军则是跨桥而过，行动迅速、无所后顾、并无阻滞，可以在渡河之后的第一时间投入战斗。

　　当然，韦孝宽也不是全无危险。军队半渡遭敌攻击，如果军心一乱，失败的可能性也是存在的。所以，抓住时机发动攻击非常重要。

　　当尉迟惇的军队后撤、还没站稳脚跟的时候，韦孝宽军便迅速鸣鼓发起总攻，部队一鼓作气渡过河去冲向敌阵。同时韦孝宽命令最后过桥的部队烧掉浮桥，以造成破釜沉舟、背水决战、"置之死地而后生"的战术氛围，把渡河之时易受攻击的战术劣势化解得无影无踪。

　　结果，尉迟惇全线大败，单骑逃走。韦孝宽乘胜追击，进围邺城。

　　可见兵法之妙，变化无穷，要在临机制变，与时化生，绝不可不顾时势而死搬硬套。可惜尉迟惇已没有机会和时间再去想明白这个道理。

　　尉迟惇的野战败退，直接导致了他父亲与韦孝宽在邺城的最后对决。

　　八月十七日，尉迟迥将十四万军队在城南摆开，与韦孝宽背城决战。

　　这是一场硬碰硬的决战。

　　尉迟迥是个爷们儿。年逾花甲仍亲自披挂上马，横刀出战。由于尉迟迥平日不仅善于作战，勇冠三军，而且身先士卒，抚御有方，故深得军心，将士人人为之死战。尉迟迥军一度场面占优。韦孝宽的军队架不住这种顽强抵抗，有败退之势。

　　万分危急之际，韦孝宽部下大将宇文忻突然发现，在邺城城墙上，有数万民众聚集观战。

　　宇文忻看到观众如此之多，急中生智，对高颎、李询说："形势危急，我们必须以诡计破敌。"

　　什么诡计？

　　宇文忻率先张弓搭箭，射向城墙上观战的观众，高颎、李询等将士一愣之后，旋即明白，纷纷效仿。一时飞箭如雨，射向城垛，围观民众猝不及防，抱头鼠窜，转相践踏，哭声震天。

　　宇文忻一看城墙上的观众一片混乱，趁机大喊："叛军败退啦！"结果韦孝宽军士气大振，乘乱反攻，尉迟迥的军队不明所以，但的确见到自己后方发生混乱，可能已遭到敌军攻击，只好转身而逃，打算退入城内再说。

　　韦孝宽当然不会给尉迟迥以喘息机会，乘胜攻城，一举突入邺城。尉迟迥彻底兵败，只好自杀，余众逃的逃、降的降。尉迟迥的叛乱历时 68 天，至此平定。

　　靠打观众打赢的邺城之战，事后看来，韦孝宽胜得实在有点险。但是，名将就是名将，韦孝宽在战略上一直是主动的。保持战略上主动的意思是，即使此次邺城之战韦孝宽暂时受挫，也不至于败得不可收拾，无非是将平叛时间再拖个 68 天而已。

　　在战略上，韦孝宽采取了擒贼先擒王的态势，挥兵直捣叛军心脏，以迅雷不及掩耳之势摧毁叛军指挥枢纽，叛军失去中心支柱，自然土崩瓦解。

　　反之，如果先进军其两翼，尉迟迥必然会组织叛军多路合击官军，甚至会收缩乃至重新组织三路叛军直捣关中，那样一来，鹿死谁手就难以预料了。

兵不厌诈

被韦孝宽派出独当一面的于仲文，也不是个善茬儿，也不好惹。

于仲文（545—613），河南洛阳人，北周太师于谨之孙，上柱国于寔之子。又一位能打的名将。

八月中旬，于仲文率军万余人到达檀让所占梁郡附近。檀让当时有众数万人，根本不把于仲文放在眼里。我人比你多啊，怕你什么？

但是，战争这个事儿，要是人多就能赢，大家就不必打了，站在一起，比比人数不就完了，还要那么多名将干什么？

檀让仗着人多，任性、轻敌，于仲文利用檀让这种心理，先在两翼布置精兵埋伏，再派少数赢弱士兵前去挑战，不到几个回合，即佯败逃跑，檀让的将士见此情景，愈加骄横，倾巢追击，这时两翼伏兵一齐杀出，大破檀让，生擒五千余人，占领梁郡，檀让率残部逃往城武。

檀让一败，于仲文首战告捷。

于仲文在进军城武前，又派人公开传达命令，让沿路各州县多备粮草，说是大将军兵马将到。檀让得报以为于仲文的部队一时半刻不会到达城武，于是杀牛宰羊犒劳将士，于仲文却趁机率精锐部队轻装奔袭，一日即至城下，遂占领城武，檀让再次率残部逃往沛县投奔席毗罗。

檀让再败，于仲文二战告捷。

席毗罗手下有十万人。当时他正准备攻击徐州，而其妻儿老小则在与城武毗邻的金乡。

于仲文又生一计，派人假扮成席毗罗的使者，来到金乡城下对守城将领徐善净说："檀让明日午时到达金乡，来传达蜀公尉迟迥命令，赏赐和慰劳将士。"由于于仲文攻克城武十分迅速，金乡人压根儿不知道檀让已逃往沛县，对于仲文派来的使者深信不疑，一个个欢天喜地，以为又可得到不少赏赐。

次日，于仲文挑选精锐部队，伪装成尉迟迥的士兵，打着尉迟迥的旗号，来到金乡城下，守将徐善净以为檀让领兵前来，当即开门迎接，于仲文趁机占领了金乡。席毗罗听说金乡失守，妻儿老小当了俘虏，急不可耐，立即率军回攻。

于仲文以逸待劳，一面背城摆开决战阵势，另一面则派精兵埋伏于数里之外的麻田中，两军刚刚交战，于仲文的伏兵一齐杀出，一个个拖柴曳地搅得尘埃满天，摇旗呐喊，虚张声势，弄得席毗罗的军队草木皆兵，落荒而逃。席毗罗临阵被杀，檀让乖乖投降。

檀让投降，于仲文三战告捷。

千里奇袭

北边叛乱平定，杨坚腾出手来，可以对巴蜀的王谦和郧州的司马消难用兵了。

他首先命令梁睿加快进攻巴蜀，并给他增加援兵，使之达到二十万人。

梁睿（530—595），又一位久经沙场、能征惯战，有方面之才的名将。杨坚选中他，还有一个原因，他曾在巴蜀各地担任刺史多年。

当他率步骑二十万经汉川到达巴蜀门户龙门（今四川广元）时，王谦部下将领赵俨、秦会已拥兵十万在此据险为营，周围三十里严密布防。

梁睿深知，巴蜀地形险要，自己远道而来，利在速战，不可持久。便采取分兵突袭、各个击破的战术，将部队分为若干支队，昼伏夜行，从小道近路悄悄包抄，发起突然攻击，遂全线突破敌人防线。

突破第一道防线之后，梁睿并不恋战，而是甩开背后的敌人不管，督率部队单刀直入，在剑阁、葭萌关一带遇到了敌人的第二道防线。

面对第二道防线，梁睿兵分四路：一路攻取剑阁，一路直奔巴西（今四川阆中），一路由嘉陵江水道迂回包抄，自己则率主力正面突击。经过一昼夜激战，大败敌军，然后千里奔袭，乘胜进围成都，并很快攻进城内，击杀王谦。

奇兵突袭，迂回包抄，摧枯拉朽，锐不可当！

前后不到一月，梁睿即奔袭数千里，击溃王谦几十万军队，平定巴蜀叛乱。

事实上，王谦刚开始造反时，也不是没有胜算。

他的部下，刺史高阿那肱是个高人。他为王谦提出了上、中、下三策：

总管亲率精锐部队进军散关，直捣长安，巴蜀军民知道您这是忠于朝廷、为国勤王，必然同心协力为您效死，这是上策；

出兵南郑，掠地河南，然后静观天下之变以定进退，这是中策；

坐守成都，拥兵自卫，这是下策。

高阿那肱的策略，实在是高。尤其是他的上策。从当时的政治与军事形势看，由于朝廷四方出兵作战，长安必定空虚，加之杨坚新政，朝中文武大臣未必心服，如果王谦能倾全力出散关直捣长安，必能引起人心混乱从而乘隙突进，大功定可告成；即使不能很快攻占长安，也会迫使杨坚收缩东部战线兵力，从而给尉迟迥减轻压力，尉迟迥一旦腾出手来进军关中，杨坚腹背受敌，不亡何待？

就是他的中策，也是可行的：王谦如能完全采纳高阿那肱的中策，将主力摆在巴蜀与关中之间的咽喉南郑，北进则可威胁长安，南向则能据有河南，再与司马消难、尉迟迥联兵呼应，梁睿来犯则不可能直入腹心，且有后顾之忧。

但是，王谦偏偏就采取了下策。

与此同时，湖北的司马消难也在王谊的频频进攻之下节节败退，最后率残部投降陈国。

针对杨坚的叛乱，至此全部平定。

直捣长安

纵观当时政治局势，杨坚的处境十分不利：内有文武大臣的犹疑不服和皇室王侯的居心叵测，外部则北有突厥人的不断侵扰，东有尉迟迥反叛，南有陈国、梁国的威胁和司马消难构乱，西有王谦作对。其中仅三总管叛军即有六七十万人，波及地区相当于今天的山西、山东、河北、河南、湖北、四川。

如果关外叛乱的三总管稍具战略眼光和进取之心，起兵之日尉迟迥即率主力由虎牢趋洛阳而攻潼关，然后直指长安；司马消难由襄阳、南阳而入武关，然后北趋长安；王谦则出剑阁，向汉川，然后直扑长安，形成东西南三面夹击关中、直捣长安的战略态势，而不计较一城一地的得失，不恋一兵一卒的存亡，加上江南陈国、梁国的推波助澜，必能令杨坚腹背受敌、顾此失彼、土崩瓦解。

直捣关中不仅可以震慑长安，使杨坚无法充分调动关外军队（当时北周军队主力多在潼关以东）实施"拒敌于国门之外"的战略，使其无法伸出拳头，而且可以使天下民众与诸侯明白叛军志在匡扶周室的用意，先声夺人，收揽人心，这样为杨坚所用的各路诸侯就有可能倒向叛军一边，朝廷中那些王公大臣也可能阵前倒戈、从中呼应。到那时，即使杨坚有三头六臂，也无法对付这种局面。

可惜叛乱的三总管起事后打的虽是反杨旗号，干的却是各自巩固地盘，迟迟不出兵进军关中之事。这不仅在战略上失去了大好时机，而且不能不使人怀疑他们是在借勤王之名而实搞分裂割据的勾当，这恐怕也是叛乱不得人心很快被平定的重要原因。

　　叛军没有及时把握有利局面，就给了杨坚化解不利局面的机会。他面对叛乱反应迅速，不给敌人以任何喘息机会；调兵遣将也非常得当，以多谋善战特别是深得河东民众喜爱的老将韦孝宽率军进剿尉迟迥，一开始就树立了以顺击逆的形象；以历任益凉等州刺史、对巴蜀地形了如指掌的中年将领梁睿率军进攻王谦，对于克服巴蜀天险、速战速决也是一步地利人和的好棋。而韦孝宽的擒贼先擒王、梁睿的奇兵突袭都是因时制宜的上乘战略。

　　所以，杨坚及其将领们，能在短短几个月时间内，化不利为有利，化弱势为胜势，克敌制胜，平定叛乱。

远交近攻　征服突厥

突厥，是匈奴族的一支。

突厥兴起于北魏末年，到北周时，已占有今长城以北、贝加尔湖以南、兴安岭以西、里海以东总计约东西万里、南北六千里的辽阔地区。

突厥是游牧民族，逐水草而居，所以骑兵多，曾一度拥有精锐骑兵几十万。突厥骑兵飘忽无常，动如旋风，具有很强的战斗力和很高的机动性。中原地区有隙则入寇抄掠，举兵反击则远遁漠北，无影无踪，是中原北部边疆的不安定因素。

自秦汉以来，中原政权就对北部这些游牧民族时剿时抚，无可奈何。

突厥，是历代统治者一块久治难愈的心病。现在，它成了刚刚登上帝位的杨坚的一块心病。

而要去掉这块心病，需要极高的智慧，制定高明的政治和军事韬略。

顶层设计

怎么去掉这块心病呢?

要知道,此前突厥一直被中原政权哄着惯着,过着在蜜罐里泡着的幸福生活。

北魏分裂为东魏、西魏之后,长江以北中原地区四分五裂,东魏、西魏及后来代之而起的北齐、北周政权连年征战。这种时候,独立于北方的突厥,就成为中原政权竞相争夺的香饽饽。

争战的双方,既为解除后顾之忧,也为借助其力以制服对手,竞相以金钱、公主拉拢突厥,使得突厥人更加肆无忌惮,自我感觉非常良好。

当时的突厥首领佗钵可汗曾得意地说:"我在南方的两个儿子(北周、北齐)经常贡献财物表示孝顺,我还害怕贫穷吗?"

579 年,北周宣帝宇文赟继位不久,慑于突厥的强大,答应将赵王之女封为千金公主嫁给突厥首领沙钵略可汗。

到了杨坚辅政的时候,叛乱的三总管"相州总管尉迟迥、郧州总管司马消难、益州总管王谦",都先后派人联络过突厥。

这招儿对于杨坚而言,比较狠。如果这一图谋得逞,将对都城长安构成极大威胁,突厥骑兵十分强大,随时可以直达城下。杨坚的根本重地将受到极大影响。

杨坚迅速派汝南公宇文神庆和长孙晟,履行了当初北周宣帝宇文赟的承诺,护送千金公主到突厥与沙钵略可汗成亲。在"三总管"叛乱期间,突厥总算是没有出兵添乱。

但是这笔账，杨坚是记下了，一直想找机会报复。只可惜腾不出手来，因为他一直想着先灭南边陈国，再来打北边突厥。这是他心中内定的先后次序。

这个次序却被毁了，因为一个女人——千金公主。

别忘了，这个公主姓的是，宇文。

杨坚登上皇位，把所有的男性宇文们一律砍了脑袋，其中包括她的亲生父亲赵王宇文招以及伯叔兄弟们。杀父之仇，夺国之恨，千金公主岂能无动于衷？

事实证明，她动了，而且动得很厉害。作为突厥沙钵略可汗的老婆之一，她经常给可汗吹枕头风。

在千金公主枕头风的不断吹拂下，沙钵略可汗以北周女婿身份，打着为周复国的旗号出兵南下，与原北齐营州（今辽宁朝阳）刺史高宝宁合兵攻陷临渝镇（今河北山海关），有大举南侵之意。

变化突如其来，杨坚必须面对。只是他现在还没有和沙钵略可汗野战争胜的能力。

他只好一面命令加快修筑长城，一面派出大将阴寿、虞庆则、冯昱率兵分别进屯幽州（今北京）、并州、乙弗泊（今青海西宁），命兰州总管叱李长叉守住临洮（今甘肃临潭），凉州总管贺娄子干驻守武威，做好战略防御准备。

目前，只能被动防守。杨坚想不出什么更好的办法，来消除突厥人带来的威胁。

其实，办法还是有的。他要做的，是选对一个人。这个人就是他的手下——长孙晟，成语"一箭双雕"的创造者。

长孙晟创造"一箭双雕"奇迹的时候，旁边还站着一个人——沙钵略可汗。当时，他俩在一起出游打猎，畅叙友谊。

长孙晟不是北周的官员吗？他怎么会和突厥可汗一起打猎，还畅叙革命友谊呢？

这是因为他曾受杨坚之命，担任送亲使团的副团长，护送千金公主到突厥给沙钵略可汗当老婆。

这长孙晟自幼便练就一身好武艺，骑射本领出众；加之耳濡目染政治风云变幻，能洞悉时局、达权知变，是一个文武兼备的人才。

英雄惜英雄。沙钵略可汗自己勇武过人，也就特别喜欢武艺出众、猾黠乖巧的长孙晟，便把他留在身边达一年之久，不仅每天与他一道交游骑射，还听任他与突厥贵族交往，允许他随意到各处观赏游玩。

有一次，沙钵略可汗和长孙晟一起出游打猎，正好看见两只雕争肉吃。沙钵略就给了长孙晟两支箭，让他把这两只雕射死。长孙晟看了看角度，只抽出一支箭来，弯弓射过去，一下射中两只雕。"一箭双雕"便由此诞生。

比创造成语更成功的是，长孙晟这一年没闲着，他充分利用沙钵略可汗允许自己与其他突厥贵族交往的机会，把突厥的内情摸了个门儿清。

原来，沙钵略可汗并不是突厥唯一的老大。他的日子，过得也不像表面上那么风光。

简单地说，沙钵略是第一可汗，他下面还有四个可汗。

沙钵略封佗钵的儿子庵逻为第二可汗，在独洛水；

沙钵略封堂兄大逻为阿波可汗，统治新疆阿尔泰山以东地区，史称西突厥；

沙钵略封叔父玷厥为达头可汗，居原乌孙故地（今伊犁河上游）；

沙钵略的弟弟处罗侯居东部地区，统辖散居今吉林、辽宁境内的奚、契丹等部族，号"突利设"，勇而有谋，深得人心。

这五个人，各统强兵，形成沙钵略可汗居中、处罗侯居东、大逻与玷厥居西、庵逻居北这样一种五可汗并存、各霸一方的局面。

当然，从外表看，很和谐，其他四个可汗像众星捧月一样，服从沙钵略的领导，内部其实各怀猜忌。

在突厥待了一年，长孙晟想明白了。返回长安后，他看到了领导的难处，适时向杨坚提出了他对付突厥的韬略：

如今三方叛乱已经平息，国内基本稳定，但北方少数民族武装仍然时常侵扰作梗。出兵讨伐，国家暂时还不具备这种实力；而置之度外不闻不问，他们又常常前来侵扰。

所以应当暗中施展谋略，以计策来制服他们。玷厥可汗与沙钵略可汗比较，兵力更为强大，但地位在下，名义上虽然表示服从，内心并不满意。只要我们拉拢并支持他，必能让他们相互厮杀。

沙钵略有个弟弟叫处罗侯，诡计多端但势力弱小，善于讨好民众，深得民心，因此受到沙钵略的猜疑，内心既不安又憎恨。

阿波可汗则夹在中间，对沙钵略怀有畏惧，受其控制，但首鼠两端，唯强是听，何去何从没有一定。

现在我们应当实行远交而近攻、离强而合弱的战略，派出使节去结好玷厥，联合阿波，沙钵略必然分兵右翼，防其攻击。我们再联络处罗侯，通过他联结奚、契丹等民族，沙钵略又必定会分兵防备左翼。

如此，沙钵略可汗必然陷入上下猜疑、腹背受敌的境地。十几年后一定会精疲力竭、众叛亲离，那时我们再出兵乘隙进攻，必定能一举消灭其国。

简而言之，就是八个字：远交近攻，离强合弱。

杨坚看完长孙晟的奏疏就知道，这是个切实可行又高明绝妙的金点子。

于是，杨坚马上亲自召见了长孙晟。长孙晟则利用这个机会，在杨坚面前口说手比，将自己在突厥一年的所见所闻及制服突厥的计谋与实施步骤，一一做了进一步的说明。直说得杨坚不仅对长孙晟的策略点头称是，而且十分赞赏他的战略眼光和政治外交才能。

顺便说一说，长孙晟还有个大大有名的皇帝女婿，就是后来的唐太宗李世民。虽然这个女婿不是他亲自挑的，但也算他为国御寇的福报吧。

远交近攻

韬略已定，立马实施。

杨坚派太仆元晖出伊吾道（今新疆哈密），会见达头可汗，转达朝廷的敬意，赐以狼头旗和丰厚礼品。远交，开始了。

待到达头可汗的使者回访，朝廷则故意将其座次安排在沙钵略可汗的使者之上，接待规格明显高于沙钵略可汗的使者。

这样一来，沙钵略可汗果然上当了，对达头可汗愈加戒备。达头可汗呢，变得有恃无恐，对沙钵略可汗更加不服。

杨坚又派长孙晟出黄龙道去联络奚、契丹和处罗侯，劝说他们归附朝廷。

582年，沙钵略可汗静极思动，以为隋朝软弱可欺，便率四十万大军分四路南侵：

处罗侯与高宝宁自临渝向平州（今河北卢龙）、幽州方向进攻；

沙钵略可汗率庵罗自都斤山入长城，向马邑南下，再汇合阿波所部形成战略重拳，欲直捣长安；

达头可汗向河西走廊的张掖、武威挺进，试图与沙钵略可汗构成夹击长安的钳形攻势。

这是突厥历代以来惯用的进攻套路，即东、中、西三道进攻路线。

关键时刻，长孙晟的离间策略开始发挥作用。

当沙钵略可汗的大军进入河套地区不久，其右翼达头可汗受元晖鼓动，引兵退走。

　　达头可汗这一退，本就已经让沙钵略可汗心中直打鼓了。长孙晟又通过沙钵略可汗之子，给沙钵略可汗传递了一个假情报，说散居在突厥后方的铁勒部落反叛，准备偷袭沙钵略可汗的大本营。

　　沙钵略可汗大吃一惊，立即撤兵出塞。

　　583 年四月，杨坚开始大举反击。他命令卫王杨爽等人率大军全面出击：卫王杨爽率李充、李元节等四将自马邑（在今山西朔县）出塞；河间王杨弘率军出灵州道（今宁夏灵武）；幽州总管阴寿率军出卢龙塞（今河北喜峰口）；内史虞庆则出原州（今宁夏固原）；左仆射高颎出宁州（今甘肃宁县）；秦州总管窦荣定出凉州（今甘肃武威）。

　　虽是多路出击，但基本上也是与突厥入侵路线对等的东线、中线、西线三道战略方向。

　　这次出击取得了全面的胜利。尤其是卫王杨爽所率主力中路军在白道（今内蒙古呼和浩特西北）与沙钵略可汗主力相遇，采取奇兵突袭的战术，大败突厥，打得沙钵略可汗本人落荒而逃。

　　东路军在阴寿指挥下也节节胜利，最后以离间计杀死高宝宁，东北边境从此无忧。

　　长孙晟这位突厥通，此时随西路军出击，是窦荣定的副将。

　　他随着窦荣定进军凉州，连连击败阿波可汗所统突厥西路军。长孙晟乘胜派使者去对阿波说："沙钵略可汗每次出兵逢战必胜，而大王你刚刚出兵便一败涂地，这是你们突厥人的奇耻大辱，你能不感到惭愧吗？而且，你与沙钵略可汗的兵力本来相当。如今沙钵略可汗频频打胜仗，十分受人崇拜，而你却屡屡失利为你们突厥人脸上抹黑。事后沙钵略可汗必然会因此向你兴兵问罪，借机消灭你的军队而实现他剪除异己的意图。希望你仔细想一想，能顶得住这种讨伐吗？"阿波自然一点就通，即刻派使者来与长孙晟会谈。

　　会谈中，长孙晟进一步挑拨："如今达头可汗已与我大隋结盟，沙钵略可汗并不敢干预他。所以，你们可汗何不依附我们大隋，与达头联合以壮大自己的力量，这是十全上策，比起损兵折将、败退回去而受沙钵略可汗的处罚，不是要好得多吗？"阿波可汗遂屯兵不进，派出使节随长孙晟到长安朝见结盟。

　　沙钵略可汗听说阿波背叛自己与隋朝结盟，便回军袭击阿波后方营帐，杀其老母，劫其部众。待阿波退兵回去，已是人去营空，无家可归，只好投奔达头可汗，请得十万援军，东击沙钵略可汗，收复失地，并向沙钵略可汗频频发动进攻，军势日盛。

　　长孙晟的目的初步达成，突厥人自己打起来了。

　　这时，处在沙钵略可汗东面的契丹族也逐渐强大起来，处罗侯则袖手旁观，沙钵略可汗腹背受敌、顾此失彼，只得派使者向隋朝求和请援。

　　耐人寻味的是，千金公主也向杨坚请求改姓杨氏，不姓宇文了。这个女人很聪明，她通过这种方式告诉杨坚，枕头风停止了。

　　杨坚呢，则继续实施长孙晟坐山观虎斗的策略，准和，但是不出兵援助沙钵略可汗。

　　此后直至 599 年隋朝再次全面反击突厥之前，突厥内讧不已，再也无力内侵，隋朝暂时解除了北方的威胁，赢得了十多年安宁时间。正是在这一时期，杨坚完成了平定江南统一中国、整顿政治富国强兵的两大战略任务。

　　584 年，杨坚看到阿波与达头势力渐渐压过沙钵略可汗，感到均势要被打破了。他便转而开始采取扶持沙钵略可汗的策略，派虞庆则、长孙晟出使突厥，颁布诏命褒奖沙钵略可汗，赐千金公主姓杨氏，改封大义公主。

　　等到正式颁赐时，按当时隋朝礼仪，凡接受皇帝诏命者应当跪拜在地、匍匐称谢。殊不知沙钵略可汗身为突厥可汗、手握几十万大军，心想："我与你大隋皇帝同是一方人主，凭什么要我向你跪拜！"遂佯称有病而不起拜。

　　虞庆则不知就里，摆出大国使节威风，如此这般教训了一顿，不仅无济于事，反惹得沙钵略可汗怒容满面。

　　长孙晟和沙钵略可汗是老熟人，同时也深知突厥人重视血亲关系，见此情景，便机智地对沙钵略可汗说："突厥与隋都是大国，可汗不拜，我们怎敢勉强！只是如今可贺敦（突厥可汗的妻子称可贺敦，相当中原王朝的皇后称号）为我大隋皇帝女儿，可汗则是大隋女婿，女婿怎能不尊重老丈人呢？"沙钵略可汗听了这番话，转怒为笑，乐呵呵地说："应当拜老岳父！"便乖乖下跪拜伏。

　　沙钵略可汗得到隋朝支持，便再次出兵攻击阿波，大获全胜。均势再次得到保持。

587 年，沙钵略可汗去世，隋朝封其弟处罗侯为莫何可汗，封其子雍闾为叶护可汗。处罗侯则打着大隋旗号，继续攻击阿波与达头，终于擒获了阿波，随即上书向杨坚请示如何处置阿波。

杨坚召集大臣商议对策，多数人主张杀一儆百、以惩其恶。

杨坚特意问长孙晟："你以为如何？"长孙晟回答说："如果突厥背叛朝廷，自然应当以刑罚处之。而现在他们是兄弟相残，阿波之罪并不是有负国家，如果我们乘人之危将阿波抓来处死，恐怕不是怀柔边境各民族的良策，不如让阿波与处罗侯共存。"

显然长孙晟的意图仍在于贯彻其离强合弱、以戎制戎的战略，杨坚当即表示："这是最佳方案。"次年，处罗侯病死，雍闾代立，号都兰可汗。

593 年，隋朝有一个叫杨钦的罪犯逃入突厥，谎称隋朝娶北周公主为妻的彭公刘昶准备与妻子一道谋反，特派其前来联络大义公主与都兰可汗从北边发兵呼应。

这下，大义公主，此前的千金公主，心又动了。但她不知道，这一次，她会把自己送上一条不归路。

她本来就对娘家北周的灭亡一直耿耿于怀，时常煽动都兰反隋，杨钦的话犹如火上加油，遂教唆都兰可汗断绝朝贡，并屡屡派兵骚扰边境。

杨坚先是派长孙晟出使突厥以弄清都兰突然翻脸相侵的原因，后又派他再次去突厥捉拿杨钦。

这对于长孙晟，有点难。他一介使节，在突厥的地盘既无权又无兵，还要让已有意与隋朝作对的都兰拱手把杨钦交出来，谈何容易！

这叫与虎谋皮。

果然，长孙晟见到都兰说明来意时，都兰两肩一耸，马上赖账："我这里并没有叫杨钦的客人。"

但长孙晟心里清楚，都兰势力已今不如昔，且受到达头可汗和处罗侯之子染干（号突利可汗）的牵制，尚不敢与隋朝公开闹翻，只要证据在手，不怕他不从。

长孙晟不露声色，暗地里贿赂都兰手下高官，很快摸清了杨钦的藏身之所，待到夜晚，便率领随从突然袭击，抓获了杨钦，然后押到都兰面前。

　　谎言被揭穿，都兰非常难堪，长孙晟趁机又把大义公主与胡人安遂迦私通的丑事抖搂出来。身为可贺敦而与人通奸，这在突厥如同中原的皇后与人偷情一样是大逆不道的。都兰听说了这等丑事，不由恼羞成怒，遂把安遂迦也抓起来交给长孙晟一并发落。

　　长孙晟得胜回京，杨坚考虑到大义公主留在突厥终是祸根，便派他第三次出使突厥，颁布诏命，处死大义公主。都兰无奈，只好听从。

　　以前北周的千金公主，现在隋朝的大义公主，这个曾经带给隋朝几十年边患的宇文家的女人，终于走到了生命的尽头。

离强合弱

都兰杀了大义公主，觉得立了一功，就提出要求，想娶隋朝公主。

朝中大臣商议答应其请求，长孙晟根据保持均势的原则，独持异议：

"据我观察，都兰这个人反复无常，不可信任。之所以现在依附我们，只是因为他与达头可汗不和。即使嫁给公主，终究还会背叛。如果他娶了公主，借我大隋国威，达头与染干必然受其控制，这样他的势力必然更加强大，以后再反叛就更难对付了。而染干是处罗侯的儿子，他们父子两代人素来与我大隋友好。我上次与他相见，他也曾提出娶公主为妻，我看不如准许他的请求而令他南迁。他兵少力弱，易于控制，让他牵制都兰，为我朝捍卫边疆。"杨坚同意了。

此举的效果是，以后都兰每次出兵南侵，染干都预先派人报告朝廷，边境得以有备无患。

599年，都兰既嫉妒染干娶了隋朝公主，又非常恼火染干一再与自己作对，便联络达头可汗，联兵欲攻大同，再次挑起与隋朝的战争。

这时的隋朝，已经统一了江南，复苏了经济，革新了政治，国力大增，不是突厥惹得起的主儿了。

杨坚决定，再次大举出兵，讨伐突厥。

他任命汉王杨谅为总指挥，率高颎、杨素、燕荣等一流大将，统兵分三路出击。

都兰得悉情报，觉得惹不起隋军，便转而袭击染干，染干大败。染干只好与当时正在他军中的长孙晟一道，率数百残兵南逃。

在路上，染干与其部下秘密商议去处，以为兵败而去投降隋朝，只不过是一个俘虏而已，肯定得不到隋朝皇帝重用，不如前去投奔达头可汗。长孙晟得知这一消息后，心生一计，马上派人急速潜入伏远镇，通知守将速举烽火。

染干见四面烽火燃起，不知何故，忙问长孙晟是怎么回事。长孙晟骗他说："这一定是有敌人追来。我们国家于边境高山险要处设有许多烽火台，一有敌情，马上举火报信，来敌少举一、二烽，大兵围来则四面举烽。"染干大惊失色，只得乖乖随长孙晟入朝投靠。

就这样，长孙晟又一次不费吹灰之力招抚了突厥的一方可汗，进一步分化了突厥势力。都兰及达头两军则在高颎、杨素两位名将的连续打击下，大败而逃。

到了600年，突厥内乱，都兰为部下所杀。已经投降的染干这颗棋子，可以用了。长孙晟建议朝廷，派染干率部下前去招降。都兰部下果然纷纷投奔染干。问题是，这又引起了达头可汗的不安，他集中兵将准备入侵。

达头可汗不知道，他即使不入侵，隋军也要打击他了。此时突厥的四大可汗，死的死，降的降，溃不成军，只剩达头可汗的大军一枝独秀，这又打破了均势。

杨坚命晋王杨广、杨素出灵武道，汉王杨谅、史万岁出马邑道夹击达头可汗，以期彻底解决北方边患。长孙晟为秦州总管率突厥降人，随杨广出征，他知道突厥人习惯饮用泉水，又献计下毒于泉水源头，达头部下人畜饮水后多有死亡，人心大乱，连夜逃走。长孙晟率部乘机追击，大获全胜。

次年，长孙晟根据各方面情报分析了突厥现状，认为全面征服、彻底解决突厥问题的时机已到，建议杨坚再次出兵北伐。

杨坚立即任命杨素为行军总管，长孙晟为受降使者，采取剿抚兼施的策略，一面寻找达头主力决战，一面派染干招降，很快便击溃达头主力，其所辖铁勒思结、伏利具、浑、斛萨、阿拔、仆骨等十多个部落先后降附，达头被迫率残部西逃去投奔吐谷浑。

从此，东突厥完全成为隋朝附庸，终隋之世，北部边境基本安宁无患。

可以这样说，隋朝对突厥的征服是比较成功的，之所以如此，关键在于杨坚全盘接受了长孙晟的韬略，并且坚持多年不动摇，始终对敌坚持分化瓦解、剿抚并施的方针，离间强者，招抚弱者，孤立顽固，争取中间，打击首恶，优待降人。中途虽经历几次大战，但由于渗透瓦解工作得力，战斗的规模和损失都比较小。设若当时杨坚不采用离强合弱、分化瓦解的策略，而是频频出兵，一则隋朝没有这个军事力量，二则突厥兵强马壮，难以骤胜，费时必多，伤亡必大。

再对比一下，汉武帝大战匈奴数十年，终致两败俱伤，直到元帝时始将匈奴消灭，前后历时百年。而隋朝北面的突厥，强大不亚于汉代的匈奴，却在二十年之内被轻易征服，这不能不归功于长孙晟提出的战略构想。

突厥方面，其致命弱点是五可汗并存，相互争权夺利，不相统属，使长孙晟的离间策略得以实施。如果突厥人能同心协力、步调一致，长孙晟的策略无论如何好也施展不开，隋朝军队也就不可能在短短几年时间内征服突厥人。

第
四
章

CHAPTER 4

先声夺人　平定南陈

自南北朝以来，中国南北双方力量消长的趋势，基本上是北强南弱。

尽管自东晋开始直至宋齐梁陈各代帝王都曾做过统一梦，但即使在十六国和北魏分裂以后，都不曾将这一梦想付诸实施，桓温北伐和刘裕灭后燕、后秦等都只是昙花一现，相反北朝对南朝，一直是虎视眈眈、逐步蚕食，南朝则从黄河、淮河，一直退到长江一线。

这也怪南朝自己不争气。南朝历东晋、宋、齐、梁、陈四百余年士族门阀统治，体制僵化，思想落后，政治腐败，经济凋敝，军事虚弱，风气糜烂，一直保持着一副保境息民的柔弱姿态。

在中国传统政治理论中，大一统观念深入人心。无论哪一个统治者，一旦登台，都无一例外地把统一中国作为最大的政治事业，竭力追求"普天之下莫非王土"的恢宏气象，似乎不统一就算不上真正的皇帝，所以，南北朝各代都把对方作为自己的吞并对象，国力稍有振作就会兵刃相见，不是北伐，就是南征。

特别是南朝各代，一直以正统自居，视北朝诸帝为外来的夷狄统治者，这就更使得北朝统治者把南朝视作眼中钉、肉中刺，必欲除之而后快。

581年元月，杨坚登上皇位。三月，他就迫不及待地起用自己手中的第三代名将贺若弼、韩擒虎，一个为吴州总管，坐镇广陵（今江苏扬州）；一个为庐州总管，坐镇庐州（今安徽合肥），为南征做准备。

可见，杨坚对于江南陈国，想了不是一天了。

战前陈国

　　南边的陈国，此时的帝王是陈后主陈叔宝。

　　这位陈后主是一个典型的纨绔子弟，面对强邻压境、内外交困的局势，麻木不仁、毫无惧色。同时信用孔范、施文庆等平庸之辈，委政于贵妃张丽华，大兴土木造临春、结绮、望仙三阁以取悦后宫妃嫔，穷奢极欲，醉生梦死。动辄诛杀大臣，频繁易置将帅，以致国库空虚、公私俱竭、赋税繁重、刑法苛重、民不聊生、官场腐败。

　　有大臣向他指出迫在眉睫的隋朝入侵，他不仅视而不见、漠然置之，竟然还说出了千古流传的大蠢话："帝王之气在我这里，过去北齐军队三次来侵，北周军队两次进犯，无一不是败退而逃，他杨坚又能掀起什么大风大浪！"

　　他爹陈宣帝陈顼也一样，生前就干了一件给杨坚以战争借口的蠢事。

　　他收留了参与"三总管叛乱"的司马消难，而且封官——都督安（赵）〔随〕九州八镇、车骑将军、司空、随公。

　　收留大国的叛乱分子，从来都是犯忌的事。除了能让大国找到战争借口，还能给自己带来什么？

　　杨坚当然是不会错过这个战争借口的。

　　杨坚伐陈，除了大一统的目的，还有一个附带的小目的，就是抓住司马消难叔叔。

　　为什么要叫"叔叔"呢？

　　司马消难早年曾是杨坚父亲杨忠的结拜兄弟，杨坚就叫他"叔叔"。

从历史上看，司马消难是一个经历坎坷的人。

他是西晋宗室南阳王司马模之后，父亲司马子如，在北齐官至尚书令。司马消难自幼聪慧，先在北齐当官，后来因被人诋毁与宗室叛乱牵连，遭到猜忌迫害，逃亡到北周当官。在北周又因杨坚专权，起兵造反，事败逃归陈国。陈国灭亡，他又被抓到了隋朝。由于杨坚不大好意思把叔叔也砍了，他得终天年。

这么说吧，当时神州大地的几个大单位，除了突厥，他都"混"过。他是北齐的弃臣，北周的忠臣，陈朝的遗臣，隋朝的降臣。不管角色怎么变换，他都是一个讲究忠义、值得尊敬的人。

在北齐，他虽然官职越来越小，但在当北豫州刺史时，也是百姓拥护的好官员。他为人颇仗义，敢冒着风险和高季式这样的免职官员交往。后来朝廷怀疑他谋反，这可是杀头大罪，他走投无路才举家流亡北周。总不能坐着等死吧？身在乱世，求生也是一种本能。

在北周，他开始受到重用，曾任大将军等职。后来遭到贬职，外派到湖北担任总管。在北周被杨坚专权、有社稷之危时，还是他这个被疏远的大臣，成为北周最后一批忠臣之一，以自己微薄的力量，举兵造反，为北周尽了最后一份力量。

他，对得起在他落难时收留他的北周！

举兵失败后他逃亡陈朝，也未受重用，官儿也是越做越小。隋朝灭陈，陈国的大臣有主动投降的，也有接受陈后主诏书投降的。司马消难就是接受诏书投降的。换句话说，他没有主动投降，胜过了陈国许多土生土长主动投降的官员。

他，也对得起在他落难时收留他的陈国！

他到了隋朝不久，得杨坚念旧不杀，但不久去世。

杨坚这个叔叔，身处乱世的司马消难，是个男人。

先声夺人

当时，隋陈的国界大致以长江为线。东自长江口，西至湖北宜昌，江以北属隋，江以南为陈，沿江战略要地上流以宜昌之西陵峡、狼尾滩等为最，中游以郢州（今武汉武昌）、巴州（今湖南岳阳）、荆州（今湖北公安）等地为要，下游则为江州（今江西九江）、采石（今安徽当涂）、京口（今江苏镇江）等地。

隋要平定陈国，按照历史上渡江作战的一贯战略，无一不是自长江上游渡江，然后顺流而下，这是由当时的军事装备状况决定的。

因为长江下游江面宽阔，且金陵附近虎踞龙盘、地势险要，以当时的舰船能量不可能轻易逾越，上游江面则愈来愈窄，特别是三峡地区形势虽险峻却易于过江，上游守备一般较弱，从上游渡江，然后水陆并进、顺流而下，由于建康附近除北面有长江天堑外，东西南三面都是四战之地，无险可守，可一战而破。

所以，隋陈两国一旦发生战争，争夺的焦点必然是上游三峡峡口、中游的江陵和武昌、下游的采石和京口等地。

后梁，就在江陵。

隋欲灭陈国，必须首先挥刀后梁，否则难保中途不会节外生枝。

这是因为：一、后梁政权是南朝梁国在被陈国开国帝王陈霸先篡夺之后残留下来的一点余脉，与陈一脉相承，有着千丝万缕的联系；二、后梁所处江陵是长江中游重要的战略据点，是从长江上游进军建康的必经之路。

为此，深谋远虑的杨坚首先拿后梁开刀，于 587 年八月将后梁主萧琮接到长安，不久即宣布废除后梁。同时，派大将崔弘度率军接管江陵，后又派高颍到江陵，全权处理军政庶务。

这样，隋朝就直接控制了长江中上游地区，为平陈战争营造了一个全线出击的战略进攻态势。实际上，废除后梁在客观上还有一个作用，就是从心理上震慑陈后主，造成先声夺人的效应，这恐怕也是杨坚内心期盼的用意之一。

在解决后梁问题时，后梁不服。有一部分大臣和民众在后梁宗室萧岩等人鼓动下投奔陈国，陈叔宝竟派荆州刺史陈慧纪率军直抵江陵城下接应。这更加激怒了杨坚，遂决意加速平陈步伐。

当时的形势，大臣皇甫绩曾做过如下估计："今伪陈尚存，以臣度之，有三可灭。大吞小，一也；以有道伐无道，二也；纳叛臣萧岩，于我有词，三也。"这第一点是指国力强弱，第二点指的是政治状况，第三点是战争的借口。

这个皇甫绩，眼光不错，判断也准确。不愧为名门之后。他是名将韦孝宽的外孙，从小父母双亡，由韦孝宽一手带大，长大后以博学闻名天下。

现在的关键是，怎么动手？

杨坚手下人才济济，先后有李德林、李穆、高颍、杨素、贺若弼、光州刺史高劢、虢州刺史崔仲方、益州总管梁睿等人向杨坚提出了平陈韬略。其中，主意最高的是高颍和崔仲方。

高颍的计划，是正式开打前怎么准备的计划：

江北地区寒冷，田地收割季节晚，江南气候暖和，农作物早熟。待到南方收割季节，我们便调动少量军队，宣称要袭击他们。他们必然出兵守御，这足以让他们延误农时。一旦他们调集军队，我们就退兵解甲，这样反复多次，敌人就会习以为常。以后我们再调集军队，他们必然不再相信，趁其犹豫之际，我们即出兵渡江，登陆作战，必然士气大振，一举获胜。此外，江南土地潮湿，房屋多是由竹木茅草盖成，所有储蓄都在屋内而不是地窖。可以秘密派出间谍，就风放火，等他们修复后又再次放火烧之。这样不过儿年，陈国自然财力俱竭，那时举兵进攻，无有不胜。

这是一个极大消耗陈国国力的计划。按这个计划，隋朝还没有开打，陈国恐怕就没有力气打了。

再看崔仲方的计划。他曾向周武帝宇文邕献灭北齐的韬略，而且一献就是二十策。现在，他向杨坚献上的计划，则是正式开打后隋军怎么打的计划：

如今应在武昌以下蕲州（今湖北蕲春）、和州（今安徽和县）、滁（今安徽滁县）、方（今南京六合区）、吴（今江苏扬州）、海（今江苏东海）等州部署精兵秘密进行渡江准备；在益、信（今湖北巴东）、襄、荆、基（今湖北钟祥）、郢等州迅速建造舰船，多方张扬声势，为水战做好准备。长江上游为蜀江和汉江，是水道的咽喉地带，两军必争之地。陈国虽然在流头（今湖北宜昌）、荆门、延洲（今湖北枝江）、公安、巴陵（今湖南岳阳）、隐矶（今岳阳东北五里）、夏首（今武汉汉阳）、蕲口（今湖北蕲春西三十里）、溢城（今江西九江西）等地配置了水军战船，但最终必然要会聚汉口和西陵峡口，以水战方式与我军决战。如果陈国朝廷因为上流遭受我大军攻击而派精兵救援，我们下游诸军就可乘机横渡长江。如果陈后主拥兵自卫不分兵支援上游，我们上游诸军就可顺流而下、直捣建康。敌人虽有九江五湖等天险可凭借，但德政不施也就不足为凭；虽有三吴、百越等地区的兵马可以利用，但不受拥戴也就得不到支持。

崔仲方的思路，就是在长江上游和下游联动，上下夹击，让陈国顾此失彼。如果上游军事行动能起到佯攻牵制的作用，则下游诸军将偷渡奇袭，否则便实施上游、下游东西夹击陈国首都建康的钳形战术。

显然，高颎计划＋崔仲方计划＝完美计划。杨坚同时接受了这两种方案。随后采取了如下战略部署：

任命杨素为信州总管，在永安（即白帝城，今重庆奉节）大造舰船，建立和训练强大的水军。因为，隋朝相对江南而言，水军较弱，而要突破长江天险就必须有强大的水军。

任命崔仲方为基州刺史，为上游的军事行动做战役准备。

分命各地总管在高颎指挥下广泛派出间谍到江南去，刺探情报，实施破坏敌人经济的计划，削弱陈国国力，扰乱民心。

上述计划和部署一出炉，陈国基本上已经没戏唱了。

一般认为，这样的灭国战役，应该尽量秘密进行准备，然后再出其不意发动进攻。当时，杨坚的部分大臣是这样想的。

但是，杨坚不这样想。

打下陈国是一回事，如何打下陈国又是一回事。

换句话，打下陈国不能偷袭，而是要以堂堂正正的方式征服陈国，进而征服陈国的人心，更为重要。为此，杨坚谨慎再三。

事实上，杨坚一上台的开皇元年（581）九月，就开始了对陈国的军事行动。当时杨坚以尚书左仆射高颎节度诸军，拉开了灭陈的架势。然而，在高颎已经抵达前线、大军即将开拔的情况下，陈宣帝死了，陈国因此遣使求和。杨坚说"礼不伐丧"，命令南征大军班师。

后世史家，多以为"礼不伐丧"是杨坚的借口。因为，隋朝遭到北边突厥大举入侵，隋军要避免两线作战的不利态势，杨坚才假惺惺地说"礼不伐丧"，就此撤军。

事实上，"礼不伐丧"并不完全是借口。原因在于，隋灭陈，不是简单灭亡一个国家，不是打了就撤，而是在占有其土地和人民之后，还要加以治理，将之变成自己的国土和子民。所以，打的方式非常重要，要堂堂正正地打。

如果趁其帝丧，一举灭国，军事上自然干净利落，但政治上的善后，将何其难也。在陈国国丧之际，将陈国拿下，将使陈国君臣、百姓认为隋朝并非仁义大国，隋军并非仁义之师，客观上增加以后治理江南的难度；而此时坚持"礼不伐丧"，让陈国君臣、百姓看到大隋作为一个泱泱大国的气度和风度，不仅增强己方在政治上的优势，而且会大大降低将来隋朝官员治理江南的难度。

精明如杨坚，这个账，他一定是算过的。

隋灭陈，是大吃小，是强吞弱。既然如此，完全可以采取先声夺人的战略，直接堂堂正正地公开告诉对方，我要一统天下，要灭掉你的国家。

怎么个堂堂正正？怎么个公开告诉对方？

杨坚决定，发传单！

588年三月，杨坚公开颁布皇帝诏书，列举陈后主二十大罪状，宣布将大举进攻陈国、统一江南，并将诏书让人抄写三十万份，派出间谍广泛散发到江南各地。

这样一来，一是可以让朝野士庶知道国家政治的腐败和陈后主的过恶；二是可以显示威力，借以动摇陈国的军心、民心。

散发传单，这招儿的确狠。

接下来，杨坚继续堂堂正正地耍阴谋：

命令上游各造船基地将造船所剩木屑、碎料等大量投入江中，以便顺流而下，让陈国人知道上游隋军正在大造战船。而造船，是为了打你。

对于抓到的陈国间谍，予以优厚对待，让其到处观察隋朝的军队和百姓生活，充分了解隋朝统一江南的决心和实力，然后予以释放，利用他们回去传播隋军的声威和进军江南的信息。

这一切，都是为了堂堂正正地打下陈国，也是为了以后堂堂正正地统治陈国旧地。

瞒天过海

事先通知陈国，堂堂正正地打。这是大战略。

但是，打的时间，从哪儿渡江，打哪个目标，具体怎么打，这些个小战术，还真是秘密。

如果连这都告诉陈国，杨坚及其将帅们，也就太迂腐了。

事实上，为了欺骗和麻痹敌人，他们对战役意图，进行了巧妙的伪装，施展了许多巧妙而虚假的战术动作：

其一，在广陵屯兵一万，使之频繁往来更换。陈国边防军起初见到北岸集结军队，即调兵遣将加强防务，以后就习以为常了，等到大军渡江，陈国边防军遂不复提防。

其二，让军队经常沿江岸出击打猎，闹得人马喧哗，时间一久，陈国边防军也就习以为常了。后来大军渡江，陈国军队竟以为又是北方军队在打猎。

其三，用老战马大量购买陈国船只隐藏起来，另买五六十艘破旧船只摆在江边。故意让陈国间谍侦察到破船，让陈国以为隋军无船。

其四，在扬子津积储芦苇，用以遮蔽战船，待到大军渡江，遂能万船竞发，直扑长江南岸。

其五，将战船涂成黄色，伪装得与枯黄的芦荻一样，所以，陈军没有预先发现隋军战船。

以上，都是隋军在战前所采取的战略战术。

实际上，隋军在长江中上游消灭后梁、大造战船、命将增兵以及散发传单等举动，既是一种先声夺人的战略行动和心理攻势，又在客观上起到了转移、误导陈国君臣注意力于上游，从而掩盖隋军主力在下游两路偷袭行动的作用，是瞒天过海战术的一种战略运用。

正因为如此，陈国兵力的大部分在开战以后都分散布置在中上游沿江军事要地，对下游建康附近的江防反而并未特别增强兵力，致使贺若弼、韩擒虎两路大军轻而易举地渡过长江。

到了开皇八年（588）十月，战略公告完成，战术欺骗完毕，可以在上游、下游正式开打了。

杨坚任命晋王杨广为总指挥，高颎为元帅长史，王韶为元帅司马，统率九十位总管、水陆部队五十一万八千人，分东、西两大战区，同时从长江上、中、下游分八路向陈国发动进攻，开始了筹划已久的扫平江南、统一中国的战争。

此时，杨坚关于儿子晋王杨广的任命，影响深远。

影响之一，杨坚为杨广当上太子提供了契机。杨广作为次子，在平陈之际，拥有了最大的军功，也拥有了自己的文武班子，特别是在长子杨勇已经当上太子的情况下。杨坚身后，谁能当上大隋朝的第二任皇帝，充满了变数。

影响之二，作为平陈统帅，杨广由此对江南，特别是对扬州这座城市，充满了感情。以至于他在当了皇帝之后，不愿意待在京城，偏要到扬州来。即使天下形势糜烂，也不回京城，仍然要无怨无悔地居住在这里，直到死去。那是后话了。

隋军的兵力配置及进军路线是这样的：

（一）上游战区

中军：以杨坚第三子、秦王杨俊为总指挥，率杨素、崔弘度、刘仁恩、王世积等三十位大将，水陆军近二十万。率军自襄阳下汉水至汉口，直攻陈国郢州（今武汉武昌）；

中军左翼：蕲州刺史王世积率水军出蕲春，攻九江、豫章（今江西南昌）等地，策应秦王作战；

中军右翼：荆州刺史刘仁恩自江陵出兵策应杨素作战，并受杨素指挥；

信州总管杨素率水军主力自永安下三峡，直指巴州，然后与秦王会师汉口。

（二）下游战区

中军：以杨广任总指挥，直接统率宇文述、元契、杜彦、张默言、韩擒虎、贺若弼、燕荣等六十员大将，水陆军三十余万，自寿春出六合而指向建康；

中军右翼：庐州总管韩擒虎自庐州出横江（今安徽和县东南），指向采石；

中军左翼：吴州总管贺若弼出广陵，指向京口；

青州总管燕荣率水军出东海（今江苏连云港），沿海南下，入太湖，进攻吴县（今江苏苏州吴中区），以抄建康的后路。

从以上部署看得出来，下游战区是隋军的主攻方向。在这个方向上，隋军人数达三十余万，而且韩擒虎、贺若弼等第三代名将悉数登场，担负了主要的突击任务。

部署完毕，十一月，杨坚亲自到定城（今陕西潼关西）誓师，宣告出兵攻陈。十二月，各路军队均集结于长江北岸各处进攻出发地。

大军已经集结于长江北岸之际，高颎曾问下属大臣薛道衡："这次大举进攻，你认为能够平定江南吗？"

薛道衡答："能。第一，听说郭璞曾预言：'江南分裂三百年，当与中原统一。'如今这个周期已到；第二，我大隋皇上恭俭勤劳，而陈叔宝荒淫骄侈；第三，国家安危在于用人是否得当。如今陈国以江总为宰相，此人唯知吟诗饮酒。任用施文庆这种小人把持朝政，以萧摩诃、任蛮奴为大将，这两人都只是一夫之勇；第四，我国君臣有道而国强民富，陈国君臣无德而国弱民穷。量他们精锐部队不过十万，西自巫峡，东到沧海，这么长的战线，他们分兵防守则势小力弱，集中使用则顾此失彼。所以，我国这次出兵，毫无疑问，势如摧枯拉朽，肯定席卷而胜。"

上下夹击

整个战役，是上游战区先动的手。

对于陈国而言，要守住建康，上游之险，肯定要守。因为建康以西，已无险可守。

问题是，现在隋军仗着人多，在上游抢先动手，打得热火朝天，陈国的军队是否从下游向上游调动，进行增援？

增援吧，下游万一隋军突然发动，攻向建康首都所在地，己方兵少了，挡不住。而丢了首都，上游即使保住，也失去了意义；不增援吧，万一上游失守，建康以西，又将是一个节节败退之局。实在是两难。

无论怎么打，陈国在战略上，都是被动的。

十二月，杨素率上游水军主力沿三峡东下，在狼尾滩遇到陈国守将戚昕据险抵抗。

杨素认为，白天下船进攻，敌人能看清我军虚实，加上激流险滩，船不由人，我军就会失去优势。于是他大胆采用夜战方式，于月黑风高的夜晚分水步骑三军发动进攻，水路他亲自率小龙船数千只，悄悄顺流而下，派将军王长袭率步兵从南岸攻击戚昕的左翼守军，命大将军刘仁恩率骑兵从北岸进攻戚昕的大本营，三路夹击，戚昕大败而逃。

夜战狼尾滩获胜后，杨素与刘仁恩军会合，继续进军，在歧亭（今湖北宜昌西陵峡口）受到陈守将吕忠肃的顽强抵抗。吕忠肃用三条碗口粗的铁链缀连长江两岸石壁拦断西陵峡口，双方大小四十余战，隋军死伤五千余人仍未能前进一步。

这时陈军干了一件帮倒忙的事：他们把隋军死伤士卒的鼻子，残忍地割下去领赏。

这大大地激怒了隋军将士。杨素充分利用了这一点反其道而行之，优待被俘陈军将士，前后三次将俘虏释放回去以煽动和瓦解陈军斗志。

如此下来，当杨素再从两岸陆路乘夜色发动进攻时，吕忠肃军居然不战自溃。杨素顺利到达汉口，与秦王的中路军汇合。

到次年元月底，今天的湖北、湖南，已全部被隋军攻占。而陈国在这一地区守军，竟无一兵一卒得以东逃建康，增援首都。

上游战区，出色地完成了攻城略地、牵制阻截中上游守军的任务，使得下游战区在发动进攻时，建康以外没有任何兵马入京救援。

上游战区的胜利，非常重要。

对这次统一战争上游战区的战略重要性，历史学家胡如雷先生曾做了如下评析：

在中国古代史上，北方的政权发动统一南方的渡江战争时，能否在长江上游先取得胜利，往往显得非常重要。

两次南征失败的战例是赤壁之战和淝水之战。曹操本来打算赤壁一战渡江灭吴，但他没有事先灭蜀，因而遭到一次重大的失败。苻坚也想从寿春（今安徽寿县）南下直逼东晋的建康，但同样是在未能事先解决长江上游的情况下大败而归。

反过来看，战国时期，秦国据有四川，而且在当地置了蜀郡，所以后来渡江灭楚时进行得比较顺利。曹魏早已灭了蜀汉，因而西晋灭吴时司马氏能完成统一大业。元朝对南宋采取了大迂回战略，由蒙哥率领的元军早已攻占了四川一带，长江中游的元军继而取得襄樊（今湖北襄阳）之役大胜，然后才对临安（今浙江杭州）形成了致命的威胁。

上述史实说明，先解决长江上游的问题，对下游渡江有决定的意义。

此外，上游先入我军之手，既可牵制或阻截敌军大部兵力于上游，大大减轻下游渡江作战时的正面军事压力，又可解除上游顺流而下赴援建康的可能，就敌军而言，失去上游战略控制，就等于西面国门洞开，这是一大后顾之忧。赤壁之战和淝水之战胜方取胜的秘密除了其他因素外，没有后顾之忧而有上游随时可以赴援的战略优势，肯定是一个重要原因，至少是一个重要的心理优势。

所以，自古以来，除了朱元璋那一次以外，由南打北，没有一次打赢的。而由北打南，只要先占上游，倒是次次成功。

589 年正月初一，上游的戏唱完了，下游隋军选择这一天分两路出击，直捣建康。

当时的风俗，正月初一为元旦佳节，陈后主无视隋军的全面出击，不顾一些大臣的反对，召集文武大臣大肆宴饮，建康及周围守军也照样大吃大喝，陈后主甚至把各地镇守大将召进京城参加元旦庆宴，连镇守镇江专以对付贺若弼的大将萧摩诃也于元旦前夕被召至建康参加元旦朝会。于是，建康北面江防形同虚设。

同时，对于各地雪片似的军情急报和陈军谍报部门的敌情通报，陈后主的宠臣施文庆、孔范等一概扣压，置之不理。

当天，贺若弼把突然进攻的时间选在午饭后。他首先率部由广陵渡江，占领京口。结果，京口守军中午会餐，一顿酒下来，个个酩酊大醉，东南西北都分不清楚，还谈什么抵抗敌军？京口失守。

傍晚，韩擒虎率部由横江（今安徽和县东南）渡过长江，占领采石。这一次，守军弟兄们喝得更多，采石失守。

杨广率大军进屯六合，为贺若弼、韩擒虎后援，并指挥宇文述、杜彦率部迅速渡江，与贺若弼、韩擒虎一道形成四支利箭合围建康。

长江天险，就此被轻而易举地突破。

陈国君臣直到第二天才得到隋军已渡江的消息。元月初七，隋渡江各路大军进逼建康近郊。陈后主这才感到事态的严重，慌忙召集文武大臣商议对策、组织防御。他手下几位能臣萧摩诃、司马消难、任忠纷纷献计。

萧摩诃建议：贺若弼孤军深入，围城防御工事还来不及加固，趁此机会出兵袭击，必能大获全胜。

司马消难的建议是：贺若弼如果在高处点燃烽火与韩擒虎相呼应，鼓声震天，京城必然会人心大乱。现在应当急速派兵向北占领蒋山，南面截断秦淮水，给予士兵重赏而留其妻子儿女做人质。皇上您则率精兵万人守城而不出战，如此不过十日，贺若弼、韩擒虎二位将领必被我擒获。

老将任忠则提出了更为全面的策略，他说："兵书上说，来犯者贵在速战，守卫者贵在持重坚守。如今京城兵员众多、粮食充足，我们应当坚守皇城，沿秦淮河树立栅栏。隋军如果前来进攻，我们坚守而不与交战；另外分兵切断沿江通道，使敌人音信不通。再给我精兵一万，小型快速战船三百艘，让我渡江直捣六合隋军大本营；隋后续大军必然以为前面渡江的将士已被歼灭，自然锐气大挫。淮南民众与我久已相熟，如果知道我率军前去，肯定会起而响应。我再声言准备进攻徐州，切断隋军退路，这样，隋军必然不击自溃。等到江水汛期到来，上游周罗睺诸军必定沿江东下救援。这是现在唯一可行的良策。"

到底是百战之将。上述三人的建议，都有一定的道理。虽然不大可能挽回陈国灭亡的结局，但陈后主如能采用，至少首都建康不会这样快失守。韩擒虎、贺若弼来势虽凶，其实过江总兵力尚不到两万，而且是孤军深入，要迅速拿下城池，困难不小。

陈后主对于上述三个建议，一个都不听，相反在宠臣施文庆、孔范的教唆下，决定孤注一掷。他于元月二十日，命令各军在皇城外钟山南面布阵出击，陈军布成一字长蛇阵，南北横亘二十里，既未指定诸军统帅，又无攻击计划。

贺若弼一看，就知道有机可乘。于是不顾己方人少，孤军发起攻击，先败而后胜，击溃陈军数万，当晚攻入皇城。

是日，韩擒虎也从南面攻进皇城，由于老将任忠临阵投降并做向导，隋军很快攻入内城，活捉了陈后主。

贺若弼因与陈军主力决战，虽先期到达建康城下并率先发起进攻，却后于韩擒虎攻进皇城。

树倒猢狲散，隋军在攻占建康、活捉陈叔宝后，迅速让他下手诏通知各地陈军投降，于是长江上、中、下游及三吴、岭南等地很快被平定，神州大地，在对峙近三百年之后，在杨坚的手中重新实现了大一统。

一年多后的 590 年十一月，刚刚平定的陈国故境，又反了。

婺州（今浙江金华）汪文进、越州高智慧、苏州沈玄恺等自称天子，署置百官。还有乐安、蒋山、饶州、温州、泉州、杭州、交州等地都起而响应，一时间，江南烽烟四起。

这一次，轮到杨素上阵平叛了。

杨素是深得杨坚重用的第二代名将，也是隋朝一流的军事家。

他足智多谋，御下有术，每逢大战前，总是故意找人过失而杀人，多则百余，少则也要杀十几个，血流盈庭，言笑自若，以便战前立威，使人知所畏惧。临交战时，又总是先派一二百人前去冲锋陷阵，如能冲破敌人阵地就作罢，否则，退回者不论多少一律处死；再派二三百人前往，照样处斩退回者，如此再三，将士吓得胆战心惊，一个个抱定必死的信念，上了战场就勇往直前、义无反顾，所以，他带兵打仗攻无不克、战无不胜，是隋朝少有的常胜将军。

当然，他的本事，并不仅限于杀人立威，还在于每逢作战取胜，他对部下有功必录，绝无遗漏，因此将士也愿意以死相从。

对于杨素而言，战时纪律是相当严肃的。后退者一定要杀，前进者一定重奖。

杨素率军到达长江边后，先派出许多间谍过江侦察敌情。注重情报，也是杨素带兵作战的长处。

侦察完毕之后，杨素指挥大军渡江作战，一路势如破竹，直打到浙江（今钱塘江、富春江），叛乱首领高智慧占据浙江东岸为营，沿江面布置数百艘舰船，上下周围百余里，依仗其水军优势负隅顽抗。

杨素的部下来护儿建议："三吴这地方的民众轻捷精锐，擅长水战，眼前这些叛军抱着必死的决心，我们很难正面与之交战而取胜。您最好先摆出决战架势等待着，另让我带几千精兵悄悄从别处渡过江去，先掩袭攻破敌人沿江壁垒，使他们退无所归、进不得战。如此，必然大胜，这就是汉代韩信击败赵军所用的策略。"

杨素便派来护儿率轻便战船几百艘，乘夜晚渡江。

来护儿不仅成功渡江，还攻占了敌人营垒，然后纵火焚烧，弄得沿江岸边上下百里火焰冲天。处在江面的叛军看到营垒被烧，内心慌乱起来，杨素乘机发起进攻，高智慧全线崩溃，率残部逃入海中。

不到两个月时间，经过大小百余战，杨素很快平定了这次叛乱。

这也是杨坚的隋朝平定江南、统一全国的最后一战。

如今，隋军平陈之战已经过去了一千四百多年。今天我们再回头来看，仍然是一场教科书式的经典战役。

战争开始之前，杨坚采纳高颎的计划，预先消耗陈国的国力。

然后，杨坚任命贺若弼、韩擒虎两位名将分任吴州、庐州总管，犹如两把利剑插在陈国建康的后背，做了充分的军事训练、敌情侦察、渡江准备和熟悉地形水情等战略战术准备。

随后，在长江中游消灭后梁，以绝隐患且打通长江中游进军道路，从而对陈国首都建康形成战略包围态势。

战争开始之后，先普遍征集作战方案，从中选择上游、下游两大战区作战，上游佯动牵制、下游主力直捣建康的战略计划。

在具体实施过程中，又采取先声夺人的策略，一方面大肆宣扬进军江南的决心以震慑陈国军心民心，一方面又布置许多假象欺骗和迷惑敌人以掩盖真正的作战意图。

最后，选择元旦佳节这一人人都想放松痛饮的天赐吉日良辰，瞒天过海，两路偷渡长江，一举攻占江南六朝古都建康，活捉陈国皇帝陈叔宝。

整个战役，前后费时不过一月。

灭国都能灭得这样好，实在是天衣无缝、无懈可击。

第
五
章

CHAPTER5

短命隋朝　遗产丰富

杨坚的隋朝，是一个短命的王朝。

从隋文帝杨坚 581 年登位，到隋炀帝 617 年被部下宇文化及杀死于江都，前后仅仅三十七年时间。

但是，杨坚的隋朝，又是一个遗产丰富的王朝。短短三十七年，隋朝为唐朝留下了丰富的政治遗产和经济遗产。

也在情理之中。肥水不流外人田嘛。李渊，杨坚的亲外甥，杨广的小表兄，说到底，还是一家人。

如果说唐朝是盛世的话，那么是杨坚的隋朝为它打下的坚实基础，奠定了盛世之基。

慷慨的隋朝，慷慨的杨坚和杨广，到底为唐朝留下了什么政治遗产和经济遗产呢？

强盛帝国

隋朝时，全国人口实现了翻番。要知道，人口是王朝统治最重要的基础。没有之一。

道理很简单。没有人口，谁给你种地？你找谁收税？你找谁当兵？谁替你打仗？

留下了多少人口，我们拿数据说话。

杨坚登上皇位的 581 年，全国户口 359 万户。司马光在《资治通鉴》上说杨坚"受禅之初，民户不满四百万"。

589 年，灭掉陈国，得户 50 万，全国户口总和由此增加到 409 万户。

606 年，即隋炀帝的大业二年，全国的户口数总和达到了 8907536 户、46109956 人。这个数据来自《通典·食货典》，该书称"此隋之极盛也"。

也就是说，十七年时间，全国户口增加一倍以上，全国人口达到 4611 万人。这个速度，在唐朝的"贞观之治""开元盛世"时，都没有赶上。

国土面积方面，到隋炀帝的大业五年（609），隋帝国共有 190 个郡，1255 个县，疆域西至且末郡（今新疆且末），北到五原郡（今内蒙古五原），东达辽东郡（今辽宁辽阳），南抵日南郡（今越南荣市），《资治通鉴》称"隋氏之盛，极于此矣"。

大业十一年（615）元旦，突厥、新罗、靺鞨、毕大辞、诃咄、传越、乌那曷、波腊、吐火罗、俱虑建、忽论、诃多、沛汗、龟兹、疏勒、于阗、安国、曹国、何国、穆国、毕、衣密、失范延、伽折、契丹等二十余国前来进贡朝贺。

除了人口和广阔的疆域，大帝国还拥有充足的钱财和粮食。

杨坚接手北周的烂摊子时，国家府库空虚，仓库所藏总数只有50余万。到了他统治末期，短短二十多年时间，"天下储积，得供五六十年"。

隋朝的钱多到什么程度？

贞观十一年（637），在隋亡二十年之后，唐朝大臣马周对唐太宗说："隋家贮洛口仓，而李密因之，东京积布帛，王世充据之；西京府库，亦为国家之用，至今未尽。"（《贞观政要》）

换句话说，唐朝建国二十年之久，还在用隋朝的钱粮！而且，二十年都还没有用完！

真是太有钱了。

有人有钱有疆域，李渊捡了个大便宜。

新建首都

隋朝不是第一个建都长安的，洛阳也不是隋朝才有的。为什么说隋朝给唐朝留下了长安和洛阳两个新首都呢？

但是，此长安非彼长安，此洛阳也非彼洛阳。

杨坚上台执政时的长安，是北周的旧都，即西汉的长安城。

这座长安城已经历时八百年，不仅残破不堪，而且由于生活垃圾的污染，城市的地下水出现了碱卤现象，达到了无法饮用的程度。

最麻烦的，还是城市防洪出现了问题。

老长安城距离渭水近，局促于龙首山和渭水河道之间，既狭小又无法扩展。

除去这些因素，还有一个政治因素。

大帝国，得配一个大城市做首都啊！否则，万方来朝，何以彰显大帝国之威？杨坚是这样想的。

可是当时的政治形势，又不允许迁都。

既然不能迁，那就新建一个首都吧。

582年，杨坚亲自部署考察，就在老长安城旁边，选了一个地方。"龙首山川原秀丽，卉物滋阜，卜食相土，宜建都邑。定鼎之基永固，无穷之业在斯。"（《隋书·高祖纪上》）

杨坚决定，把新长安城建在龙首山上。他把这个任务，交给了隋朝城市设计大师宇文恺。

宇文恺（555－612），出身武将世家，但他本人却走上了工匠之路，后来，还当上了隋朝所有工匠的总头领——工部尚书。

在宇文恺的指挥下，新首都从开皇二年（582）六月开始兴建，十二月基本竣工，次年三月正式迁入使用，前后仅仅9个月，就建成了！

新长安城由宫城、皇城和郭城组成，先建宫城，后建皇城，最后建郭城。宫城和皇城置于全城的北面，郭城则围绕在宫城和皇城的东、西、南三面。全城在方整对称的原则下，沿着南北中轴线，分区整齐明确，象征着皇权的威严，充分体现了中国古代京城规划和布局的独特风格，反映了统治者专制集权的思想和要求。特别是把宫室、官署区与居住区严格分开，是一大创新。

全城有南北向大街11条，东西向大街14条，划分为108个里坊和东、西两个市场，形成棋盘型的布局。唐朝的大诗人白居易，曾如此夸奖新长安城："百千家似围棋局，十二街如种菜畦。"形象又贴切。

新首都总面积84.1平方公里。对比一下：著名的古罗马城，13.68平方公里；明代的都城南京，43平方公里；明清两代营建的北京城，60.2平方公里。在古代城市规模上，新长安城是当之无愧的世界第一城。

这个世界第一城，被杨坚命名为"大兴城"，因为杨坚曾受封为"大兴公"。

大兴城被亲姨父杨坚慷慨地留给了唐朝的李渊父子，它就是日后唐朝的首都长安城。

东都洛阳城，则是李渊的小表弟杨广下令营建的。

杨广营建东都洛阳，是因为大兴城偏处关中，与中原相距太远，遇有战事，交通不便，兵不赴急；也因为洛阳地理位置重要，"控以三河，固以四塞，水陆通，贡赋等"。杨广感到有必要新建一个洛阳城，作为陪都。

具体负责建东都洛阳城的，也是宇文恺，时间呢，10个月！

新的洛阳城，在旧城以西约十八里，北依邙山，南对龙门，地理位置十分优越。从大业元年（605）三月开始，宇文恺每月役使民工约两百万人，夜以继日地开工建设，到大业二年（606）正月建成。

由于地形的关系，东都洛阳不像大兴城那样，强调南北中轴线和完全对称的布局方式，其宫城和皇城建于西北部，但整个规划力求方正、整齐，仍与大兴城相似。

宫城、皇城、外城的布局，则与大兴城大致相同，只是规模略小。最北依然为皇帝居住的宫城，宫城以南为官署所在地的皇城，皇城以外为外郭城，是官员和百姓的居住区。洛水横贯全城，把城市分为南北二区，北有 36坊，南有 96坊，另有东、南、北三个市场。

大兴城是首都，建完了不怕没人住。但洛阳就不一样了，毕竟是陪都，所以，洛阳营建之初，即迁来天下富商大贾数万家。随后，又陆续命令江南诸州"科上户分房入东都住，名为都京户，六千余家"，河北诸郡又"送工艺户陪东都，三千余家"。

京杭大运河

到了宋朝，宋太宗赵光义说："东京养甲兵数十万，居人百万家，天下转漕，仰给在此一渠水，朕安得不顾。"

于是，宋人遂有"天下漕运，仰此一渠"之说。

这个"一渠"，就是隋朝留下来的大运河。

由于地理原因，我国大的河流水系，都是东西流向，横亘中国。而大运河则纵贯南北，以洛阳为中心，北起涿郡（今北京），南至余杭（今杭州），全长五千多里，是古代世界最长的运河，也是古代世界最伟大的水利工程。

这条大运河是在已有天然河道和古运河基础上开通的。605年，隋炀帝征发几百万人，挖通济渠，连接黄河、淮河，同年又用十万民工疏通古邗沟，连接淮河、长江，构成下半段。三年后，用河北民工百万余，挖永济渠，通涿郡，构成上半段。又过两年，疏通江南河，直抵余杭。至此，共用五百余万民工，费时六年，大运河全线贯通。

大运河地跨今天的北京、天津、河北、山东、河南、安徽、江苏、浙江八个省市，连接海河、黄河、淮河、长江和钱塘江五大水系，成为我国南北交通的大动脉。

从此直到清末，几乎可以说，大运河决定着国家经济的兴衰。运河通则国家兴，运河塞则国家衰。

别看一条运河，它在中国历史上的作用却是无可比拟的。

所以，隋朝开通这条大运河，其重要意义怎么强调都不过分，便利了南北交通，促成了经济繁荣，促进了民族融合，等等。

这条大运河，至今还在用。

三省六部制

三省，指中书省、门下省、尚书省。

三省的职能是：中书省管帮皇帝起草诏书；门下省管复核诏书内容，有退回诏书不许颁布的权力；尚书省管下面的六个部，负责具体执行。

简言之，中书省制定政策，门下省审核政策，尚书省执行政策。

六部，指吏部、兵部、户部、礼部、刑部、工部。

合在一起，叫三省六部制，它是我国古代封建王朝的一整套组织严密的中央官制。

三省六部制不是隋朝的发明，但其作为中央官制的核心地位，是在隋朝确立的。

杨坚将门下省独立出来，摆脱了皇帝侍从、顾问的性质，成为在外廷独立处理政务的纯粹的国家行政机关。同时要求中书省的一把手中书令和门下省的一把手侍中"知政事"，使其摆脱了皇帝秘书、顾问的身份，成为朝廷宰相。

对于尚书省，隋朝则确立了尚书省六部二十四司制，使六部与九卿的部门职责彻底分离，六部负责国家政务，九卿负责皇帝事务，成为国家政务与皇帝事务分开的两个独立系统。由此，三省六部制成为中央官制的核心，并进入了一个全新的发展阶段。

三省六部制，其实就是中央官制中的宰相制度。

隋唐之际，并无"宰相""丞相"这一官名，"知政事官"就是宰相，而且实行的是集体宰相参政议政制度。那都有哪些人可以算是宰相呢？

一般而言，三省的一把手，中书令、侍中、尚书令都是宰相。但是，还有很多人没有担任这三个职务，也能够当上宰相。举个例子就明白了：

A：中书令

B：中书舍人

C：中书舍人、专典机密

D：侍中

E：黄门侍郎

F：黄门侍郎、知政事

G：尚书令

H：尚书左丞、参豫朝政

I：尚书右丞

J：吏部尚书、平章政事

K：户部尚书

L：户部侍郎、同中书门下三品

M：刑部尚书、同中书门下平章事

一共13位官员。

先别晕，看着很复杂，其实很简单。

这时，资历最老的A说话了：皇帝有指示，知政事官都留下来，议一议。于是B、E、I、K四位站起来说："那你们聊着，我们先走了。"

留下的还有A、C、D、F、G、H、J、L、M，一共9位。当然，宰相一般没有这么多，也就三五位。这是为了举例子的方便。

来分析一下这9位：

其中A、D、G，是三省的一把手，名副其实的宰相，自然要留下开会了。

C、F、H、J、L、M，都有一个共同点，即在自己的职务之外，都有另一个后缀，分别是"专典机密""知政事""参豫朝政""平章政事""同中书门下三品""同中书门下平章事"。

这些个花样翻新的后缀，其实意思一样。加了后缀，就是真宰相，就是知政事官，就可以参加宰相们的会议，有发言权。

没有后缀？那就该干吗干吗去，这儿没你什么事儿。

细究起来，也特别有意思：

B 和 C 的正式职务，都是中书舍人，都在中书省任职，但 C 有"专典机密"的后缀，所以 C 是宰相。B 见到 C 就得明白，人家和你不是平级。

E 和 F 的正式职务，都是黄门侍郎，都在门下省任职，但 F 有"知政事"的后缀，所以 F 是宰相。

H 和 I 的正式职务，都是尚书省的副手，但 H 有"参豫朝政"的后缀，所以 H 是宰相。I，你别真把人家 H 当同事，人家是上级领导。

更有趣的，是 K 和 L。同在户部任职，其中 K 是尚书，是户部一把手；L 是侍郎，是 K 的副手。但是，别忘记了，L 是有后缀的人，"同中书门下三品"。所以，L 是宰相，是真正的上级。

这些个后缀中，"同中书门下三品""同中书门下平章事"有点绕，也有点费解，要专门解释一下。

"同中书门下三品"这个后缀的诞生，是因为偶尔也会有一品或二品的高官加入宰相群体。而三个省的一把手，中书令、侍中、尚书令，都是三品官。如果遇有一品、二品的大官，经皇帝指令，要成为知政事官参加宰相们的会议，怎么办？那就在任命书中加一句"同中书门下三品"。这个意思是，你别仗着官儿大，要和中书令、侍中、尚书令这些中书门下的三品官一样任职，平等发表意见，不得仗势欺人，耽误了朕的政事！

那么，遇有三品以下的小官儿，经皇帝指令，要成为知政事官参加宰相们的会议，又怎么办呢？这就用得上"同中书门下平章事"了。意思就是，别因为自己官小而自卑，要和中书令、侍中、尚书令这些中书门下的三品官一样平章国事，平等发表意见，不得缄口不言。

隋唐三省六部制，大体就是这样一个运行状态。但隋朝开创的三省六部制，并不只在唐朝得以延续。其中"三省"，直到明朝朱元璋永远废除丞相、让六部直接对皇帝负责时才取消，延续近千年。

"六部"延续时间更长，直到清朝灭亡才算完全取消。

在官制方面，杨坚还简化了地方行政机构。

南北朝时期，地方行政机构分为州、郡、县三级。到了隋初，发展为

241 个州、608 个郡、1524 个县,全国合计有 2373 个县以上的地方行政建制。必须进行大刀阔斧式的机构改革了。

首先,州、郡、县三级改为州、县两级,以州辖县。再精减地方行政机构 40% 以上,精减后为 190 个州、1255 个县。

然后,按照地理位置之重要、辖境之大小、户口之多寡及经济水平之高低,将州县划分等级,对干部编制进行严格限制、定编定岗:上上州只能有官员 323 人,到了下下州,官员编制缩减为 167 人;上上县为 99 人,下下县则为 49 人。

这一地方官制,至少在唐朝前期,也被李渊父子继承了。

科举制

1905 年 9 月 2 日，清廷接受袁世凯、张之洞的奏请，决定自 1906 年开始，停止科举。至此，延续了一千三百年的科举制正式废除。

而这个制度的确立，还是在隋朝。

隋朝以前，选拔人才靠的是九品中正制。

九品中正制，又称九品官人法，是魏晋南北朝时期重要的选官制度，上承两汉察举制，下启隋唐之科举制，存在了四百年。

九品中正制创立之初，评议人物的标准还算公正，基本上是家世、道德、才能三者并重。但时间一长，家世门第成了唯一标准，最终形成了"上品无寒门，下品无士族"的局面。即使你是个笨蛋，只要是士族出身，也能够当上高官。

一句话概括九品中正制：说你行，你就行，不行也行；说你不行，就不行，行也不行。

很明显，这个制度不利于国家选拔优秀的人才。

杨坚鉴于此，决定废除九品中正制，开始以分科考试的形式来选拔优秀人才。从此，国家选拔人才开始注重公平竞争、择优录取，重才学而不重门第，虽庶族寒门，只要有才也有机会为官，为国家服务。

开皇七年（587）定制，每州每年贡士三人。其标准是文章华美，特别华美的，还可保举应秀才科，接受特别考试。开皇十八年（598），杨坚下诏，京官五品以上，地方的总管、刺史，"以志行修谨、清平干济二科举人"（《隋书·高祖纪下》）。这是正史明确记载的以科举士，科举制由此开始。

科举制刚开始只有"秀才""明经"两科,后来又增加了"进士"科。

科举制由杨坚创立,这没有争议。但到底是杨坚开创了"进士"科还是杨广开创了"进士"科,有争议。一般认为,是杨广。

但也有例子佐证是杨坚。《旧唐书·房玄龄传》清楚写着他"年十八,本州举进士"。《新唐书·房玄龄传》也是"年十八,举进士"。房玄龄生于579年,18岁时为597年,也就是杨坚的开皇十七年。当时如果杨坚没有创设"进士"科,那么房玄龄就没有办法"举进士"。"进士"科的发明权,恐怕还是在杨坚。

《开皇律》

　　杨坚的《开皇律》，是唐朝《武德律》《贞观律》《永徽律》的制定基础。或者说，《开皇律》的立法精神，其所规定的各项基本制度，完全被唐律直接继承，是唐律的直接蓝本。

　　开皇元年（581），杨坚针对北周刑法繁杂苛酷的情况（内外恐怖，人不自安），命高颎、郑译、杨素、常明、韩濬、李谔、柳雄亮、裴政等人，在北魏、北周旧律的基础上改定《新律》。

　　开皇三年（583），又以"律尚严密，故人多陷罪，每年断狱，犹至万数"的原因，特命苏威、牛弘等人本着删繁就简的原则，修改《新律》，主旨在于"权衡轻重，务求平允，废除酷刑，疏而不失"，从而完成了历史上著名的《开皇律》。

　　《开皇律》废除了历代的车裂等酷刑，删去了死罪81条、流罪154条、徒、仗等罪1000多条，仅保留了500条。分为名例律、卫禁律、职制律、户婚律、厩库律、擅兴律、贼盗律、斗讼律、诈伪律、杂律、捕亡律、断狱律等12卷。

　　具体内容上，除谋反以上罪名，一律不用灭族之刑。死刑，分绞、斩二等；流刑，分1000里、1500里、2000里三等。

　　杨坚还首次规定了死刑要经过三次复奏，才能执行。这在草菅人命的封建社会，在尊重生命方面，的确算是难得的进步。

　　《开皇律》代表了隋朝立法的最高成就，它承袭了前朝法制长期发展的经验，经过删繁就简、补充完善，使封建法典的编纂进一步系统化、规范化，为我国封建社会法律的定型做出了极为宝贵的贡献，在中国法律制度发展史上具有重要的历史地位。

《开皇律》上承汉律的源流，下开唐律的先河，其后又为宋、明、清各朝所沿用，其立法精神，一直传承到清末。

第
六
章

CHAPTER6

群雄逐鹿　昙花一现

611 年，隋炀帝大业七年，杨坚辛辛苦苦建立起来的大隋，乱了。

这一年，山东邹平人王薄在长白山，第一个举起了反抗隋朝的大旗。从此，直到唐朝武德六年（623）刘黑闼、辅公祏先后兵败被杀为止，神州大地处处烽烟，一直乱了十三年。

王薄起义的这个长白山，不是吉林的长白山，而是山东的长白山，位于山东邹平南部，因山巅常有白云缭绕而得名。山东长白山的海拔只有826.8 米，不像吉林长白山，海拔高达二三千米，但山势峻拔，重峦叠嶂，绵延数十公里，向有"泰山副岳"之称。用来造反，足够了。

这个王薄，自称"知世郎"，不仅是个造反派，还是个诗歌爱好者。他针对隋炀帝征兵前往辽东攻打高丽的动荡局面，独立创作了一首《无向辽东浪死歌》：

长白山前知世郎，纯着红罗绵背裆。

长槊侵天半，轮刀耀日光。

上山吃獐鹿，下山吃牛羊。

忽闻官军至，提刀向前荡。

譬如辽东死，斩头何所伤。

大白话，从穿的说到吃的，算不上好诗。但意思很明白：宁愿在家乡被斩头，也不愿意死在辽东。

可见，隋炀帝远征高丽政策的不得人心。

不服从隋炀帝领导的，不只王薄一个人，还有很多人。大致可以分为两类：

一类是隋朝官吏起兵造反的：

杨素的儿子杨玄感，是隋朝官吏里面第一个造反的。但旋起旋灭，也是第一个被灭的；

罗艺据涿郡，比较低调，自称幽州总管。

也有高调的主儿：

梁师都据朔方，北连突厥，称梁帝；

刘武周据代北，北连突厥，称帝；

薛举据陇西，自称秦帝；

李轨据河西五郡，自称河西大凉王；

萧铣据巴陵，都江陵，疆域远至岭表，拥兵40万，也称梁帝。

真正的"低调做人、高调做事"的人来了：

李渊据太原，攻占长安，但他自己未称帝，而是拥立隋炀帝长孙杨侑为帝。

别看一大堆帝啊王的，真命天子就是这最后一个暂时没称帝的，唐高祖李渊。

另一类是老百姓起兵造反的：

王薄、孟海公、刘霸道、孙安祖、张金称、高士达、窦建德、翟让、杜伏威、辅公祏等。最后，这些农民起义军汇成主要的三大股：

第一股是翟让、李密领导的河南瓦岗军，战斗力最强的农民起义军。正是瓦岗军，后来拼掉了隋朝最精锐的野战部队。

第二股是窦建德领导的河北农民军，兵力最盛时曾达十万之众。

第三股是杜伏威和辅公祏领导的江淮起义军。

但是，翟让、李密、窦建德、杜伏威、辅公祏这些人，造反时热热闹闹，事实上，都是为他人做了嫁衣裳，都是些白忙活的主儿。

初露锋芒

其实李密也是官二代。

他的曾祖父李弼，是北周开国功臣。和他曾祖父同一辈的人，都是大名鼎鼎的人物，如北周的开创者宇文泰、李渊的祖父李虎等八人，史称"八柱国之家"。所以，李密的朋友圈都比较高端，自幼生长在隋都城长安的上流社会，以见识远、策略多而知名。少年时代的李密，曾因父亲的官荫成为隋炀帝的侍卫。

也许是眼睛有问题吧？或者是看人的角度不大对？反正被隋炀帝找了个"顾盼不常"的牵强理由，把他辞退了。

李密没事干了，就读书。读啥书？《汉书》。

李密读书很认真，骑牛走在路上也在读书。如此好学的他，正读《汉书·项羽传》呢，被贵人发现了。

这个贵人，就是当时权倾朝野的尚书令、越国公、名将——杨素。

路边一番攀谈，杨素很喜欢这个好学的小伙子，把他推荐给了与之同龄的儿子们。这样，李密就和杨素的儿子杨玄感，攀上了交情，成了好朋友。

大业九年（613）六月，趁着隋炀帝率领全国的主力部队正在攻打高丽的时候，李密的好朋友、时任隋朝礼部尚书的杨玄感，由于在隋炀帝手下干活缺乏生命安全感，在黎阳（今河南浚县）起兵造反了。

杨玄感选择在此时造反，时机确实很好。

攻打高丽，这是隋朝的第三次、隋炀帝的第二次了。三次远征，动辄征发百万士兵。结果，次次弄得天下骚然。在此前后，济阴孟海公、余杭刘元进、章丘杜伏威、临济辅公祏、下邳苗海潮等几十处农民起义军又相继出现，山东、河北、河南、山西、安徽以及江淮等地，刀兵四起，动荡不安。

这是一个适合造反的年代。

杨玄感在河南造反时，隋炀帝本人和军队都在东北，这样一个局势，怎么个打法好呢？杨玄感请教李密。李密既然踏上了造反这条不归路，当然要贡献自己的智慧了，他提出了上、中、下三策：

如今炀帝率大军出征高丽，远在辽东，距幽州尚有千里，南隔大海，北有强胡，他的政令只有榆林塞（今河北卢龙县至山海关一带）一条道路可以与内地沟通。将军如果率大军出其不意，攻占幽州，凭借临渝关（故址在河北卢龙县内），扼住其咽喉。其归路一旦被我截断，高丽国知道后必然大举反击，我们则在其后面发起进攻，不出一月，炀帝军粮耗竭，将士必降，我们可不战而胜，然后向全国发布檄文，天下可定，这是上策。

长安所在关中地区是易守难攻的四塞之地和天府之国，京都留守卫文升年老无能，不足为意。如果我们大军直扑关中，攻占长安，收揽豪杰，安抚士庶，据潼关和崤山天险而守之，然后伺机东出潼关平定中原。这样，即使炀帝率军返回，也已失其根本，而我们则进可攻，退可守，居于万全之地，这是中策。

如果想因近就便，可挑选精锐部队，日夜兼程，先袭取东都洛阳，以此号令天下。只恐唐祎已逃到洛阳告密，城内做好了坚守准备。如果我们引兵攻洛阳久而不克，等到天下救兵四面而至，那后果就不堪设想了，这是下策。

李密这辈子，有个特点：轮到他出主意的时候，他特别高明；轮到他实施主意的时候，他特别低能。现在，是他出主意的时候，也是他高明的时候。

上、中两策，都高明。特别是上策，切实可行。上策的最狠毒之处，就是掐断了隋炀帝大军的粮道和政令通道。

隋炀帝远征高丽，粮草给养不是辽东供应，而是靠关内运送过去。如果杨玄感率军直扑幽州一带，掐住隋炀帝政令入关和粮草出关的唯一通道，那隋炀帝将陷入全盘被动。政令不能入关，隋炀帝就不能号召和指挥中原的军事力量一起平叛，而只能依靠手中的高丽远征军转身西向攻击；加上粮草不能出关，隋炀帝手下的高丽远征军将很快出现饿肚子的状态。大军饿着肚子，又屯兵幽州坚城之下，背后还有高丽军队的反攻。如此危局，隋炀帝手下军队人数越多，死得越难看。而打败了隋炀帝之后，再乘胜直捣隋朝统治中心长安，那时群龙无首，一举可胜。

上策的最高明之处，就是抓住了隋军主力的弱点，一举歼灭了隋军的有生力量。

还记得毛泽东的"十大军事原则"吗？其中就有一条：以歼灭敌人有生力量为主要目标，不以保守或夺取城市和地方为主要目标。李密的上策，是符合毛泽东"十大军事原则"的。

李密的中策，其实就是四年后，李渊的成功之路。

当时，隋炀帝为了远征高丽，几乎把国家所有的军队和勇将都抽调到了河北和山东等地，都城长安所在的关中地区相当空虚。

受命留守京都的代王杨侑和刑部尚书卫文升，是老少配。少的年仅9岁，老的时已72。做事呢，基本靠这个72岁的老人。

卫文升虽有忠心与谋略，但年纪不饶人，已没有能力有所作为。在杨玄感起兵后，卫文升曾从关中率军七万赴援东都，与杨玄感大军屡战屡败，死伤大半，可见卫文升及其部队的软弱无能。

四年后的大业十三年（617），李渊从太原起兵，出兵进攻长安。那时的长安，在经杨玄感之乱后，已经大大加强了防守力量，由大将屈突通镇守。而李渊仅仅用了两个月的时间，就从太原一直打进了长安，这也充分说明关中腹心地区始终较为薄弱，虽有潼关天险，但不足为凭。

关中之地，是当时天下的根本。关中地处泾河、渭河、洛河三水交汇而成的河谷平原，东有崤山、潼关天险，北绕黄河和广阔的沙漠，南屏秦岭、散关，西为黄土高原，历来称为四塞的天府之国，易守难攻，是隋以前包括秦始皇、刘邦等著名帝王在内多数王朝帝业成就的场所。占领了关中，不仅据有了隋朝首都，也等于握住了天下根本，进可攻，退可守。

李渊就是按照李密的中策，走上了成功之路。

所以，李密的中策，也相当高明。

遗憾的是，杨玄感采纳的，是李密的下策。而且，进展得很不顺利。

事实上，李密的下策，如果进展顺利，也不失为权宜良策。

当时炀帝东征高丽，把洛阳作为战略大本营，不仅将百官家属作为人质安置在这里，还在此囤积了大量的粮草兵器等战略物资。

而杨玄感起兵虽从全国大局来讲顺乎潮流，但起兵过程较为仓促，士兵都执短刀木盾，缺乏弓矢盔甲等必备的武器装备。如果进展顺利，就近袭取东都洛阳得手，既能彻底解决部队武器装备问题，还能控制百官家属借以动摇炀帝军心。

问题是，他没有得手。

没有得手的原因是，洛阳已经有了防备。

杨玄感所信任的原河内郡主簿唐祎，在被杨玄感任命为怀州刺史后，逃归东都洛阳，向东都留守、越王杨侗告了密。有了防备，洛阳就不好打了。

结果，杨玄感屯兵坚城之下，苦战一个多月，毫无收获。这时，炀帝已派出大将宇文述、屈突通、来护儿，快速率援军抵达洛阳外围，杨玄感腹背受敌，只好另谋出路。

这个时候，杨玄感仍有进军关中的机会。他的大将李子雄建议："东都援军日益增多，我军屡败，坚城之下不可久留，不如直入关中攻占长安，开永丰仓赈济百姓，关中地区指日可定，然后再东向争天下，王霸之业就可成功。"

这其实就是李密的中策。

杨玄感终于接受这个中策，集中大军直指潼关，隋将宇文述等则率军随后追击。

可恨的是，杨玄感进军至弘农郡（今河南灵宝），居然听信当地百姓建议，以为弘农宫囤有大量粮草，停下来攻打弘农宫。对于杨玄感这一几近自杀的行为，李密极力反对："我们如今哄着部队进军关中，兵贵神速，何况追兵马上就要到来，怎么可以停留！如果前不能占据潼关，后不能攻占弘农宫以为据点。追兵一到，我们必然大败，那时何能自保！"

杨玄感笨劲儿上来了，就是不听。结果苦攻三天，弘农宫稳如泰山。

进退失据的杨玄感只好放弃，挥军继续西进。

晚了！隋将宇文述、来护儿、屈突通、卫文升四面包围上来，杨玄感势穷自杀，李密只好只身逃亡到关中。

从杨玄感起兵到失败的全过程可以看到，李密的每一次策划都是正确的。他的策略归结为一点，就是赶鸟先端窝、擒贼先擒王，即确立远大的战略目标，并不顾一切地为实现这个战略目标而奋斗，绝不可纠缠其余任何枝节问题。

出主意时的李密，那是相当高明。

李密入关不久即被抓获，被押送至隋炀帝所在的河北高阳。不出意外，他死定了。

于是，他自己制造了一个意外。

在途中，李密施展智谋，与其他囚徒定计，将随身所带全部金银财宝拿出来，对押送使者说："我们这些人不久就要被处死，这些钱财留着也没什么用，不如都送给你们，等我们被处死之日，只求帮我们收殓一下尸体，剩余的你们自己留着用，也算是我们的一点回报。"

钱能通神。押送者一看这么多钱财，喜不自胜，爽快答应。从此，防守渐渐松弛。

李密又趁机请求买酒食宴饮，以后便天天买来好酒好肉，与押送者一起吃喝，划拳行令，通宵达旦，装出那种十足的醉生梦死、万念俱灰的死囚状态，骗得押送者毫无戒意。

待行到魏郡（今河南安阳）石梁驿站，李密认为时机成熟，便将押送者灌得酩酊大醉，趁着夜色，从墙壁上凿洞逃走了。

小聪明，李密一直就有。

逃亡之后的李密，其实只剩下造反这条路可以走了。

几经周折，他于大业十二年（616）投奔了以河南瓦岗寨为根据地的义军领袖翟让。然后，他又开始给翟让出主意——高明的主意：

刘邦、项羽都是出身贫民的帝王。如今主上昏暴，民怨鼎沸，国家精锐部队在辽东已丧失殆尽，和突厥的和亲关系也告断绝，皇上却远在扬州、吴越等地游玩，丢弃东都不管，这正是刘邦、项羽当初起兵的那种好机会。以您的雄才大略和精锐士马，只要席卷二京，则不费吹灰之力就可摧毁隋朝。

如今四海扰乱，民不聊生。主公您士马虽多，但无仓储，唯靠临时抢掠，还时常日不暇给。若长期如此，再加以大敌临头，我们必然一击即溃。不如先攻取荥阳，利用那里储存的粮食，休兵秣马。等到士马肥壮，再出兵夺取天下。

次年，在李密等人的再三劝说下，翟让终于接受了这一设想，出兵荥阳，攻城略地，瓦岗军开始节节胜利。

但是，隋军的狠角色也来了，即此时隋朝的柱石名将，张须陀。

张须陀（565—616），曾随杨素平定过汉王杨谅的叛乱，后又多次率军平定各地叛乱，是隋朝平乱的高手，也是一位以勇猛著称的百战名将。

这样一位猛将，翟让有点怕他，因为在他手下几次吃过败仗。张须陀猛则猛矣，却有一个缺点，并且是致命的缺点：轻敌。

针对张须陀这个缺点，李密为他量身定做了一套佯败设伏战术：让翟让率军正面诱敌，自己与徐世勣（也就是后来的李世勣）、王伯当等将领率军埋伏于大海寺（位于河南荥阳北）以北的森林里，要给张须陀一个惊喜。

果然，张须陀根本不把翟让放在眼里，摆着方队大摇大摆地与翟让交战，翟让败退十多里，将张须陀引到大海寺附近，李密伏兵齐起，勇猛冲杀，将张须陀四面围住，张率军反复冲杀多次，均未突出重围，最后战死，全军覆没，副将贾务本也重伤而死。

张须陀所部是当时河南十二郡中的主力，属于隋军中的精锐部队，他的失败，使隋朝“河南郡县为之丧气”。

这一战，李密作为一个出主意的，指挥了一把手作战，表现出了难得的才干。翟让的回报是，给了他一支部队独立作战。换句话说，从此李密有了嫡系部队。

不久，李密又说服翟让确定了先攻占洛口仓、再进军洛阳的战略方针。

攻占洛口仓，是因为它是东都洛阳的主要粮仓。在乱世，粮仓意味着什么？意味着军队的战斗力，意味着老百姓的人心。

对于洛口仓，李密采取了迂回袭击、突然袭击的战术。

本来洛口仓在荥阳西几十里处，617年三月，李密与翟让率精锐部队七千人先向西南行几十里到达阳城（今河南登封东南），再折向西北翻过方山

（今河南巩义东南），经罗口（今河南巩义南）从西南方向对洛口仓发起突然袭击，一举攻克这个囤积大量粮食的仓城，截断了东都洛阳的一条主要粮道，也解决了自己部队的给养问题。实际上，降低了东都洛阳守军的战斗力，提升了自己部队的战斗力。

同时由于开仓赈济贫民，深受群众欢迎，得到了老百姓的人心，队伍也迅猛扩张，士气大为提高。

正是由于洛口仓的重要性，东都留守、越王杨侗立即派部将刘长恭率步骑两万五千人从洛阳向东正面攻击李密所部，同时令河南讨捕大使裴仁基从虎牢（今河南荥阳西）向西掩袭李密背后，约期会战，两面夹击。

李密的部署是，将兵力分为十队，翟让率六队人马在石子河东摆开决战架势正面抗击刘长恭，李密率四队埋伏在横岭（今河南嵩山北麓）下等待裴仁基。

但是，刘长恭表现积极，他的部队先到了。渡过洛河后，在石子河西摆开一字长蛇阵，见翟让兵力单薄，以为翟让的部队不过是些为吃仓粮而来的乌合饥民，一击就败，于是不顾士兵长途跋涉且未吃饭的状况，马上发起攻击。翟让则按照李密事先部署，稍作抵抗即后撤，这时，李密率伏兵赶来，从背后对刘长恭的部队发起猛烈攻击，刘长恭大败，几乎全军覆灭。

裴仁基所部，本来就行动迟缓，又听闻败报，只好退回虎牢，不久率全军投降了李密。

这一战，李密采取以逸待劳、佯败伏击战术，敲山震虎，消灭敌主力一路，吓退敌合围的另一路，不仅巩固了根据地，而且壮大了声势，从心理上震慑了东都洛阳。

此战也使李密个人成了最大的胜利者，因为此后不久，翟让就主动将瓦岗军主帅的位置让给了李密。

功败垂成

权力是毒药。一旦有了权力，容易降低人的智商，使人开始低能。这个症状，表现在李密身上，特别明显。

因为他一成为瓦岗军的老大，就马上开始低能了，连中间的转换时间都感觉不出来。

李密成为瓦岗军主帅后，以洛口仓城作为新的根据地建立政权，自号魏公，手下文有柴孝和、祖君彦、房彦藻、郑挺、郑德韬等，武有单雄信、王伯当、徐世勣、秦叔宝、程咬金、罗士信等知名大将，河南、河北、山东各地义军纷纷前来投靠，部队人数猛增到数十万，成为全国义军中的主力，威震中原，东都洛阳人心惶惶。

形势一片大好，不是小好。

这个时候，如果李密有眼光，继续高明，像当初他手下没人没枪时一样高明，下一个朝代的皇帝也将姓李，不过，是叫李密；谁知恰恰到了他手下有人有枪的时候，他犯病了，他低能了！

在李密形势一片大好的时候，隋炀帝命令监门将军庞玉、虎贲郎将霍世举率关中留守部队出关增援东都。关中，有了机会。

李密手下的谋士，负责出主意的柴孝和立即建议趁机进军关中："关中地区阻山带河，自成一统，秦汉赖以成就霸业，项羽背弃它导致失败，刘邦利用它终得天下。如今不如让翟让据守洛口仓城，派裴仁基守住回洛仓，主公您亲率精锐主力，轻装急行军奔袭长安，定可一举克获。一旦据有京都，本固兵强，然后东向出兵中原，天下指日可定。如今隋朝已注定灭亡，天下英雄豪杰正在逐鹿中原，我们如果不抢先占领长安，以后必定有人这么做，到那时后悔就来不及了。"

高明，和当年的李密一样高明。

泰山道士徐洪客则向李密提出另一个战略方向的建议："大军久住洛口，只恐仓米吃完人员就会逃散，且旷日持久之后军心必然厌战，难以成功。应当乘胜抓住进军机遇，趁着士马精锐，沿大运河东下直指江都，活捉炀帝，然后号令天下，控制全国。"

也高明。出主意的人，都高明。还是像当年的李密。

李密是幸运的，在他自己手上满把好牌不知怎么打的时候，自己又开始低能的时候，身边还有高明人士，他也能听到高明的主意。

就当时的客观情况来看，有三种战略方向可供李密选择：

一、在攻击洛阳的同时，以主力长驱关中、长安，占据关中这个根本之地后再徐图天下。

请注意，这是"席卷二京"，就是李密在前不久为翟让提供的高明主意！

二、调头南向，直扑江都（今江苏扬州），消灭隋军主力，活捉炀帝，因为此时炀帝正在江都花天酒地，好打。

这是道士徐洪客提出来的最新战略方针，其实也是李密的主意，也就是李密当年提供给杨玄感的上策。区别只是隋炀帝当年在辽东，现在在扬州。

这个战略的精髓，还是先啃最难啃的骨头，一举歼灭隋军主力。这仍然符合毛泽东的"十大军事原则"之一：以歼灭敌人有生力量为主要目标，不以保守或夺取城市和地方为主要目标。

当然，时移势易，此时的隋军主力，不像远在辽东的时候，并无缺粮等明显弱点，其胜负还未可知。

仍然是李密当年的高明主意。

三、绕过洛阳，袭取都城长安，然后再东向逐鹿中原。

这是柴孝和提出的战略思想，实际上也是李密当年为杨玄感提供的中策。四年后，这也是李渊的成功之路。

一、二、三，都是李密自己曾经提出过的高明主意。但李密决定，一个都不听；他决定，一根筋死打洛阳，打下洛阳再说。

百思不得其解。

李密在杨玄感起兵时是如此策划，在翟让面前也是如此设想，等到自己作为三军之主，需要做出战略决策时，却重蹈当年杨玄感的覆辙，拒绝了柴孝和的建议，把攻占东都洛阳作为首选战略目标。

结果，屯兵坚城之下达一年半之久，在先后拼掉了王世充和宇文化及两个军事集团的精兵之后，自己也灯尽油枯，终于流干了最后一滴血，全军覆灭。

高明时，那样高明；低能，如此低能。一切，都是因为权力。

我们且看李密在掌握权力之后，是以什么样的低能思维，来拒绝柴孝和的高明主意的："你所提战略的确是上等计策，我也早就有了这个想法。只是昏君炀帝尚在，其随从军队还十分强大，而我的部队多是山东人，如今见洛阳尚未攻下，谁肯随我西入潼关！而且，我手下诸将多出自落草强盗，留下来恐怕会各自为政，互争短长，这样，大势就去了。"

先看李密的第一个担心："昏君炀帝尚在，其随从军队还十分强大。"

其实，隋炀帝所率军队虽然不乏精锐，但天下已经分崩离析，隋朝军队内部也已四分五裂，炀帝所率军队实际上已是强弩之末、瓮中之鳖，不足为忧。不久后即发生的宇文化及弑帝兵变，已足以说明这一点。

所以，这第一个担心，不存在。

再看李密的第二个担心："我的部队多是山东人，如今见洛阳尚未攻下，谁肯随我西入潼关。"

当时瓦岗军屡战屡胜，士气正旺，且多是贫民，无家可恋，对暴君炀帝恨之入骨，西入关中捣其老巢，将士只会额手称庆，不会不从。

昔日刘邦和项羽入关，各自所率部队何尝不是山东江淮一带人士？此后李渊入关，所率领部队何尝不是太原一带人士？怎么未闻有"恋家"一说？

所以，这第二个担心，又不存在。

来看李密的第三个担心："我手下诸将多出自落草强盗，留下来恐怕会各自为政，互争短长。"

义军内部虽然有所裂痕，但翟让为人高风亮节，在将士中享有较高威信，足以控制留守诸军，且他既能主动让出主帅地位，就不会轻易闹独立。

要不然，他当初干吗把老大的位置让给你？

所以，这第三个担心，也不存在。

李密在自己吓自己。

当时，关中留守部队本来不多，现在庞玉、霍世举等又率关中守军倾巢而出。故关中更加空虚，加之士气低落，轻兵突袭，定可一战而胜，几个月后李渊从太原起兵轻易夺取长安的事实，足以说明这一点。

而一旦占领长安，控制关中，造成提纲挈领、高屋建瓴之势，即使炀帝率军反扑或留守洛口诸军不受控制，都已无关大局。后来李渊依托关中，对关东中原地区割据势力——轻易剿除的事实，又足以说明这一点。

直捣长安，直捣长安，直捣长安。

重要事情说三遍。

低能的李密，恰恰相反。他一定要攻下洛阳。

可是洛阳，城墙坚固，易守难攻，且隋炀帝把东都作为东征大本营，在那里集结了大量物资，并有守军二十多万，显然是一块不好啃的骨头。

李密为什么偏要啃这块硬骨头呢？

事后分析，原因有三：

一是他舍不得已经到手的坛坛罐罐，碍于将士的七嘴八舌，不能朝着自己的既定目标果断坚决地前进。

二是他和当年杨玄感一样，认为洛阳可以迅速攻下。他过分自信与狂妄，以为凭他的智略和兵力，夺取东都洛阳易如反掌。

三是他出身贵族，骨子里瞧不起也不信任贫穷出身的农民义军领袖翟让等人，他担心他一旦率军入关，翟让等人会自立为王，这从他不久后杀死无辜翟让的内讧事件中，可见其思想端倪。

自作孽，谁都救不了他了。

低能的李密，在拒绝了柴孝和的高明主意之后，便全力以赴进攻东都洛阳，啃他自己最爱的硬骨头。

他不知道，洛阳，将成为他一生的痛。

从 617 年四月至 618 年九月，李密屯兵坚城之下长达一年半，与以王世充为统帅的洛阳守军大小百余次战斗，有胜有负，但胜多负少。

王世充本在隋炀帝身边当着江都通守。李密一围洛阳，隋炀帝就命他率十万大军赴援，并统一指挥东都诸军。

王世充也有些本事，比如他率军增援洛阳，但并没有率军进入洛阳城，而是于617年九月率军到达洛阳外围东面，在洛口仓西面的黑石关（今河南巩义西南）扎营，从而与洛阳构成遥相呼应的掎角之势。

王世充扎营完毕，立即渡过洛河对李密所在洛口仓城发起进攻。

李密出兵正面迎击不利，遂一分为二，一部向月城（义军夺洛口仓后于北面洛水西岸所筑壁垒，以与洛口仓城为掎角之势）退守，以吸引隋军主力，李密则亲率主力直捣王世充大本营黑石关。

黑石关留守隋军骤然被围，惊慌失措，连举六次烽火，王世充匆忙回兵救援。李密则围点打援、回马一枪，在王世充回兵途中伏击，歼敌三千多，隋军大败而逃。

李密小胜。

十一月，王世充再次出兵，与李密在石子河东西岸夹河布阵，南北十多里。

李密率翟让、单雄信等将领正面迎战，以王伯当、裴仁基率两军埋伏于南北两侧。

当王世充正面挥军冲过河东岸时，翟让稍作抵抗即后撤，隋军以为得胜，趁机追击，义军两侧伏兵一齐冲出横击，王世充的部队乱成一团，溃不成军。

李密又小胜。

十二月，王世充出兵偷袭仓城，李密由于事先得到消息，派郝孝德、王伯当、孟让等将领率军预先在仓城两侧埋伏。

夜半时分，当王世充率军到达仓城下时，立即陷入义军包围之中，结果，其部下大将费青奴被杀，以死亡数千人的代价冲出伏击圈。

李密又小胜。

次年正月，王世充得到东都兵力增援，再次出兵寻找李密主力决战，在洛河北击败李密的月城守军，遂在洛河大造浮桥，以便渡过洛河在洛口仓城与李密决战。

由于王世充诸军造桥先后不一，因而渡河也杂乱无章，李密抓住这个机会，乘隋军过桥之乱，率精锐部队分三路出城反击，隋军立即大溃，争桥落水、相互践踏而死者数万，洛河水为之不流，隋军杨威、王辩、霍世举、刘长恭、梁德重、董智通等六位大将当场战死。

当夜天寒大雪，将士渡河时衣服全湿，败逃中又冻死几万，退到河阳（今河南孟津）时，王世充所部仅剩几千人。

李密大胜。

李密野战一直打胜仗，在围攻洛阳的过程中，基本肃清了洛阳周围诸如河阳、河内、偃师、柏谷等地隋军，也扫清了洛阳外围的金墉城等据点。

但他的攻城，却一直没有成功。王世充呢，也一直驻守在距离洛阳外围几十里外的河阳或黑石等地，与洛阳构成掎角之势，采取主动出击的战略，使李密的部队无法逼近洛阳近郊，因而也就无法全力而有效地攻击洛阳城。

李密不知道的是，他在洛阳城外待着的这一年半，战术上的一胜再胜，怎么也挽不回战略上一步一步地走向被动。

李密在这一年半所浪费的，其实是他一生的机会。

在李密与王世充苦战的一年半中，当时的全国政治大势，悄悄发生了翻天覆地的变化。

天已不是那个天，云也不再是那个云了。

一年半里，全国各地风起云涌的农民起义继续发展，各地军阀也趁机而起割据一方，逐步形成临济的辅公祏、江淮的李子通、历阳的杜伏威、渤海的高开道、朔方的梁师都、马邑的刘武周、陇西的薛举、河西的李轨等几大军事集团。

617年五月，在李密拒绝柴孝和的直扑长安建议而开始全面进攻洛阳的次月，隋太原留守李渊举兵反隋，七月即率军南下，从龙门渡过黄河，直扑长安。然后立代王杨侑为傀儡皇帝，并在肃清关陇敌对势力的同时，很快由其长子李建成、次子李世民率军出关争夺东都洛阳。

成功的路只有一条，你李密不走，我李渊走。

618年三月，炀帝的大臣宇文化及等在江都发动政变，杀死炀帝，立杨浩为帝，率大军北上西归，直奔李密所在的洛阳而来。

这样一来，李密就全盘被动了。他同时受到东都守军、宇文化及叛军和关中李渊集团隋军的三方威胁，战略上的被动局面更加严重。

不幸的是，李密再次在政治方略上犯下了致命的两个错误。他决定，所有的苦和累都自己扛，先当李渊的挡箭牌，再当东都洛阳的挡箭牌。你俩都歇着，需要打仗，需要流血，有我李密呀。

李渊起兵太原的 617 年五月，正是李密攻占洛口仓、大胜石子河，新建政权，逼近东都的全盛时期。

听说李渊起兵太原，李密当然知道李渊直扑关中的后果，便派使节赴太原观察动态，并邀李渊率军来东都会面结盟。

李密的如意算盘是，借助会盟，自己以盟主身份，拉李渊的军队和自己一样一根筋地攻打洛阳。

李渊要也这么低能，就不是唐高祖了。他一眼就看穿了李密的用意，也看出了李密狂妄的特点，于是将计就计，命手下的温大雅写了封回信："天生黎民，必有君主，当今君主，非您有谁？我已年过半百，岂敢望此，衷心拥戴贤弟，只求攀鳞附翼。唯愿贤弟早日响应图录所示登上大位，以救百姓。我忝列兄长，只望宗族谱牒有名，仍封在太原，就平生愿足了。至于说到让我出兵长安和东都，诛灭像商纣王那样的隋朝帝王，实在不敢奢望，因为我所在汾晋周围尚且需要安辑，哪还有余力出兵关中和东都呢？如今炀帝南游，恐怕难以复返，中原空虚，贤弟正可大展宏图。"

简单地说，就是我李渊的兵力只够把太原保住，无力出兵关中和东都，而且，我衷心拥护你李密当全天下的老大。

不管你们信不信，反正李密是信了。

被暂时的胜利冲昏了头脑的李密得到李渊复信后，不作深究，竟信以为真，对部下说："唐公如此推崇我，天下就不愁到不了手啊！"遂对李渊出兵入关毫不警觉，专心对付东都隋军。

他很傻、很天真。

其实，李渊的真实意图，用他自己的话说是这样的："李密狂妄自大，不是一封书信可以降服的。我如今正在计划进军关中，如果断然拒绝他，就是又树一个敌人。不如卑辞推崇以助长他的傲气，使他不在意我的出兵动向，为我挡住东都的隋军，以便我专心西入关中。待关中平定，据崤函天险，足食足兵，那时再旁看鹬蚌相争，坐收渔人之利，为时不晚。"

结果是，很精很高明的李渊，不费吹灰之力夺取关中，自立为帝，在政治和军事上都取得了绝对的战略优势。

很傻很天真的李密，挡住了宇文化及和东都王世充这样的隋军劲旅，不仅两败俱伤，还为李渊看守了潼关大门。

另一方面，宇文化及在江都发动政变后，裹挟着文武百官和新立的皇帝，率十多万大军北上向洛阳进发，以便回归关中，东都方面及李密义军都大为惊恐。为什么？因为宇文化及现在统率的，是隋炀帝的久经战阵的精锐部队。皇帝带在身边的近卫军，能不精锐吗？

东都文武百官听说隋炀帝被弑，马上立越王杨侗为帝，以断绝大大小小造反人物的念想。

这时，洛阳有位叫盖琮的大臣献策，要求劝说李密合力抵抗宇文化及。大臣元文都也持此见，但用心更加险恶。他说："如今我们兵少力弱，既不能解除李密这股乱贼的包围，又无法抗拒宇文化及叛军的进攻，如果赦免李密的罪过，宠之以高官，让他率军进击宇文化及，两贼相斗，我收渔利。这样，等到宇文化及的叛军被打败，李密的部队也精疲力竭了，而且，李密的将士喜得我们的官赏，易于进行离间，那时，李密也一并可以擒获。"

于是，洛阳派出盖琮，作为特使，授予李密太尉、尚书令的高官，令李密先平定宇文化及，再入朝辅政。

李密居然接受了！

太尉、尚书令，原来你李密要的，不过如此！

对于东都方面来说，这实在是一条妙计。因为宇文化及进军洛阳无疑要顺手牵羊，消灭隋朝在东都的残余势力，利用李密做挡箭牌，与宇文化及对阵，可以说是势均力敌，结果必然是两虎相斗、两败俱伤。

对于李密来说，他的挡箭牌行为实在愚蠢无比。

本来，李密完全可以与宇文化及稍作妥协，让宇文化及与东都守军去拼消耗，待其两败俱伤，再出兵坐收渔人之利，把元文都所设想的陷阱留给他们自己。

他，本可以把别人当枪使，最后自己却被别人当了枪使。

他太自信，总以为自己有能力先后收拾宇文化及和杨侗，根本就不屑于去设想"两虎相斗"的计谋。凭他此前出主意的那个高明劲儿，这点小谋略，他会想不到？

他只想到，与东都守军联合就可以无后顾之忧地去对付宇文化及。于是接受了东都方面的招降，调动全部兵力去攻击宇文化及。最后虽以两面夹击和假投降的计谋打败了宇文化及，使之被迫率残部败逃到魏郡（今河北大名），但李密也元气大伤。史称："劲卒良马多死，士卒疲病。"

两次被人当枪使，两次当人挡箭牌，可见李密这个人，在军事战术上不愧一代名将，但在政治方略上却显得十分幼稚，在不知不觉中被关中的李渊和东都的政客们玩弄于股掌之中。

王世充对于招降李密，其实一开始是拒绝的。

到了 618 年八月，王世充再也忍不住了。他发动政变，率军袭入洛阳，杀死了主张与李密讲和的元文都等主和派官员，控制了东都，重新对李密开战。

而李密呢，由于打败了宇文化及，根本不把王世充放在眼里，认为东都兵微将寡、自相残杀，指日可定。

王世充的态度反而很端正，他看准了李密的轻敌情绪和战斗实力严重削弱的状况，因而积极备战，准备与李密决一死战。

他积极备战的手段，甚至包括了封建迷信活动。

他唆使左军卫士张永通对外谎称三次梦见周公，并且让他转告王世充，要王世充率军进攻李密这个反贼，振兴隋室。

为了增加可信度，王世充还专为周公建起一座庙宇，每次出兵之前先向周公祈祷。

过些时候，王世充又让巫婆在士兵中散布流言，说："周公想让王世充迅速进攻李密，当有大功，不然的话士兵就会得疫病而死。"

而王世充的将士多是江淮楚人，信鬼神妖言，听了巫婆的话，信了。于是个个摩拳擦掌，纷纷请战。

王世充见时机已成熟，便挑选精锐将士两万多人，马两千多匹，旗帜和战服上都写上"永通"二字，召开隆重的誓师大会，宣布"生死之分，在此一举"。

李密听说王世充来战，遂召集将领会议应敌之策。

会上，当时还是李密手下的魏征说："我们虽然最近屡打胜仗，但骁将锐卒损失不少，将士疲惫，恐难对敌。而且，王世充军缺粮，志在死战，兵锋甚锐，难以阻挡。不如深沟高垒，休兵不战，不过月余，王世充必然粮尽退兵，那时再出兵击之，无往不胜。"

面对现实，暂避锋芒，这是一个切实可行的作战方案，也是李密最后的机会。可是，李密及其部下绝大多数将领都对这一方案嗤之以鼻。

于是李密留王伯当守金墉城，自率大军在北邙山上摆开阵势等待敌军。

王世充则先派一支精锐小部队潜入北邙山背面山谷间埋伏，然后率大部队正面对李密军展开攻击。

两军交战正酣时，王世充将事先找到的一个貌似李密的人，穿上李密作战戎装，捆绑起来牵到战场，令人高喊："已抓到李密啦！"将士一听，士气更加高昂。

这时，王世充的伏兵也从山后杀出，居高临下，攻进李密的兵营，并放起大火。李密的军队前后受敌，阵脚大乱，遂全面败退，最后被迫率万余残部入关投降唐朝。

投降不久，又不安分，又想逃出长安去造反，结果几天之内就被抓起来，砍了头。

李密一生的高明与低能，到此为止。

遥想当年，李密还很年轻时，就跟杨玄感一起吹过牛："决两阵之胜，噫呜咄嗟，足以詟敌，我不如公。揽天下英雄驭之，使远近归属，公不如我。"

言下之意，杨玄感是能够在两阵之前决胜的将军之才，他自己呢，可以使远近的英雄都来投奔，并驱使天下英雄为自己效力，是个帅才。

人呐，最怕的就是不能正确认识自己，李密就是一个典型。

从李密的一生来看，他的军事生涯胜多败少，长于战术，善用小谋，作为军事统帅的高级参谋不可多得，是一个当之无愧的军事家。但仅此而已。

　　至于，他自吹自擂的"揽天下英雄驭之，使远近归属"，起码，翟让肯定不同意。

　　翟让作为瓦岗军的前任老大，是主动把自己老大的位置让给李密的。翟让，不仅仅是个英雄，还是他李密的恩人。

　　对于这样一位恩人，李密居然在其并无明显反迹的情况下，将其诛杀，寒了大部分瓦岗军的心。

　　一个恩人翟让都容不下，还谈什么"揽天下英雄驭之，使远近归属"？纯属不能正确认识自己的胡吹。

　　李密作为一个政治领袖，既缺乏果断与坚忍的统帅品质，也短于纵览全局的政治韬略，还不善于统御之术。这一点，在他投降唐朝之后，仍能体现出来。投降唐朝后，他看不清全国政治大局已由大乱转向大治，又图谋逆历史潮流东山再起，结果被迅速地砍了头，也是对他上述缺点的最后注脚。

　　性格决定命运，没办法。

围魏救赵

当皇帝，一介平民的窦建德，本来也有机会。但是，只有一次。地点，也在洛阳。

先看看他是怎么走上造反这条路的。

窦建德是山东武城人，出身农民，于大业七年（611）随清河高士达一道在高鸡泊起义，高士达自以才略不及窦建德，将军队指挥权全交给他。

窦建德率军打的第一个漂亮仗，是大业十二年（616）用诈降计击败涿郡（今河北涿州）通守张绚的围剿。

当时，张绚所部有一万多人且训练有素，窦建德只有七千人且装备恶劣，正面交战显然无法取胜。

窦建德便设计，装出与高士达闹翻了的样子，派人去向张绚请求投降，并愿为前锋攻击高士达。

张绚信以为真，率大军与窦建德会合，然后一块进军高鸡泊，当到达长河（今山东德州）时，张绚逐渐放松了戒备，窦建德趁机回军袭击，杀虏几千人，张绚也被击毙。

可是，张绚走了，杨义臣来了。这是一个可以称得上军事家的人物，早在汉王杨谅反叛时，他就创造了以牛为疑兵的战法。

当时，隋代州总管李景被杨谅手下大将乔钟葵包围，杨义臣受命率军前往救援。

乔钟葵手下有一员神将王拔骁勇无比，无人能敌，杨义臣率军与之对阵几次皆为所败，加之兵少将缺，继续打，也未必能取胜。怎么办呢？

杨义臣想出一计，将部队所有牛驴集中起来，约有数千头，派数百士兵，每人带一面鼓，赶着牛驴进入山谷间潜伏起来。

然后，杨义臣率军与乔钟葵决战，几个回合之后，杨义臣命伏兵一齐赶着牛驴快速冲出，一时间，鼓角齐鸣，尘土蔽天，杀声震地，乔钟葵的部队不知是计，以为遭到埋伏，吓得屁滚尿流，抱头鼠窜，杨义臣趁机挥军反击，乔钟葵的军队全线败退，溃不成军。

古语云："草木皆兵。"在杨义臣手中，牛驴皆兵，的确是高手。

从杨坚建立隋朝开始算起，前三代的名将如韦孝宽、杨素、贺若弼、韩擒虎早已衰弱。而在农民起义军蜂拥，河北张金称、郝孝德、孙宣雅、高士达、杨公卿等势力日涨之时，隋炀帝前后派去镇压的将领个个损兵折将、无一不败。其中，还有一个最能打的，就是杨义臣。

于是，杨义臣临危受命，率军讨伐张金称。

当时张金称有兵数万，称雄河北，而杨义臣的兵力不足八千。

杨义臣便采取深沟高垒、示敌以弱的战法。张金称每天率军前来挑战，早出晚归，在杨义臣营垒前耀武扬威，百般叫骂。杨义臣总是披挂上阵，在营中列开队伍，宣称要出来与之决战，虚张声势一阵之后，又偃旗息鼓，不出一兵一卒。

这样过了一月有余，张金称及其将士愈加以为杨义臣怯懦，斗志渐渐削弱，警惕性也日益消失。

一天，杨义臣觉得时机到了，便派人出营垒去对正在叫骂的张金称说："你明天一早率军来营前，我一定与你决战。"

张金称此时已完全不把杨义臣放在眼里，丝毫不加戒备，第二天一大早便率军前来决战，殊不知，杨义臣早在头天夜里就挑选精锐部队两千人连夜偷偷来到张金称营外埋伏，等到张金称大军出营，即率军杀入营中，夺取了张金称的营垒和全部后勤物资及随军家属。

张金称得报，马上回军，杨义臣又早已在路上布置好了"口袋"，张金称军一到，一场伏击战把张金称打得落花流水，全军溃败，只好率残部撤退。

杨义臣深知张金称在河北接连打胜仗，手下都是深受穷苦的农民子弟，英勇善战，锐不可当。兵法云"骄兵必败"，唯一的策略是利用张金称的强大，示以弱怯，助长其骄，懈怠其志，然后乘隙袭击，一举获胜。

所以杨义臣前面的宣称要战却不出兵是一种示敌以弱、激敌以怒从而使敌生出骄心，失去斗志的策略，在达到战术效果后，再用计调虎离山，夺其巢穴，然后伏击失去依托的张金称军，而大凡军队一旦失去后方营垒，军心必然为之震动、为之惊慌，这样的军队再遭受伏击，可想而知，必败无疑。

鉴于这个人不好惹，窦建德向高士达提议：

"我看隋朝将领善于用兵的人莫过于杨义臣，如今他乘胜而来，锐不可当。我们应当引兵避开其兵锋，使他们欲战不得，欲退不能，坐费时日，将士疲倦，然后，我们再乘机出兵攻击，必可一举获胜。"

又一个高明的主意。

这个主意，充分利用了杨义臣骤胜而骄的弱点，避而不战，助长其骄，使其师老疲怠，然后，义军养精蓄锐，待机破敌。

但高士达此时不是一个人在战斗，他被李密的低能附了体。他看到窦建德打了胜仗，自己也想显示一下威力，拒绝了这一战略计划，亲率主力迎战杨义臣。

结果，杨义臣用佯败骄敌的老战法，依样画葫芦，打得高士达全军覆没，高士达自己也壮烈战死，只有窦建德率百余人逃出。

杨义臣以为大功告成，撤了。他没有想到窦建德会死灰复燃。

此后几个月，窦建德白手起家，又将起义军发展到十多万。发展这么快，原因在于，他采取了完全不同于高士达的更为高明的政治方略。

以前，义军凡是俘获隋军将士和贵族子弟，一律处死，以致义军每攻一城，隋军将士至死不降，严重限制了义军的发展。

窦建德成为义军主帅后，一改以前高士达那种简单的阶级复仇政策，厚待隋军将士，不仅不杀，而且采取来去自由的政策，愿留下来的推心任用，不愿留下来的给路费派人护送出境；每次攻城略地所得金银财宝都拿来分给将士，自己平时遇事总是身先士卒，生活俭朴，与士卒同生死共甘苦。

最重要的是，窦建德及时于大业十三年（617）正月，建立夏政权，称长乐王，设置百官，改元丁丑。这对于义军将士是一种巨大而无形的精神鼓舞。无可讳言，封建时代的农民起义为生存而起，最后在生存有保证后又不能不为一官半职而奋斗，所以窦建德及时建立政权，满足了将士的虚荣心，最大限度地稳定和招揽了人才，这是其队伍发展迅速、政权存在最久的重要原因之一。

窦建德还创造了一种左中右三军犄角前进的行军方法，每次进军，总是将部队分为左中右三路军，后勤物资和重武器装备以及随军家属等在中路军，一方遭到攻击，另两路立即靠拢救援，所以他的部队很少遭到毁灭性的打击。

大业十三年（617）七月，新任涿郡留守薛世雄受炀帝之命率精兵三万南下讨伐，军至河间南边一个叫七里井的地方驻扎，气势汹汹。

窦建德十分惧怕，率军南走，声言要回归豆子岗。但是，他是装的。

不过，窦建德装得很像，薛世雄信了，防备渐渐松懈。

在薛世雄防备松懈的时候，窦建德却在距七里井一百四十里的地方折回头，一夜急行军，于黎明前到达七里井外围，正好这时天降大雾，窦建德率敢死队发起突然袭击，冲进薛世雄的军营，后续部队随后跟进，薛军一时大乱，完全失去抵抗能力，最后薛世雄只率亲信数十人突围逃走。这一次长途奔袭，歼敌两万多。

此后，窦建德接连攻克邢（今河北邢台）、洛（今河北邯郸永年东）、赵（今河北赵县）、沧州（今河北沧州）、卫（今河南卫辉）、齐（今山东济南）等重镇，基本占领河北，并开始向山东、河南进军，河北只有幽州孤城还在隋军手中。

然后，窦建德迎来了他在洛阳的机会，或者说，他在洛阳的宿命。

唐武德三年（620）七月，唐朝统治集团在消灭了陇西李轨、河东刘武周等周边割据势力、已基本巩固了关中地区之后，由当时天下最能打的第一名将、秦王李世民，率军出兵潼关，攻打洛阳，开始着手实施东向统一中国的计划。

因为洛阳是关中地区的东大门，唐朝要出关作战，必须首先打击盘踞在洛阳的王世充。

拥有李世民这位当时天下最能打、几无败绩的第一名将，是李渊的福气，也是大唐的福气，却是王世充、窦建德最大的晦气。

此时的洛阳，王世充已是老大。他在镇压了李密所率农民义军主力后，已废除所立隋帝杨侗，自称皇帝，建立郑国。

政治上，王世充却显得十分幼稚。他以为往昔帝王深居九重，将文武大政付托大臣，不能亲察民情，亲操国务，故多败亡。于是他发誓，要如同一州刺史，事必躬亲，以防奸伪。所谓"事必躬亲"，也包括张家丢针、李家丢猪在内的所有事务。

但是，人的精力毕竟是有限的，不可能包揽大小所有事务，王世充处理了琐事，必然忽略了大计宏图。而忽略大计宏图的政治人物，必然没有前途。王世充此时的大计宏图，应该是及时做出如何主动出兵、统一中国的长远战略计划。

但是，他没有。权力这个毒药，同样毒坏了他的大脑，他也同样开始低能。

当李世民率领唐朝大军出关兵临洛阳城下时，王世充已是众叛亲离、内外交困，失去了最好的战略时机。只好派人向窦建德求援。

窦建德正在山东忙着呢。他正准备攻击山东另一支农民起义军孟海公。这时，他的谋士刘彬建议说：

"天下大乱，唐得关西、郑得河南、夏得河北，共同构成鼎足之势。唐出兵围剿郑国，自秋到冬，军力日增，郑国的地盘日益缩小，看样子势必支持不住。郑国灭亡，我们也保不住。我们不如与郑国携手和好，出兵救援。我们从外围对唐军发动攻击，郑国军队从内向外发起反击，必然能打败唐军。唐军被击退后，我们再根据时势变化，如果郑国可吞并就先消灭它，然后乘胜合两国之兵，趁唐军的疲惫松劲，一举可克关中，平定天下。"

高明。

显然，这是一个较有远见的战略计划：从地理形势来看，洛阳是中原地区的战略要地，唐朝如果攻占洛阳，就能在战略上中间开花，四面延伸，各个击破，而紧邻洛阳的占据河北山东的窦建德必然是下一个被攻击的目标；从人的因素来看，王世充明显不敌李世民，但对窦建德来说却是一个可以利用的盟军；如果王世充能够尽可能地守住洛阳，并大量消耗唐军力量，在适当的时机，窦建德再从外围发动进攻，有可能一举击退唐军，如能击退唐军，占领洛阳，窦建德就处于比较有利的战略地位。

窦建德部分地接受了这个建议。

所谓部分地接受建议，就是孟海公他还是要打，等打完了，再去救王世充的郑国。

于是他一方面答应王世充的求援，一方面却继续进攻盘踞山东的农民军孟海公，只是派了一个使节去见李世民，请他罢洛阳之兵。

这个部分地接受建议，显示出窦建德在政治上仍然缺乏经验，也不具备军事上的大战略思想。

他把自己的主要对手李世民估计得过于简单，以为只要自己兼并了孟海公、占领山东大部，再回师洛阳，与王世充联手内外夹攻时，唐兵很容易击退。

他不知道，他此时面对的，是天下第一名将李世民。

李世民岂会给他内外夹攻的机会？

当窦建德击败孟海公、回师洛阳外围时，唐军已肃清洛阳外围据点，王世充已成瓮中之鳖。

而且，李世民一得知窦建德来救王世充，马上将计就计，用王世充做诱饵，围点打援，倾全力回过头来打击窦建德的军队。所以，当窦建德于唐武德四年（621）三月回军，到达洛阳东面的虎牢关时，即遭到唐军有力的阻击，相持月余，不得前进。

面对困境，窦建德的谋士凌敬向他提出了一个史上有名的主意。他说：

"大王可以率全军渡河北上，攻取怀州（今河南沁阳）、河阳等战略重镇，派大将镇守，再大张旗鼓、浩浩荡荡越过太行山，进入上党地区（今山西长治），耀兵汾晋（今山西临汾、安邑等地），直趋蒲津（为山西渡河进入陕西的渡口所在）。这样做有三大好处：一是入无人之境，可以保证全胜；二是扩大了地盘，补充了兵力，进一步增强了我们的势力，传播了我们的影响；三是我们做出渡河入关的姿态，关中必然人心震骇，洛阳唐兵自然解围而退。"

窦建德的妻子曹氏，时在军中，也认为这是一个上策。她说：

"凌敬的话不可不听。您如今从滏口（在今河北武安，是太行山八处入口通道之一）越过太行，乘河东唐兵空虚，迅速占领河东，再联络突厥人从西面抄袭关中后路，围攻洛阳的唐军必然回师自救，洛阳之围何愁不解！若屯兵于此，劳民伤财，想取得成功恐怕遥遥无期。"

围魏救赵，高明。

窦建德目前是个死局：唐军有虎牢之险，窦建德虽有兵力上的优势，但短期内不可能攻克，而洛阳王世充又无法长期坚守，一旦唐军攻克洛阳，抽出手来全力对付窦建德，窦建德就会陷入被动。

要解开这个死局，只有在洛阳及虎牢之外的地点另开战场，另想办法，打开局面。

这个地点，就是凌敬和曹氏共同看中的地点——山西。

当时山西的形势也很好。由于刚刚被唐军平定，统治基础十分不稳固，兵力也自然相当薄弱。

窦建德军如果进入山西，必然势如破竹，可以不费吹灰之力很快打到黄河边，然后做出渡河入关的战略态势，再联络突厥人从西面配合作战，就可置长安于死地。

关中是李唐新王朝的根本，一旦受到威胁，围攻洛阳的唐军必然解围而去。

解围以后，根据形势发展，郑夏两国随时可以从河南和山西两条战线同时进攻关中，那时，唐军就处于被动了。

可惜，窦建德拒绝了。

他重犯了李密当初思想摇摆、意志软弱的毛病，也禁不住手下将领的七嘴八舌，更受不了王世充求援使者的苦苦哀求，最后还是决定，就地与李世民的唐军决战，再一次失去了战略转机。

四月，窦建德在虎牢决战中被李世民彻底打败，他本人也成了唐军俘虏，英勇就义。

窦建德在洛阳，丧失了自己的唯一机会。

其实，窦建德所处河北乐寿，战略位置不如瓦岗军所在的河南，北有罗艺镇守的幽州，西有太行山，南限黄河，东距大海。但这一位置由于远离统治中心长安与洛阳，有利于积蓄力量。窦建德在开始几年，正是利用了这一战略地位巩固内部，积蓄力量。

窦建德在扫清了河北，建立起稳固根据地后，及时南下向山东和河南扩展，这一战略模式是正确的。

在打败孟海公、威震山东与河南时，窦建德如能按照刘彬与凌敬的建议去做，以迅雷不及掩耳之势突袭围攻洛阳的唐军或直扑河东做出奔袭长安的战略态势，"并二国之兵，乘唐兵之老"，是完全可以大有作为的。

可惜窦建德在战术上百战百胜，却缺乏长远的大战略眼光，一再延误战略转机，最后全军覆灭。

窦建德造反，历时十一年。他先后占有过河北大部及河南、山东的一部，军事上的成就仅次于瓦岗军，但政治上更加深入民心。因为窦建德出身农民，熟知民间疾苦，起义后不像李密那样很快脱离群众，而是继续与将士同甘共苦，"每战胜克城，所得资财，都分给将士，自己不留任何东西。又不吃肉，常食蔬菜和粟饭；妻子曹氏，平日不穿纨绮，所役使的婢妾总共才十来个人。"

所以，窦建德一直深受民众爱戴，直至唐末，河北各地民众仍然在祭祀他，人称"窦王"。

主动投降

起兵造隋朝的反，并进而与唐朝作对的各路人马中，杜伏威是最懂事的一位。

还是在李世民率军讨伐王世充，胜负还未可知、天下归属未定之时，杜伏威就断然率部投降了李世民。

果然懂事。

杜伏威是山东章丘人，与济南人辅公祏为刎颈之交，他俩于隋大业九年（613）在淮南拉起队伍，自称将军。在军事上，杜伏威、辅公祏英勇善战，取得了辉煌战绩。

他俩起兵之初，江都（今江苏扬州）留守派校尉宋颢统兵讨伐。

当时，杜伏威兵少装备差，便采取佯败火烧的战术，由杜伏威率主力正面迎战敌军，辅公祏则领一支人马埋伏于湖边芦苇中。杜伏威引兵迎敌，稍战几回合就装着败退的样子挥兵逃跑，将敌军引入芦苇中，然后从上风处纵火，再指挥将士包围芦苇丛，结果，宋颢及其手下将士无一生还。

杜伏威、辅公祏军队活动的区域，在隋炀帝的江都附近。江都是隋炀帝苦心经营的陪都，自然不允许农民义军骚扰。

大业十三年（617），炀帝再次派右御卫将军陈棱率精兵八千前来围剿。

陈棱率军到达历阳（今安徽和县）外围后慑于杜伏威的声威，不敢出战。杜伏威深知，兵临城下，久围不战，于己不利，便用激将法去刺激陈棱出战。

他派人给陈棱送去许多妇人的衣服，并附上书信称陈棱为"陈姥"。

陈棱这个笨蛋,一激就灵。他作为隋炀帝手下禁卫军大将,平时狐假虎威习惯了,哪曾受过如此差辱,见到衣服和书信后勃然大怒,立即率全军出战。

兵法云:骄兵必败。陈棱的军队是隋炀帝手下禁卫军,平日锦衣玉食,目中无人,加上主将陈棱怒上心头,失去理智,三下五除二,很快被杜伏威击溃,陈棱本人落荒而逃。

杜伏威不仅善于打仗,还深得统兵之法。

他亲自挑选了五千人组成敢死队,大约相当于我们今天的特种部队,号称"上募",宠以优厚待遇,配以精良武器,自己则与这支部队同起居、共甘苦。

每次作战,总是以这支部队为先锋实施突击,战后,立即一一检查将士,如有背部受伤者便处死,因为这类人一定是后退逃跑才被击中的。而平日所获资财则一一分配给士兵,对战死者厚葬厚恤。因而他的军队战无不胜,所向无敌。

几年后,杜伏威的义军以历阳为根据地,很快发展壮大起来,先后占领了江东与淮南,势力范围南至五岭、东到东海。

可惜杜伏威、辅公祏两个人从小为盗,虽勇猛多诈,但不学无术,失于大道,他们所领导的农民军自始至终都没有明确的政治纲领和远大的战略目标。

所以,他选择了投降唐朝。

这件事,杜伏威真的做对了,不愧是一个识大局、顾大体、深怀自知之明的人物,因为当时的国家经多年动乱,需要统一,需要休养生息,而李渊集团不仅占据了关中这个战略要地,而且采取了正确的政治与军事战略,已经牢牢控制了当时全国的战略主动权,杜伏威难以与之争锋,主动投降不失为明智之举。

大唐立国　关中为本

大业十三年（617）五月，隋朝的太原留守李渊突然起兵反隋，率军直扑关中，十一月攻入长安，立年幼的代王杨侑为帝，自任大丞相，实际上夺取了隋朝军政大权。

618年五月，李渊废帝自立，改元武德，国号唐。

唐朝诞生了。

李渊建立唐朝的时候，非洲、美洲、大洋洲基本上还是"沉睡的大陆"、黑暗的大陆，而法兰克王国在欧洲，阿拉伯帝国在亚洲的西部、中部和南部，不断燃起熊熊的战火。只有中国在强盛唐朝的统治之下，才有"王孙草上悠扬蝶，少女风前烂熳花"的春日胜景。

在唐朝，全国人口达6000万，疆域东至朝鲜半岛，西达中亚咸海，南到越南北部，北抵蒙古高原北部；

在唐朝，首都长安成为世界第一大城市，城阙高大巍峨，宫殿金碧辉煌，街市星罗棋布，园林诗情画意，常住人口在100万以上，其中胡人在10万人以上；

在唐朝，唐军之威，远播异域，唐朝先后拥有了大半个亚洲的宗主权，唐太宗李世民更是被少数民族首领们尊称为"天可汗"；

在唐朝，"诗仙"李白、"诗圣"杜甫等留下的诗歌，或浪漫雄奇，或慷慨激昂，或厚重沉郁，或清新脱俗，脍炙人口，千古传唱。

这是一个在我国历史上享国两百八十九年的王朝，也是一个从政治、经济、文化等多个方面给中国留下深刻历史印记的王朝。

这个历史印记，刻得有多深？看看国外的"唐人街"就知道了。

那么，为什么是李渊得享千古的历史荣耀？换句话说，李渊为什么最后能成功？

要知道，隋末造反的多了去了，按照《说唐演义》的小说家言，造反的有"十八路反王、六十四处烟尘、七十二家盗贼"，一共有154个领头造反的。

李渊，只是半道上杀出的一匹黑马而已。

论实力，即使与当时最小股的农民义军相比，他也只能说兵微将寡，算不上强劲对手。

论地位，李渊所在的太原，虽也是战略重镇，但四塞不如隋都所在的关中天险，富庶不如李密所在华北平原及隋炀帝所在江淮平原。

可是他却成功了，而且只用了一年时间。原因何在？

王夫之在其《读通鉴论》卷20《唐高祖论》中说："唐朝夺取天下，迟疑不定地起兵，似乎力量不足以在群雄逐鹿中抢得领先地位，但天时人事却恰恰助他成功，可见高祖的宏韬伟略的确是常人不可企及的。"

王夫之认为，李渊的秘密在于，韬略。

韬略可胜十万兵。

那么，唐高祖李渊在开国过程中，究竟采取了什么高明的韬略呢？

李渊的韬略，最根本的一点，就是直捣长安，占领关中。

当然，除了直捣长安、占领关中以外，李渊还有一些其他的政治韬略，直到他把自己送上皇位。

暗中准备

李渊和李密一样，也是出身于西魏、北周的显赫"八柱国之家"的官二代。

李渊的祖父李虎，因战功赫赫，死后被追封为唐国公。

由于父亲死得较早，李渊七岁便袭爵为唐国公。李渊的母亲，是"八柱国之家"独孤信的第四个女儿。独孤信是李渊的外公。

这个外公，不简单，人称"国民岳父"。

为什么呢？因为，他挑女婿的水平太高了，前无古人，后无来者：他有三个女儿当了皇后！

大女儿，嫁北周明帝宇文毓，谥号明敬皇后。

四女儿，嫁李渊的父亲李昞，追封元贞皇后。

七女儿，嫁隋文帝杨坚，谥号文献皇后。

这样一来，独孤信的两个女婿，一个是北周皇帝，一个是隋朝开国皇帝，另一个女婿生的儿子呢，是唐朝开国皇帝。还有一大串的皇子皇孙，就不多说了。

作为"国民岳父"独孤信的外孙，李渊还是隋文帝杨坚的外甥，隋炀帝杨广的表哥。

所以，身为皇亲国戚，李渊一直得到隋文帝和炀帝的信任。但是，他也一直没有担任什么很重要的职务，既不曾手握相权，也未做过独当一面的封疆大吏，直到大业十一年（615）。

这一年，小他三岁的小表弟、隋炀帝杨广，任命李渊为山西、河东抚慰大使。他成功地镇压了那里的几起小股农民起义，开始显露出他的军事才干。

随后的大业十三年（617）年初，李渊迎来了他一生中最重要的任命，即太原留守。

当时的太原，不仅是关中地区的重要门户，而且是防御突厥入侵的军事重镇。东突厥在隋炀帝统治末年乘乱扩张势力，成为当时太原北面一股强大的军事力量。所以太原一直为隋代驻屯精兵强将、重点防守的大军区，太原留守一职历来为功臣宿将所专有。

隋炀帝派李渊坐镇太原也意在防突厥人南下侵扰，这使李渊一夜之间成为身居重镇、手握强兵的方面大将，太原成为他发迹立国的基地。

一直在等待机会的李渊，也认为这个任命是天意。他说："'唐'本来是我的封国，太原就是唐地，如今我来这里，可以说是天意赐给我这块土地，天与不取，就将受到上天惩罚。"

反意已萌。

李渊反隋，首先是利用了隋末农民起义此起彼伏、隋朝统治名存实亡的天下大乱局面。

隋朝末年，由于隋炀帝杨广倒行逆施、暴政频出，自大业七年（611），山东邹平王薄、平原刘霸道、漳南孙安祖、清河高士达和窦建德、河曲张金称、河间格谦、渤海孙宣雅、瓦岗翟让、外黄王当仁、济阳王伯当、雍丘李公逸、韦城周文举等大规模揭竿而起开始，全国各地相继爆发了大大小小的农民起义。

到了李渊当上太原留守的大业十三年（617），翟让与李密领导的瓦岗军已发展到几十万，李密自号魏公，建立起政权，控制了河南全境，威震全国。

窦建德的义军也发展到几十万，自称长乐王，建立起夏政权，占有河北全部和山东的一部，影响所及直达黄河以北广大地区。

杜伏威、辅公祏的江淮义军同样扩展到几十万，占领了江淮广大地区，横行江南。

这三支起义军南北呼应，基本消灭了隋军主力，实际已摧毁了隋朝统治，隋朝所能控制的地区只有都城长安、东都洛阳、陪都江都三座孤城：

长安由 12 岁的代王杨侑镇守，辅佐的是老朽的大臣卫文升；

洛阳由更小的越王杨侗留守，辅佐的是野心勃勃的王世充；

江都由隋炀帝杨广本人率领文武大臣和皇家军队部分主力坐镇，专职负责醉生梦死。

在农民起义波涛的推动下，隋朝的官吏也坐不住了，统治阶级内部也进一步发生分裂：

朔方郡将领梁师都自称梁帝，占有今陕西北部地区；

马邑（今山西朔县）将领刘武周自立为帝，占有今山西北部地区；

金城校尉薛举号称西秦霸王，占有今陕西西部地区；

高开道占据今河北北部地区，号燕王；

李子通占有三吴地区，称帝，建立吴国；

林士弘占有今安徽、湖北、湖南、江西的一部，称楚帝；

徐圆朗占有今山东一部，称鲁王。

总之，能反的，都反了。

这些起义军多则几十万，少则几万，隋朝天下四分五裂，名存实亡。显然，这是一个英雄辈出、浑水摸鱼的战乱年代。

"秦失其鹿，天下共逐之，高材疾足者先得之。"这种"天时"机遇，对于一个雄心勃勃的人来说是千载难逢的。

李渊，想当那个"疾足者"。机遇之外，李渊身边此时已聚集了一批具有反隋思想的志士仁人。

诸如夏侯端、许世绪、武士彟、唐宪、唐俭（大唐凌烟阁二十四功臣第二十二名）、刘文静、裴寂等，这些人或是李渊的部下，如刘文静、裴寂等，或是为避辽东之役而躲到这里的将领，如武士彟、唐宪、唐俭、长孙顺德（大唐凌烟阁二十四功臣第十五名）、刘弘基（大唐凌烟阁二十四功臣第十一名）等，他们时时劝告、怂恿李渊趁早起兵夺取天下，李渊的第二个儿子李世民更是极力主张乘时而起。

正好此时突厥人进犯马邑，李渊派副将高君雅和马邑太守王仁恭率军抵抗，结果节节败退。隋炀帝得知消息，特派使者前来逮捕李渊到江都问罪。

隋炀帝此举，完全是帮李渊下定造反的决心。

突厥人强兵压境，李渊战而不胜，隋朝江山摇摇欲坠而隋炀帝严令苛责，李渊进无生路，退亦无生路，唯有起兵反隋或可于夹缝中开一生路。

李渊对儿子们说："隋历将尽，吾家继膺符命，不早起兵者，顾尔兄弟未集耳。今遭羑里之厄，尔昆季须会盟津之师，不得同受孥戮，家破身亡，为英雄所笑。"（温大雅《大唐创业起居注》卷上）

当时的客观形势也为他起兵反隋提供了有利条件：

他坐镇太原时，李密的瓦岗军正倾全力围攻洛阳，与隋将王世充在洛阳周围展开殊死的拼杀，隋炀帝为保东都，一方面将关内军队调往洛阳协助王世充，一面又从江都不断派兵增援洛阳，极利于帝业兴起的四塞之地——关中地区不仅主弱臣老，而且兵力空虚，守备薄弱。

农民军另一支主力窦建德的队伍则正在河北和山东扩充地盘，杜伏威的大军则横扫江淮大地，与隋炀帝所率隋军周旋。

总之，大家都很忙，都打得难解难分、热火朝天，但在互相牵制之下，就是顾不上长安和关中的事儿。

当时这几支义军领袖以及山西北部的刘武周、关中西部的薛举等武装集团首领都知道，夺取了关中就等于处在天下的领导地位，但由于种种原因，这些人都无法或没有立即打进关中地区。

这就是李渊一直在等待的机会。

李渊所在的太原，与关中比邻，是关中地区的东面屏障，想要夺取关中和都城长安也就十分容易。这是李渊敢于斗胆在兵力不足、后起无势的情况下决然起兵进攻关中的有利条件。

对此，刘文静曾通过李世民提出了西入关中、号令天下的总体战略，他说：

"如今皇上南巡江淮，李密大军围逼东都洛阳，天下群雄并起，数在上万。当此之时，如有英雄因势利导而用之，夺取天下易如反掌。现在太原民众都因躲避战乱进入城内，我为太原令几年，熟悉其中民情，一旦号召集兵可得十万人，尊公所将之兵也有好几万，一声号令，谁敢不从？以此兵将入关，不到半年，帝业就可成功。"

刘文静的战略一提出，很快得到李渊及其幕僚的一致赞同。

刘文静（568—619），李世民的密友、死党，有见识、有才能，后来成为唐朝的开国功臣。此时能够提出趁关中兵力空虚，"西入关中、号令天下"的战略，可见刘文静的水平。可惜的是，后来由于种种原因，他成为唐朝未得善终的第一个开国功臣，被李渊下令杀了。

但此时的李渊，正在用人之际，他全盘接受了刘文静的战略。

不过，李渊是一个成熟沉稳的人。他不习惯于毫无准备的鲁莽行事、孤注一掷，也不愿为举大事而牺牲自己的儿女。他便一面派人召回尚在河东的大儿子李建成、四儿子李元吉以及尚在长安的女婿柴绍一家，一面让晋阳令刘文静、晋阳宫监裴寂和李世民秘密做好起兵准备。

可见李渊起兵并不"突然"，是客观形势和主观愿望有机结合的产物，这就是所谓顺应历史潮流。

李渊，终于等来了属于他的机会。那就反了吧。

北联西尊

　　谁是我们的敌人？谁是我们的朋友？这是革命的首要问题。

　　李渊既然反了，这个首要问题如果不搞清楚，就白反了。一是他将不知道把枪口指向什么方向，打什么敌人；二是他实力弱小，不能在次要敌人，甚至朋友身上浪费力气。

　　首先，李渊认为，突厥人是朋友。

　　突厥在隋文帝时代被征服后，至隋炀帝末年中国政局紊乱，逐渐强盛起来，又成了中国北部睥睨一切的武装力量。

　　当时关中西北部和关东的许多反叛者如李轨、薛举、刘武周、窦建德、梁师都等都或前或后地向突厥称臣，以寻求支持。东突厥的始毕可汗也分别给这些人封以皇帝或可汗的称号，给他们提供武器和马匹，甚至士卒，企图从隋朝的灭亡中获取利益。

　　而李渊之所以能够得到太原留守的任命，也是因为朝廷想让他挡住突厥人南下或西进的去路，以拱卫关中与河南的安全。

　　现在，李渊要去打关中，要是在自己正打得起劲的时候，突厥人在背后捅上一刀子，李渊只怕就会被置于死地。

　　李渊从太原起兵，最大的软肋就是盘踞在大漠南北的突厥人及受其资助与保护的刘武周和梁师都。

　　刘武周原是李渊属下马邑郡丞，于大业十三年（617）二月举兵反叛，依附突厥，是李渊所在太原的肘腋之患；梁师都，则占有今陕西北部及内蒙古与山西交界的鄂尔多斯等地。

所以，要稳住突厥人及刘武周、梁师都。对李渊来说，联络突厥不仅在于取得其强兵良马的支持，更重要的是借此可以遏制突厥人及刘武周、梁师都对太原的觊觎，保证自己侧后方的安全，并为以后平定关东群雄设下外交藩篱，斩断其外援渠道。

怎么稳住？结盟。

裴寂等人建议，联结突厥作为后援。李渊也认为，与突厥结盟既可消除后患，又可得到突厥兵马支援，一举两得。于是便亲自写信，派刘文静出使突厥，卑辞厚礼，说明自己举兵的目的是去江都迎回隋炀帝，重新与突厥和亲，恢复开皇时期的政治。

突厥始毕可汗却复书说，只有李渊自为皇帝，突厥才会出兵相助。李渊部下纷纷怂恿李渊暂时答应突厥人的建议，以求得突厥人兵马的支援。

突厥人这叫唯恐天下不乱。

但李渊头脑清醒。这么多年的政客，白当的？

他知道，以自己的实力，如果一开始就打出"争天下、做皇帝"的旗号，而且自己去抢占的又是关中要害之地，就会变成众矢之的，树敌太多。

经与部下裴寂、刘文静等人慎重研究，他决定不上突厥人的这个当，而采取遥尊远在江都的隋炀帝杨广为太上皇，而立留守长安的代王杨侑为新皇帝，以安定隋室天下的政治韬略。

决定以后，李渊一面派人再次出使突厥，说明原委并请兵马援助，一面发布文告到各郡县，改易旗帜，宣布起兵的政治意图。

不久，突厥派使者送来战马千匹，并答应派兵援助，数目多少由李渊说了算。李渊指示部下只选留了五百匹战马，并对前去复使的刘文静说：

"突厥人的兵马进入中原，是我国民众的大害。我之所以采取联合突厥的方式，是因为担心刘武周联结突厥人共为边患。突厥军队可以放牧自给，不费我粮食，我可以借其壮大声势。所以，你去请援兵时要注意，至多只需数百人即可。"

李渊对突厥人这个朋友，其着眼点不在于兵力马匹等实力的帮助，而在于战略上的利用，是一种权宜之计。

在李渊看来，江都的隋炀帝杨广、长安的代王杨侑，也都是朋友。

在政治上，李渊打出尊隋的旗号，然后再西入关中，夺取长安。这是当时李渊根据所处实力地位做出的一种最佳选择。

原因有五：

其一，当时的形势是李密的瓦岗军占有河南全境，控扼着黄河中游战略要地和粮仓，窦建德正横行河北、山东，杜伏威则控制着江淮广大地区，两湖也有萧铣正在苦心编织其恢复萧梁王朝的美梦，唯有关中地区虽是隋帝国首都，却因隋炀帝率大军长驻江都、留守兵力又东调洛阳抵抗李密义军而变得十分空虚，易于袭取。

其二，关中地区既是天府之国又有四塞之固，为西周以来帝王故都所在，夺取隋都长安可以取得"先到为君"的政治优势，收到"挟天子以令诸侯"的效果。

其三，李渊所在太原处于太行山和吕梁山两大山脉之间的汾水上游，地形虽然险要却是僻处一隅，北则易受突厥袭击，南则远离中原，鞭长莫及，无法号令天下。

其四，当时李渊在太原手中只有三万军队，是隋末群雄中的后起者，要想战胜李密、窦建德、杜伏威等各方强大对手，必须有一个"据险养威"、逐步壮大自己的战略准备阶段，四塞天险、易守难攻的关中正是"据险养威"的天然场所。

其五，要夺取长安，在帝王故都的关中地区立住脚跟，就必须打出尊隋的幌子，争取关陇军事贵族集团和社会士庶的支持，瓦解隋军斗志。因为关陇地区作为京畿，贵族、豪绅、富商、中产市民等在关陇地区占有主导地位，所沾龙恩皇泽是不言而喻的，民众心态与关外迥然有别，对杨家天下怀有相当的留恋，尤其都城长安更是如此；而且，李渊身系隋室勋戚重臣，出面收拾隋室残局、安定天下名正言顺，易于得到关中士族支持。

北联突厥，西尊隋帝。李渊在刚刚开始造反时，就找到了两个朋友。

良好的开端，是成功的一半。

扩军备战

李渊决定造反时，手下的兵并不多。

李渊的部队既要分兵戍守北面突厥人，又要调拨部队南下预防李密北进，故留守太原的兵马并不多，要想争夺天下，没有强大的军事力量当然是不行的。

兵力不够是一回事，调不调得动又是一回事。因为，李渊就是要调动现有的有限兵力，按照当时的制度，也需要合适的理由。否则，有人会打他的小报告的。

谁？副留守王威、高君雅。隋炀帝埋在李渊身边的两个钉子。

有人在旁边盯着，再来做造反这种杀头的高风险活计，总是不大方便的。但李渊有办法。先造点儿乱子出来。首先激起民众的不满情绪。

虽说当时天下大势使民怨沸腾，但太原及其周围地区相对比较安定，而在当时那种群雄纷争的年代，没有民众的支持，是寸步难行的。

于是李渊命刘文静诈称得到炀帝敕书，征发太原、西河、雁门、马邑地区居民年二十以上、五十以下男丁入伍当兵，年底到涿郡集中，以便进攻高丽。果然，一时间太原上下弄得人心惶惶，个个思乱。

乱子造成了之后，再想借口调集军队。刘武周适时地跳出来，给李渊提供了一个绝佳的借口。

大业十三年（617）二月，马邑部将刘武周举兵造反，杀太守王仁恭，自称皇帝，国号定杨。李渊马上利用了这一事件。他把文武官员召集起来，说："刘武周占据汾阳宫，我们身为太原留守官员而不能加以制止，按朝廷法律罪当族灭，怎么办？"

王威等人也是绣花枕头。见李渊如此一说，不觉害怕起来，都要求李渊出主意。

人生如戏，全靠演技。李渊继续装聋卖傻："朝廷用兵法度，动止都要禀报皇上，听候皇上节度。如今刘武周贼党近在数百里内，而皇上远在三千里外的江都，加之道路险要，复有其他反贼占据，我们如今以婴城胶柱之兵，抵挡巨猾豕突之势，必定不能获全城池。进退维谷，我们如何处置才好呢？"

王威等人只好说："主公您既是皇亲又兼贤才，同国休戚，若等奏报，岂能及时处理事机？关键在于尽快平定贼党，完全可以独自决定用兵事宜，不必上报皇上。"

成了，李渊有了名正言顺的独立调兵权了。

独立调兵权，这正是李渊要部下达成的共识，只有这样，才能名正言顺地调集军队，并让军队进入战时状态。

见大家都认可，李渊装出不得已的样子，端出自己蓄谋已久的算盘："那么我们应当先征集兵马，准备反击。"

于是，李渊命令李世民与刘文静、长孙顺德、刘弘基等心腹将领各率随从募兵；同时，李渊又大开仓储，赈济贫民，以此争取了大批平民百姓的支持，应募从军的人日益增多。几天之内，便征集到几万人。就这样，李渊名正言顺地初步拉起了一支马步齐全的起义队伍。

看到士兵大批集中，特别是看到长孙顺德、刘弘基等从前线逃回的将领出来带兵，忠于隋炀帝的副留守王威、高君雅也不是完全的笨蛋，总算是看出味儿来了："这李渊呐，八成是要反。不成，得想招儿阻止他！"

他俩就开始采取措施，暗中开始调查。他们准备把黑材料整齐全了之后，向朝廷告李渊的黑状。

晚了。他们还在打算告李渊的黑状，李渊已经决定，下好套子等他们钻。

五月十四日夜，李渊派李世民率兵埋伏于晋阳宫城周围。次日晨，李渊约请王威、高君雅共坐议事，暗中则指使刘文静引晋阳府司马刘政会（大唐凌烟阁二十四功臣第二十一名）来到议事庭中，称有密状禀报。

李渊有意让王威等人接状阅视，刘政会却不给，声称："我所要告的乃是有关副留守的事，唯有唐公可以看。"

李渊揣着明白装糊涂，假意吃惊地说："哪有这种事！"便走上前拿过状子，只见状子写道："王威、高君雅已偷偷结联突厥人入寇。"李渊见状故作大惊，马上指示刘文静、刘弘基等人把王威和高君雅抓起来关进监狱。

说来也巧，正好第三天，突厥人果然有数万骑兵入寇，直进到太原城北门外。这一来，大家都以为王威、高君雅果真招来了突厥人，于是，李渊将王威和高君雅二人斩首示众。

王威、高君雅，就这样用自己的脑袋，为大唐王朝祭了旗，奠了基。

身边的钉子是除掉了，但城外的突厥人还是得想招儿逼退啊。

李渊一面命令裴寂等人勒兵在城内做好准备，一面命令将所有城门统统打开，将诸葛亮的空城计用一用。

这下突厥人脑子不够使了。他们怕城内有陷阱。高深莫测之下，反而不敢进城了。

李渊继续耍招儿，在夜晚把部队悄悄派出城外。天明后，这些部队则张旗鸣鼓，从不同方向耀武扬威地进入城中，就好像是外地来的援军。

突厥人见此情景，更加疑惑，在城外驻扎两天后就退走了。

突厥人走了好，李渊可以正式着手造反了。

六月十四日，李渊建大将军府，正式举起反叛大旗。

李渊任命裴寂为长史、刘文静为司马、唐俭及温大雅为记室、姜谟为司功参军、殷开山（大唐凌烟阁二十四功臣第十三名）为府掾。

将部队分为左右六军，长孙顺德、刘弘基、窦琮、王长谐、姜宝谊、阳屯为左右六军统军；

封长子李建成为陇西公，统领左三军；次子李世民为敦煌公，统领右三军。

七月初四，李渊正式踏上征途，出发！

李渊留李元吉镇守太原，亲率大军三万，从太原出发，西图关中，并向各郡县发布檄文，表明西进关中的用意在于尊立代王杨侑。

当李渊在太原准备起兵时，考虑到在长安的三女儿平阳公主及女婿柴绍（大唐凌烟阁二十四功臣第十四名）的安全，便事先派人悄悄到长安接他们赴太原。

柴绍觉得一家人浩浩荡荡地出城赴太原，势必引起朝廷怀疑，但如果丢下妻子一人独往，又恐自己走后妻子遭当局毒手，思前想后，拿不定主意。平阳公主却胸有成竹："夫君只管火速前往，不要顾虑我，我一个妇道人家很好躲藏，自会另想办法的。"柴绍便一人随使者前往太原。

平阳公主等柴绍走后，料定再待在京城不会有什么好结果，一不做二不休，马上回到鄠县（今陕西户县）别墅，将家财悉数散发给附近平民百姓和绿林豪杰，拉起了一支几百人的队伍。

此时鄠县周围已有一支由胡人何潘仁统率的起义队伍，聚众数万，平阳公主看准了这是一支可利用的有生力量，便派亲信家僮马三宝去做说服工作，使之归属过来，后来马三宝又接连说降了李仲文、向善志、丘师利等零星义军。这样，平阳公主的部队很快增加到七万人，长安留守卫文升屡次派兵征讨都以失败告终。

这位平阳公主，不仅有智谋，还深谙统御之术，在进军过程中，申明法令，禁止抢掠，一路上得到民众一致欢迎，先后轻而易举地占领了周至、武功、始平等县。

当李世民率军抵达长安渭水边时，平阳公主的部队也前来会合，与其夫柴绍各置幕府，独立成军，号为"娘子军"。

后来，李渊得国做了皇帝，就封这位三女儿为平阳公主。

在封建时代，一个贵族女子能够如此具有战略远见和统御方术，的确不同寻常。她的成功一则得力于及时拉起队伍，准备武力自卫，这一点深合乱世之中强者为王的政治规律；二则依赖于巧妙地利用和收编周围起义农民军，这使得她刚刚拉起的弱小队伍不仅没被镇压下去，反而逐渐扩大；三则得益于她统御有术，注意收揽民心，在短期内得到民众支持，故而能立于不败之地。

入主长安

在向长安进军的途中，太原辖下的西河郡成为第一个障碍。

西河郡太守高德儒不服从李渊的命令，不愿意跟随李渊反隋。这没有办法，只有打了。李渊当机立断，迅速派李建成、李世民率兵前去镇压。李建成颇有军事才能，加上李世民这位第一名将，牛刀小试之下，西河郡在不到十天内被攻克。

首战告捷。

上天注定的是，首战的胜利是李建成、李世民这对兄弟俩并肩拿下的。这似乎预示着兄弟俩未来的命运。此时，李家的造反能否成功，还是未知数。所以，并肩作战的兄弟俩，亲密合作，共戮强敌。

他们不知道，在命运的安排下，他们这样的日子将很快逝去。在不远的将来，他们将由今天并肩作战的亲兄弟，变成不共戴天的死敌，而哥哥李建成，将被弟弟李世民亲手杀死。

正如今天的并肩作战，将成为兄弟俩心底的甜蜜回忆一样，将来兄弟俩自相残杀的一幕，也将成为胜利者一生的梦魇。

这一切，只是因为权力。

权力能使人低能，权力更能使人疯狂。

西河郡拿下之后，李渊率军分两路南下入关：主力沿汾水顺流而下，至汾水与黄河交界处的龙门，再从龙门渡河进入关中，沿途军事重镇有西河、霍邑、临汾、绛郡、河东等；另一路由张纶统领沿离石、石楼、隰县、吉县南下，即沿吕梁山脉西侧黄河东岸一路攻击前进，以确保主力西侧安全。

李渊在霍邑，遇到了内部的第一次大分歧。

李渊的部队距霍邑五十里时，正逢连绵阴雨，军粮供应不上，又传来消息，说突厥可能与刘武周联合偷袭太原。

面对这种形势，李渊召集将佐会议，裴寂等多数将领认为：

"宋老生、屈突通遥相呼应，据险死守，我们难以迅速攻下。李密虽然口头答应与我联合，但奸谋难测。突厥人贪而无信，唯利是图，刘武周则是与突厥人狼狈为奸的。太原乃一方都会重镇，且是我义军家属所在地，应暂时退兵回太原，伺机再图后举。"

李渊动摇了，打算先行退兵回太原，徐图后举。

如果李渊真的这样做了，那么下一个大一统帝国的皇帝就轮不到他了。好在他听从了李世民、李建成两个颇具将才的儿子的话：

"如今正是夏收季节，稻麦遍野，何愁乏粮！宋老生性情急躁轻率，一战即可擒获。李密顾恋洛口仓粮食，暂时不会有什么远大图谋。刘武周与突厥人表面上相和联兵，内心还是相互猜忌。刘武周虽然想进攻太原，但他岂能不顾他的基地马邑的安全！我们举义兵本是奋不顾身以救百姓以创大业，当先入长安，号令天下。现在遇上小小困难就立即退兵，只怕跟随我们起义的将士很快会失望而散，那时即使能回兵守住太原一座孤城，也只是为敌人看守而已，我们岂能自保！我们的将士是因为起义而聚集在一起的，勇往直前则战无不克，畏缩退却则人心涣散。一旦退兵，将士离散于前，强敌压境于后，我们就死无葬身之地了。"

李世民、李建成的道理很简单，如果现在退回太原，人心一散，将不可复聚。到那时，别说皇位，就是自己的人头，都可能保不住了。现在箭已在弦上，必须克服一切困难，不顾一切后果，攻入长安，占领关中。

李渊终于下令，继续向霍邑前进。

在天气晴朗的八月，李渊兵临霍邑城下。霍邑守将宋老生有勇无谋，被李世民、李建成亲率数十骑进至城下的一个激将，愤而率主力出城作战，全军覆没。李渊顺利攻占霍邑。

打下霍邑，在酬赏战功时，军吏打算将奴隶出身的士兵与一般平民身份士兵区别对待。

李渊说:"矢石交战时不分贵贱,论功行赏时为何要分等差?应当一律平等对待,按其本身功勋大小计功。"

继续进军的路上,李渊采取开仓济贫、广授官爵、优先俘虏、来去自由、礼贤下士、惩恶赏善等政策,最大限度地取得了地主及平民的支持。

有人觉得这样授官授勋太滥,李渊说:"隋炀帝吝惜勋赏,这是他失民心的一个重要原因,我们何必要步他的后尘!而且,以散官虚衔收买人心,不比用兵攻城夺众要划算得多吗?"

由这些小事可以看出,李渊一开始在军事行动中就注意贯彻平等对待将士、笼络天下民心的政治方略。

霍邑之战旗开得胜,极大地鼓舞了将士的斗志。此后李渊的军队一路上势如破竹,很快打到河套东岸的龙门,并由龙门顺河而下开始围攻潼关北面的军事重镇河东城。同时,派出使者入关招降关中各路义军和各城镇。不久,关中最大的一股义军孙华所部即前来归降。

但是,屈突通镇守的河东城,成了李渊的大麻烦。

屈突通(557—628),姓屈突,名通。这是一个以正直闻名的人。关于他,隋朝老百姓有个顺口溜"宁食三斗艾,不见屈突盖,宁服三斗葱。不逢屈突通"。屈突盖是屈突通的弟弟,时任长安县令,也以正直、严整知名。屈突通早年帮隋朝平定过汉王杨谅叛乱和杨玄感叛乱,久历戎行,能征惯战。此人后来在山穷水尽之际,投降了唐朝,成了大唐凌烟阁二十四功臣第十二名,还排在李渊女婿柴绍、太原旧臣殷开山等人之前。问题是,他现在还没有投降,他牢牢地帮隋朝镇守着河东城。

河东城,靠近潼关,是控扼关中的重要门户,易守难攻。

果然,李渊大军攻而不克。

怎么办?

是绕开河东渡河直扑长安,还是先消灭手握重兵的屈突通再西入关中?这是李渊当时面临的又一个重大战略决策。

李渊如果舍此而去直扑长安,一旦攻长安不克,屈突通就随时有可能抄其后路,使李渊的军队陷入腹背受敌的被动局面;但如果先攻河东,顿兵坚城之下,若连日不克,又会失去乘虚抢占长安的战略主动权。

此时，薛大鼎向李渊建议：

"请不要进攻河东，应当从龙门直接渡过黄河，占领永丰仓，然后发布文告到各处，关中即可坐而占有。"

以裴寂为首的部分将领却认为：

"屈突通手握重兵，坐守坚城，我们如果舍之而去，万一进攻长安不胜，退兵之时必然遭到河东屈突通的拦击，腹背受敌，这是危亡之道。不如先攻克河东，然后西进。长安依恃屈突通为援，屈突通被打败，长安也就不攻自破。"

李世民坚决反对这样做，他说：

"兵贵神速，我们凭借连战皆捷的声威，统率各路归顺之众，浩浩荡荡地西进关中，长安官民必然望风震骇，有智也来不及谋，有勇也来不及战，取胜如同打扫枯叶。如果迟疑停留，疲弊在坚城之下，敌人得以设谋修备以算计我们，多费时日，将士懈怠，就大势去了。而且，关中起而响应我军的将士不可不早加招降，屈突通自是瓮中之鳖，不足为忧。"

事实证明，李世民又对了。

李渊同时采纳两种意见，留李建成、刘文静率大将王长谐等攻占潼关及附近的永丰仓，继续围攻河东以牵制屈突通的军队。

李渊、李世民则率主力从龙门渡过黄河，然后兵分三路：一军由李世民率领疾趋渭水北岸即今泾川、扶风，收降关中各路义军并占领泾渭三角洲繁华地区；李渊自率一路留屯冯翊（今陕西大荔），以监控河东与长安通道；一军直扑华县永丰仓（关中主要粮仓），以解决军队粮食补给，然后回军潼关驻守以防备潼关以东有其他义军入关。

这一决策显然是稳妥的，李渊大军的既定战略是"占领关中，号令天下"，贵在不顾一切，乘虚入关。

当时占有今陕西西北部的薛举、李轨等部和屯大军于关中门户洛阳周围的李密等，都有夺取长安以号令天下的战略意图。一旦关中被其他起义将领占有，李渊所部就会陷入进退两难的极为不利的战略被动局面。

李渊在进军关中的途中，先令各路军队分兵廓清长安周边地区，使长安成为孤城，李渊的队伍也在分兵进击中扩展到二十多万人。

十一月初，李渊召集各路大军会攻长安，于初九轻而易举地占领全城。

值得一提的是，李渊攻打长安时，其手下将士中第一个登上城头的，名字叫雷永吉。

永吉，兆头真好，这一吉，就是两百八十九年。

长安，就这样被李渊收入囊中。

进城后，李渊扶立13岁的代王杨侑为帝，遥尊远在江都的杨广为太上皇。

李渊自己呢，假黄钺、使持节、大都督内外诸军事、尚书令、大丞相，进封唐王。

有些头衔眼熟吧？是的，和当年杨坚欺侮北周小皇帝时一模一样。现在，杨坚的报应来了，而且，还是通过他的亲外甥之手。

到了次年五月，李渊迫使隋帝禅位，自己登上皇帝宝座，建立起了他的大唐帝国。

招招领先

李渊在占领长安、实际控制中央军政大权后，实际上已处于"一招领先，招招领先"的战略主动态势。

在此有利形势下，他一方面着手重建国家政治秩序和制度，一方面开始实施重新控制全国的战略部署。其实就是三招儿：先近后远、先关中后关外、边巩固边发展；不服的，先招降，不降的，再镇压；始终坚持与突厥人结盟的外交路线，因为大唐目前还惹不起突厥人。

李渊在控制政权后立即分派使者四处招抚，扩充地盘。

第一路由太常卿郑元铸、马元规率军出商洛经南阳，安抚今河南西部和两湖地区，争取地方势力的支持，很快便争取了控制着江淮、手握几十万大军的杜伏威和其他许多小股起义军的投降，兵不血刃地将统治势力扩展到今江淮及三吴地区和四川。

比较顺利。

第二路李渊派堂侄李孝恭（大唐凌烟阁二十四功臣第二名）招慰山南即今陕西汉中和四川等地，这些地方一一表示归顺，并带动今甘肃中西部一些郡县相继降唐。

现在知道，"占领长安、号令天下"的好处了吧？一旦占据长安，把持中央政权，有些地方割据势力，根本不用动武，直接就投降，多省力气。

当然，也有必须动武的。比如第三路。

第三路由姜谟、窦轨率领出散关安抚陇右，即今甘肃河西走廊，因为陇右黄土高原对关中处于居高临下的地理形势，且是长安近在肘腋的后方，是长安必争的战略要地。

安抚不顺利，陇右出了个不听话、不投降的薛举。

不降？李渊立即派出了自己手中的天下第一名将李世民。

薛举原是金城校尉，在前一年的四月，即李渊起兵的前一个月，与其子薛仁杲一道乘天下大乱夺取金城权力，自称西秦霸王，不久称秦帝，几个月之间占有今甘肃、青海大片地区，兵力号称三十万。

一起兵就称帝的主儿，肯定活不长。

但是这个薛举很能打。武德元年（618），薛举与唐军交战，在浅水原大败秦王李世民，俘虏其大将慕容罗睺、刘弘基等。当然，史书为李世民遮羞，说当时李世民正在病中，处于卧床休息的状态，因部下刘文静、刘弘基等不按既定方针办，才导致大败。

浅水原之败，是身为天下第一名将的李世民，此生中唯一的一次失败。这一年，这位天下第一名将，才 19 岁。在此之后，只要他身在前线亲自指挥的任何一次战役，都是胜利，从胜利走向胜利。

所以，薛举能成为唯一一个让李世民吃败仗的人，真是很能打。

薛举在听说李渊攻占长安后，即于当年十二月倾全军进围扶风（今陕西宝鸡），意在争夺长安，但不巧的是，不久病死了。薛举的儿子薛仁杲继统其众。

薛仁杲根本不是李世民的对手，不久就丢了自己的老巢西北重镇灵州（今宁夏吴忠），自己也被绑赴长安斩首。

还有近在咫尺的屈突通要解决。他的投降时刻已经到来。

屈突通在得知李渊率军直扑关中后曾率精兵西援长安，但在潼关被刘文静、王长谐挡住，双方相持一个多月，后听说长安被占，即率军退走，打算东向洛阳，在途中被刘文静打败俘获。李渊素知屈突通有大将之才，遂命之为兵部尚书，从此为大唐效力了。

唐朝的后方，还有一个在甘肃敦煌、张掖自称天子的李轨。

对于李轨，李渊采取了智取的办法，派部下安兴贵前去联合诸胡和吐谷浑一道，对李轨软硬兼施，因为安兴贵的哥哥安修仁是李轨的户部尚书，并专掌机密，故安兴贵有得天独厚的内应。

果然，安兴贵不负李渊所望，至武德二年（619）五月，与其兄安修仁一道擒获李轨，占领凉州（今甘肃武威），消除了关中西面的又一大隐患。

李渊取得今天甘肃、四川的统治权，对其向东统一中原有着十分重要的战略意义。

中国有句成语叫"得陇望蜀"，就是说得到了今甘肃即所谓河西走廊后就想进一步据有今四川，这句话可以用来形容帝王之都关中地区的战略依赖。

关中地区是四塞之地，易守难攻，历来为帝都天然场所，由此也带来一个致命弱点，即关中地区天地狭小，除有限的泾渭河谷称得上富饶外，并无关东和江南那种沃野千里的天然粮仓。

所以，历来得关中者，必想方设法据有陇蜀，因为甘肃盛产马匹，四川乃天府粮仓。

李渊不仅腹心得到拱卫、后勤得到保障，而且，今甘肃、宁夏、青海等地处黄土高原，关中长安地区即在其边缘陇山脚下，战略地势十分重要。

此外，由关中可出关东下黄河中下游，势力可达山西、山东、河南、河北，由四川出三峡可东下直捣两湖、江淮、三吴等经济新兴地区，形成居高临下、纲举目张的战略态势。

李渊在得陇望蜀的同时，也精心布置了对突厥的防御体系。当时，针对突厥人的防御线主要由幽州、太原、灵州、凉州四大战略重镇构成。

李渊及时派出使者全力争取了原隋朝幽州总管罗艺归附，这样便最终形成了针对北方突厥人的系统防线，并斩断了河东王世充、河北窦建德对突厥人的依赖。

最重要的是，李渊不论在太原起兵时还是在后来的开疆拓土、统一中国的过程中，都始终坚持结好突厥人的外交路线，最大限度地孤立对手，然后各个击破，这是他步步如愿以偿的重要战略因素。

在当时的战争中，骑兵是决定战争胜负的关键因素，而突厥人的骑兵十分强大，具有极灵活的机动性，又处在蒙古高原居高临下的地理位置，随时可以挥兵长驱直入，势如飓风，且关中、关外大多数义军或割据势力当时都想利用突厥人帮助自己实现打败对手、争霸天下的野心。如果这些势力中的任何一股取得突厥人的支持，就有可能在中原势均力敌的争斗中取得战略和战术优势。

在完成了关中及陇蜀大后方的开拓与巩固，并向中原地区伸出了两个有力的触角（北为太原和幽州，南为杜伏威所据江淮）后，李渊实际上构筑成了对当时最具有军事实力的河北义军窦建德、河南瓦岗军李密、洛阳王世充的战略包围圈。

正当李渊要着手对付这三大劲敌的时候，刘武周提前在李渊起兵的出发地太原冒了出来。

在李渊起兵时，马邑校尉刘武周即已杀了太守王仁恭，依附突厥，不久自称皇帝，在李渊西入关中后，便频频出兵进攻太原。

也怪李渊的四儿子李元吉不争气，一点也不像他那两个哥哥。他居然在刘武周的进攻面前丢下大军，独自溜回长安，没了主将的太原城很快于武德二年（619）九月失守，刘武周成为横行山西的一支强劲军队。

太原不仅是李渊的发源地，更是关中的重要门户，刘武周占领太原，对长安构成了极大的威胁，关中为之震骇，李渊甚至主张放弃河东城，退保关中。

李世民却坚决主张，出兵消灭刘武周，夺回关中门户。

李渊于十一月派李世民率军首先出击刘武周，拉开了争夺中原的序幕。

近半年时间里，刘武周屡战屡败。至次年四月，他终于支持不住，率百余残兵投奔突厥，不久即被突厥人杀死。

当李渊进攻长安和忙于巩固关中时，与其争夺天下的真正劲敌——李密的瓦岗军，正在洛阳周围与王世充为首的隋东都洛阳守军捉对厮杀，大小百余战，最后，李密几十万大军被王世充彻底打败，李密本人率二万残兵于武德元年（618）九月入关投降了李渊；王世充废帝自立，国号郑，成为洛阳一带新的霸主。

另一对手窦建德所率几十万义军正横行河北、山东，忙于吞并周围小股起义军。打败刘武周后，李渊马上于武德三年（620）七月派李世民率大军出关，围攻洛阳，打响争夺中原的攻坚战。

王世充立即向窦建德求援，具有政治战略眼光的窦建德深知王世充一旦败亡，唐朝的下一个目标就是自己，便亲率十余万大军从河北、山东向洛阳挺进。李世民则采取"围点打援"的方式，留下一部分兵力继续围困洛阳，亲率主力掉转头打击窦建德援军。

经过几次大战后，窦建德于次年五月战败被俘，全军覆没。王世充见大势已去，也只好率部向李世民投降。不久，窦建德、王世充在长安先后被杀。

陇蜀和中原平定后，下一步的战略目标自然轮到了割据今两湖及河南西南部、拥兵四十万自称梁帝的萧铣。

武德四年（621）二月，李渊派李靖率大军进攻萧铣。十月，萧铣战败投降。至此，唐朝基本重新统一中国，所剩边远地区一些小股割据武装已不足为忧。

李渊在平定各个割据集团、重新统一中国的过程中，无论是时间先后，还是轻重缓急，都有着十分得当的战略时机选择：先急后缓，先内后外，先北后南，先文后武，环环相扣，招招逼进，几乎到了无懈可击的地步。孙子说过："善战者无智名、无勇功。"李渊称得上是这种大略在胸的善战者。

从以上大唐统一天下的过程中，明眼人一眼就可以看出，长江以北的江山，几乎全是次子李世民打下的。身为太子的李建成只是偶尔有表现机会，第四子李元吉呢，则只有一次丢盔卸甲、弃地千里的"完美"表现。李世民立下了这么大的功劳，怎么封赏这个功盖天下的二儿子呢？

大唐的天下是统一了，可是，隐忧也埋下了。

第
八
章

CHAPTER8

太宗用兵　后发制人

李世民，在与他同时代的武将中，是当之无愧的天纵神武的唐朝第一名将。

他好像一生下来就会打仗。天纵，就是这个意思。

李世民作为出身军事贵族世家的子弟，从小娴熟弓马之道，这是必需的。但是从小就会用脑子打仗，而不是凭力气打仗，这就是天赋了。

李世民作为名将所打的第一仗，是在大业十年（614）开始的。

这年八月，喜欢到处巡视的隋炀帝，在雁门（今山西代县）被突厥包围了，于是召集天下兵马前往救驾。李世民应募驰救，隶属于屯卫将军云定兴麾下。

此时的李世民，还只是个 16 岁的娃娃兵。

但就是这个 16 岁的娃娃兵，向将军云定兴建议：

"我军一定大张旗鼓，假作疑兵。因为始毕可汗敢以自己的举国之师包围天子，肯定以为我大隋在仓促之间，派不出援军。如今我军虽然兵少，但只要大张军容，白天数十里幡旗招展，夜晚则钲鼓相应，闹出声势，必然会让突厥人误以为援军已经大量到达，就会退兵了。否则，敌众我寡，真打起来，我军必将无法取胜。"

云定兴听从了这个娃娃兵的高明主意。和其他援军一起，果然就此吓退了突厥人。

李世民的战场首秀，就出手不凡，救出了隋炀帝杨广。

李世民 18 岁时，随父亲李渊再上战场。这次是打造反的土匪。有一个外号"历山飞"的高阳贼帅魏刀儿，居然不自量力来进攻李渊父子俩镇守的太原。

李渊出战，深入敌阵之中。李世民率轻骑杀入重围，所向披靡，将李渊从万军之中救出。然后会合步兵一起，大破贼军。

李世民的战场第二战，同样出手不凡，救出了老爹李渊。打了两仗，李世民救了两个皇帝。

其后，李世民随李渊造反，下西河，攻霍邑，战长安，接受了血与火的历练，一步步地成了唐朝第一名将。

大唐在长安立住脚跟之后，李世民更是成为李渊手下的得力战将，谁不服就派出去打谁。

直到，他把大唐三分之二的天下打了下来。

直到，再也无人可打了。

直到，他把自己打上了皇位。

浅水原之战：以逸待劳

大业十三年（617）十一月，李渊占领长安（今陕西西安）、实际控制隋朝中央军政大权后，首要任务便是巩固长安周围乃至整个关中地区（今陕西）安全。

当时的关中，东有背靠突厥雄踞马邑（今山西朔州）称"定杨可汗"的刘武周，还有正在围攻洛阳的李密所部几十万瓦岗军，北有依附突厥横行朔方（今陕西横山）、延安等郡自称梁帝的梁师都，西有盘踞甘肃天水自号西秦霸王的薛举、薛仁杲父子，以及控制甘肃中西部以武威为据点自号河西大凉王的李轨。

长安在政治和军事上的战略意义，上述的这帮人也不傻，都懂。但是，都腾不出手来。

马邑的刘武周为太原所逼，一时不敢贸然进攻关中。

李密呢，正在与隋洛阳守将王世充捉对厮杀，暂时还顾不上实施其久已计划的"夺取关中，号令天下"的战略构想。

朔方梁师都力量相对弱小，虽屡次想勾结突厥人进犯长安，但因唐与突厥有盟在先而未能得逞。

李轨远在甘肃中西部，中间隔着薛举的势力范围。

只有薛举父子，是长安最直接的威胁。

早在李渊攻占长安之时，薛举父已即已出兵进攻扶风，意欲与李渊争夺长安，被李世民率军击败。从地理上看，陇山山脉（今六盘山山脉）自西北向东南横亘甘肃与陕西之间，陇山以西即是薛举所据黄土高原的陇西盆地，陇山以东，则是长安的泾渭河谷。薛举父子的势力范围，对长安正好构成居高临下的虎视之态。

中国自秦汉以来凡占关中为帝为王者，必先据有陇西，陇西定则关中安，陇西乱则关中扰，正是顾祖禹《读史方舆纪要》所谓的"外阻河朔，内当陇口，襟带秦凉，拥卫畿辅，关中安定系于此"。

因此，李渊在占领长安后把矛头首先指向薛举。薛举原是金城（今甘肃皋兰）校尉，据说生得容貌魁伟，骁勇绝伦。这是唯一一个让唐朝第一名将李世民尝到了失败滋味的人。

大业十三年（617）四月，薛举发动兵变，夺得金城军权，称西秦霸王，先后击败和兼并羌人部落和隋朝将军皇甫绾的部队。七月，薛举已经觉得霸王的头衔不过瘾了，改称秦帝。

到李渊攻占长安时，薛举已占有今甘肃中部以东及青海东部等大片地区，兵力达三十万，前锋直指长安西面的屏障扶风郡（今陕西宝鸡）。

薛举在十一月第一次进攻扶风失败后，接受谋士郝瑗的建议，派使者联络突厥人和梁师都，企图联兵进攻长安，若这一阴谋得逞，无险可守的长安就有累卵之危。

李渊深知薛举与突厥联合的可怕，及时派宇文歆为使者前往突厥，争取了突厥人对薛举的抵制。

武德元年（618）六月，薛举不顾突厥人的反对，自率大军越泾州直扑长安，联络梁师都出兵向甘肃灵武，另派部将钟俱仇率军抢夺汉中。

李渊也兵分三路迎击，虽然梁师都和钟俱仇两路均被击退，但李世民所率中军主力，却在浅水原（今陕西长武西北）遭薛仁杲侧背袭击而惨败，将士败亡十之五六。

这是见诸记载的唐朝第一名将李世民的唯一一次败仗。史书为了他的不败纪录，采取为尊者讳的办法，强调了一个客观原因：李世民当时病了。

于是，李世民在病了无法履行职责的时候，把军中事务交给了刘文静和殷开山，并且告诫说："薛举的军队孤军深入，利在决战。所以，我军就应该立足持久，慎勿与战。等我病好了，再来打败他。"

可恨的是，刘文静和殷开山不听领导的话。结果，他俩冒险出兵，导致惨败。

就算是这俩不听话的部下的失败吧。但败了就是败了，无论李世民是否真病了，他当时就是货真价实的主帅。改变不了的事实是，唐朝第一名将所带领的军队，在浅水原，被薛举打败了。这是李世民此生唯一的败仗。

浅水原大胜之后，薛军本可乘胜直捣长安，不料薛举恰在此后不久病死，加之突厥人不予支持，薛军只好暂时撤退，由薛仁杲继位。

第一次浅水原战役失败之后，为彻底消除这一心腹大患，李渊立即派出使者绕道赴凉州与李轨结盟，封李轨为凉王，又派使者策动临洮等四郡（今甘肃临潭、临夏，青海乐都等县）归唐，构成了对薛仁杲的战略包围。

在得知薛举病死的消息后，李渊认为反击时机成熟，于当年八月再次派李世民率军出击。薛仁杲则派大将宗罗睺统率精兵十多万迎战。

两军再次对垒于浅水原。

李世民率军到达浅水原后，面对人数和士气上都处于绝对优势的强敌，审时度势，吸取上次失败教训，采取以逸待劳、后发制人的战略，坚壁不出。宗罗睺则依仗兵强将猛，频频挑战。

李世民部下将领也多次请战，李世民坚决不许。他说：

"我军新近战败，士气沮丧，敌军则恃胜而骄，有轻我之心，应该闭垒不战，以待其懈。到那时，彼骄我奋，可一战而胜。敢言战者斩！"

两军相持六十余日，十一月初，薛军粮尽，其内史令翟长孙与大将梁胡郎等率所部兵向李世民投降，李世民由此判断敌军将士离心，决战时机已到，便派大将梁实率军在浅水原摆出决战架势以引诱薛军出击。

果然，宗罗睺见唐军布阵，心中大喜，以为唐军终于应战，便倾巢而出，全力来攻，梁实却守险不战。

如此数日，李世民估计敌军已疲惫不堪，遂果断发起总攻，命大将庞玉率军增援浅水原，从正南面攻击薛军，自己则亲率主力出敌背后，从北面对宗罗睺实施突击。

宗罗睺抵挡不住南北夹击，大败而退。

就这样，李世民在浅水原，面对同样的敌人，第一次战败，第二次大胜。

从哪儿跌倒，就从哪儿爬起来。这才是男子汉。

宗罗睺一败，李世民马上丢下步兵，亲率骑兵单独追击，将军窦轨拦住马首苦劝说："薛仁杲仍然据有坚城，虽破宗罗睺，不可轻进，请暂且按兵观察一下再说。"李世民坚定地说："我思谋很久了，乘胜追击，破竹之势，机不可失。您不必再说了！"

李世民和骑兵直追到薛仁杲所据折墌城，薛军士气低落，纷纷出城投降，薛仁杲无计可施，只好率军出降。

战后，唐军将领们争问李世民："大王一战而胜，立即丢下步兵，又无攻城器具，只率轻骑直达敌人城下，我们都以为不可能攻克坚城，而最终却大获全胜，这是什么道理？"

李世民解释说：

"宗罗睺所部都是陇西人，将勇卒猛，我们只是出其不意才击败他们，斩杀并不多。如果我们不疾速追击，这些败散将士就会全数退入城中，薛仁杲善待他们，同心协力抗拒我们，我们就难以攻克了。而我们急速追击，这些溃败将士只能四散逃命而来不及逃入折墌城，城中兵力虚弱，薛仁杲闻败必然破胆，来不及计谋，我们大军就攻城了，这就是我们取胜的原因。"

浅水原之战是李世民独立指挥取得胜利的第一个漂亮的歼灭战。

其战术特点是先疲后打、后发制人，即先闭垒不战以使敌人疲惫懈怠，然后正面进攻诱敌出击，有意使敌人暴露其侧背，再出奇兵从侧背夹击。这是孙子所谓"先为不可胜，以待敌之可胜"战略原则的典型运用。

取胜后，李世民又乘胜猛追，使敌人来不及收容和重新组织抵抗。这是建立在对敌方风俗人情、心理特点深刻分析基础上的决策，是战争心理学、社会学的合理运用。

李世民在这次战役中的用兵，称得上"静如处女，动如脱兔"。

柏壁之战：穷追猛打

消灭薛举父子后，李渊乘胜派安兴贵去陇西联合诸胡和吐谷浑残部，采取软硬兼施的策略，一月之内击败并生擒李轨。这样，唐朝西北大后方归于安定，可以安心向东方用兵了。

正在这时，李渊起兵造反的后方基地、大唐的龙兴之地——太原，却出了大事。

武德二年（619）四月，在突厥人的支持下，刘武周从马邑向唐朝在山西的据点发动进攻，唐军连连失利，太原留守李元吉临阵脱逃，并且一溜烟直接逃回了长安！

李元吉，李渊的四儿子。一个典型的纨绔子弟，一位"宁可三天不吃饭，也不能一天不打猎"的主儿。这位爷，在刘武周打来的时候，如果没有临阵脱逃，那才是真正的怪事。

太原丢了，损兵折将之余，身为主帅的李元吉却全须全尾地回来了。可李渊能拿这个无能而且怕死的宝贝儿子怎么着？当然只有另外派人去反攻太原了。这一次，李渊决定派自己的老朋友去，谁？裴寂。

裴寂（573—629），在担任晋阳宫副监时，与李渊攀上了交情，参与了李渊造反的全过程，并从此成了李渊一生的好朋友。

坐在皇位上的李渊还曾对裴寂说："使我至此，公之力也。"李渊不仅是这样说的，还是这样做的：裴寂上朝有座位，入阁则引入卧内，被李渊呼为"裴监"而不名，对其言听计从。

个人认为，李渊此举，纯属拜错了码头。他自己能有皇位，岂是裴寂之力？至少李世民就是不服气的。这也是裴寂进入唐太宗时代之后，频频倒霉的原因。

李世民不服气裴寂，当然是有原因的，至少此人没有半点军事才能。

比如这次，李渊派好朋友裴寂带兵过瘾，率军反攻刘武周，结果几仗下来，几乎全军覆没。再次葬送大好局面。

李元吉一战不行，裴寂二战不行，其后果是，晋州（今山西临汾）以北除汾州（今山西汾阳）外，包括重镇太原在内全部落入刘军手中，前锋直达龙门，河东形势骤然紧张，关中大震。

面对这种形势，李渊主张放弃河东，退保关中。

唐军如果放弃河东，不仅将失去自己起兵的基地，影响军心和士气，还将失去东出争夺中原的一个战略方向。同时，此举徒长敌人威风，引得敌人直接攻击关中这一根本重地，此举还灭了自己军队的士气，将直接导致唐军今后不敢再打大仗和硬仗，延长统一天下的时间。

一句话，河东不能放弃。河东如果放弃，关中也未必保得住。

危急关头，还是李世民力挽狂澜。他向李渊建议：

"太原，是我大唐王业所基，国之根本；河东物产富实，为我京城所资，如果举而放弃，我内心上实在愤恨。愿意皇上借我精兵三万，必定有望击灭刘武周，克复汾晋。"

作为大唐的领导者，李渊的可贵之处就在于，一时的犹豫之后，总能做出正确的决断。在听了李世民上述分析后，他果断采纳李世民的建议，派李世民统军，第三度征讨刘武周。

十一月，李世民征尘未洗，就又出征了。

他从龙门渡河，进至柏壁（今山西新绛县西南），根据刘武周大将宋金刚军在河东屡战屡胜的态势，再次采取"先为不可胜，以待敌之可胜"的战略方针，与正围攻绛州（今山西新绛县）的宋金刚军对峙，休兵秣马，闭垒不战。

在李世民军事攻势的同时，李渊在后方也没闲着，一方面，他展开了外交攻势：不惜以卑辞厚礼和金玉美女结好突厥，使突厥人最终不致全力支持刘武周。

　　这一外交结盟的成功，对李世民后来能够专意对付宋金刚，从而取得全面胜利具有决定性的影响。因为如果突厥人倾巢而出与刘武周联兵南下或西入关中，李世民就会陷入两面作战且在兵力上占绝对劣势的战略被动局面，取胜的机会就渺茫多了。

　　另一方面，李渊在关中各地置十二军（地方兵团），加强地方防御力量，并派段得操率军击溃梁师都的进攻，使李世民所部大军得以专心东讨。

　　李世民也知道，刘武周比薛举难打得多，不是刘武周个人比薛举强多少，而是因为河东地区北有突厥人虎视眈眈，东有窦建德大军压境，南有洛阳王世充所部，故将士怯敌情绪较重。

　　但李世民此次出征，也有优势。一是没有后顾之忧，并且还有退让回旋的余地；二是在兵力上远胜于上次征讨薛举的时候。在这种情况下，李世民于十二月分兵伏击宋军于美良川（今山西闻喜南），不久，又亲率步骑三千伏击宋军尉迟敬德的部队，大败宋军。尉迟敬德，日后的大唐凌烟阁二十四功臣第七名，现在，还是李世民的敌人。

　　两战皆捷，唐军士气为之大振，诸将转而纷纷请求与宋军决战。

　　李世民两次小战获胜，目的正是要将士产生这种同仇敌忾、求战心切的心理，恢复高昂士气。但他并不急于决战，他对将士们说：

　　"宋金刚孤军深入，精兵猛将，都聚集在这里，刘武周坐守太原，依赖宋金刚为屏蔽。宋军并无蓄积，以临时抢掠来保障供给，利在速战速决。如今，我们闭营养精蓄锐以便拖垮敌人士气，另分兵汾、隰地区（今山西汾阳、隰县），袭扰敌人心腹地区，这样，等到敌人粮尽计穷，必然退却，那时我们方可出战，现在不宜速战。"

　　根据这一作战指导思想，李世民于次年（620）三月派部将李仲文、桑显和、张纶等出击汾州、浩州之敌，进至石州（今山西离石），并分兵抄掠敌后，断敌粮道，击斩其督护粮道的大将黄子英等，在宋金刚后方大打出手，犹如孙悟空钻进铁扇公主腹中，扰得宋金刚的后方一夕数惊。形势逐渐转为对唐军有利，宋金刚军几乎等于孤军远悬于绛州城外，兵势渐弱。

　　等到四月，宋金刚粮尽神疲，决定向北撤退。

　　李世民一直在等待的机会，终于到来了。李世民乘机率军追击，一昼夜行军二百余里，大小数十战，宋军全线崩溃。

　　追到高壁岭（今山西灵石南）时，大将刘弘基拦住李世民说："大王破敌，追击到这里，战功已足够了，穷追不止，您不要命了！而且将士又饿又累，应当在此暂停，设垒休战，等到后续部队和粮草跟上后再继续追击也为时不晚。"

　　李世民不以为然：

　　"宋金刚计穷力竭而逃，将士离心丧气。功难成而易败，机难得而易失，必须趁此机会彻底打败宋军。如果再滞留不进，让宋军有喘息之机，等到敌人设定计谋、做好准备，我们再去进攻就难以获胜了。我竭尽忠心为国效劳，怎么顾得上爱惜自己的身子呢！"

　　随后即率军全力继续追击，进入雀鼠谷后追及宋军主力，一天中八战八胜，俘杀数万，不让宋军有丝毫喘息机会，后来终于在介休全歼敌残部，刘武周大将尉迟敬德、寻相等投降，刘武周、宋金刚逃奔突厥，山西全境重新落入唐军手中。

　　在这次的战役追击过程中，李世民三日不解甲，两日未熟食，其身先士卒、勇猛直前的拼搏精神在历代帝王中实在少见。

　　这一战，李世民不仅拯救大唐的龙兴之地，而且还得到了猛将尉迟敬德。

　　这位猛将，将在不久以后的某一个关键时刻，用自己的勇气和忠诚，把他送上至高无上的皇位。

中原决战：围点打援

在平定刘武周、平定山西以后，对于唐朝来说，全国只剩河北窦建德和洛阳王世充以及长江中上游的萧铣三大军事集团。

萧铣本来就志在保境守土，且唐军已在上游巴蜀训练水军，做好了顺江而下出击荆楚的准备，所以萧铣不足为忧。萧铣自有其终结者，虽然也姓李，但却不是李世民。

李世民要重点考虑的，是关外窦、王两大军事集团。

窦、王两大军事集团时已处于唐军的战略包围之中（北有太原和幽州罗艺，南有杜伏威），唐军在全国已占有绝对的战略优势。按照远交近攻的原则，李世民决定先打洛阳王世充，再收拾河北窦建德。

李世民凯旋长安稍事休整后，即于六月率十几万大军东向出关，对王世充军事集团展开全面进攻。

馒头，要一个一个地吃，窦、王两大军事集团，也要一个一个地打。

李世民没有想到的是，这次他的肚子居然可以一次吃下两个馒头。在这场大唐王朝的奠基之战中，他可以将窦、王两大军事集团一举拿下，差点撑着自己。

而这两个馒头吃完之后，大唐天下，已稳如泰山；而大唐皇位，对他而言，已如探囊取物。

李世民打洛阳王世充，首先吸取李密围困洛阳久攻不下的教训，采取了逐步肃清外围据点，断敌粮道，然后孤立围困洛阳的战略方针，分兵四路，由外向内朝洛阳逐步合围：

一路由行军总管史万宝自宜阳南据龙门（今洛阳南），以绝洛阳南援之路。

一路由将军刘德威自太行东攻取河内（今河南沁阳），以与潞州（今山西长治）总管李袭誉一道隔断王世充与突厥的联系。

一路由武卫将军王君廓沿黄河而下攻取洛口仓，以断王军粮道。

一路由怀州总管黄君汉自河南孟津渡河袭取回洛口仓，以断王军另一粮道。

李世民自己，则亲率主力进屯洛阳北面的邙山，逼围洛阳。

但是，洛阳可不是那么好打的。李密就是例子，啃了几年，就是啃不下来。

李世民从八月围至次年初，唐军虽屡有小胜，终难攻克坚城，将士疲惫思归，李渊也有收兵之意。

但李世民认为洛阳地处要冲，如不占领，关东终无宁日。于是下令："洛阳未破，师必不还，敢言班师者斩。"

李世民不退兵，王世充急了。他向窦建德发出了救援信。

三月，河北窦建德在兼并山东孟海公后，率十余万大军西救洛阳，连克管州（今河南郑州）、荥阳、阳翟（今河南禹县），屯军成皋西原（今河南荥阳西）。

这下麻烦了。坚城未克，援军来了。

唐军一下子由战略优势转为屯兵坚城之下、强敌扑来的两难局面。两难的局面，把李世民逼到了做出重大战略决策的时刻。

李世民的部下出现了两种不同的意见，宋州刺史郭孝恪认为：

"王世充内外交困，垂死挣扎，窦建德远来救援，这是天意让他们俩同时灭亡。应当抢先占领虎牢险要地形，以阻击敌人，然后寻找机会反击，一定能大获全胜！"

郭孝恪的意见是，把两个馒头一口吞下，全都灭了。

记室薛收进一步补充：

"王世充据有东都，府库充实，所部之兵又多是江淮精锐，唯一的弱点是缺乏粮食。因为这个原因，才被我们围困在孤城内，求战不得，守则难以持久。窦建德亲率大军，远道来援，肯定也是倾其精锐而出。如果让他长驱到此，两寇合纵联手，转运河北粮食以供洛阳，那就意味着战争才刚刚开始，休兵无日，统一中国的日子就遥遥无期了。现在应当分兵守洛阳，深沟高垒，如王世充出兵挑战，绝不与他应战，大王您亲率精兵猛将，先期占领成皋，厉兵秣马，以待窦建德到来，然后以逸待劳，一战定可打败敌人。窦建德既败，王世充自然闻风丧胆，不战自降。不过二旬，两个罪魁就可擒获！"

薛收也是赞成两个馒头一起吃，并提出了围点打援的具体战术。

但是，萧瑀、屈突通、封德彝等人的意见则相反：当前唐军已疲惫不堪，洛阳也不易攻下，窦建德则锐气正盛，唐军有陷入腹背受敌的危险，主张退保新安或解围据险以观事态发展再作打算。

应该说，这样的谨慎和保守，也不是全然没有道理。

坚城之下，无法前进，后有援军，无法后退。进退失据，腹背受敌，从来就是兵家大忌。

关键时刻的李世民，发现了一点点的不同。而这一点点的不同，导引他走向了最后的胜利。

这一点点的不同是，洛阳由于唐军断其粮道，城中粮食奇缺，一匹绢只能换粟米三升，布十匹只值盐一升，至于服饰珍宝等贱如土芥，草根木叶吃光了，平民百姓只好挖取浮泥杂以米渣子做成饼子吃，大多因此中毒得病，即使王公贵官也是米糠不充，冻饿而死。王世充手中虽然还有数万军队，已经只有招架之功，毫无还手之力，绝无出兵反击之虑。

正是根据这一点点的不同，李世民做出了判断：

"王世充已经损兵折将，粮尽气丧，上下离心。不需力攻，可以坐等其败。窦建德新近刚刚打败孟海公，扬扬得意，将士骄惰。我们占据虎牢天险，扼其咽喉。他们如果冒险进攻，我们据险打击，取胜不难。如果他们狐疑不战，旬月之间，王世充就会粮尽自溃。那时破城灭敌，我们气势倍增，一举两克，就在此时。如果不火速进军，等到窦建德进入虎牢，周边我们新占城池人心不牢，必不能守；届时两贼合力，其势力必然大大加强，我们有何便宜可占！我决定分兵作战！"

换句话说，因为长期围城没有粮草，王世充的军队，已是奄奄一息的饿老虎了。

饿老虎，就只能困守洛阳，日夜担心唐军攻城了，再没有力气派出生力军，与窦建德军形成前后夹击之势，主动进攻唐军了。

对于洛阳王世充，李世民只需要派少量军队看住他就行了。而主力，就可以腾出手来去打窦建德军。

此时唐军分兵去打援，实际上已没有两线作战、腹背受敌的危险，只需要专心地打败窦建德军就可以了。

决定已下，分兵！一支围点，一支打援！不能让窦建德的军队和王世充的军队，实现两军会师。

如果让窦建德接近洛阳，与王世充联成一体，就意味着河北、山东与河南连成一片，王世充解决了后勤保障，得到了生力军补充，王、窦两军合在一起兵力达三四十万，是唐军的十倍，形势就十分有利了，唐军必然陷入极为被动的局面。所以，必须隔断窦建德和王世充两军，必须围点打援。

李世民将兵力一分为二，留屈突通和齐王李元吉围守洛阳，李世民自率三千五百名勇士为先锋，东进虎牢（今河南荥阳西）。

没看错，此时李世民的先头部队，只有三千五百人。

窦建德军加入战场后，直达虎牢东面，立即分兵占领附近各要点，但很可惜没有及时猛攻虎牢，而是犹豫不进，坐失有利战机。

而李世民，则占据了虎牢天险。事实证明，这是决定性的关键一招。

接下来，李世民还是老办法，采取闭垒不战、以逸待劳的战术，并派军队不断抄袭敌人粮道。两军相持一个多月，窦军既无法找到机会与唐军决战，又常常遭到小股袭击而损兵折将，弄得将士情绪低落，归心似箭。

两军一直对峙到武德四年（621）五月。

在对峙过程中，李世民一直在侦察窦建德，窦建德当然也没有闲着，也一直在侦察李世民。

五月的一天，窦建德得到情报：唐军马料即将吃完，唐军为了缓解马料不足的问题，打算到黄河以北牧马。窦建德笑了。

他笑是有理由的：唐军的战马如果北渡放牧，那么唐军的骑兵将没有马骑，战斗力将大减。这不是最好的袭击时机吗？

窦建德不知道，他笑的时候，李世民也笑了。

李世民得到的情报，更有价值。他得到的情报是，窦建德将趁唐军牧马时，袭击虎牢。

李世民的第一反应，是将计就计。

第二天，他便亲自率军北渡黄河，在临近窦军所在广武牧马，就近观察敌情，并留下一千多匹马在河边放牧以诱惑敌人，自己则在夜晚悄悄返回虎牢。

窦建德果然中计，次日下令全军出动进攻虎牢，从板渚出牛口（今河南汜水西北二十五里）布阵，北距大河，西薄汜水（虎牢关在汜水西北），南接鹊山（汜水东南），摆出二十多里宽的战阵，击鼓前进，企图与唐军展开决战。

李世民亲自登高观察敌情，然后对诸将说：

"窦建德的军队自山东起义以来，未尝遇到过强劲对手。如今看这阵势，经过险要地形而气焰嚣张，显得漫不经心、无拘无束；直逼我虎牢城而布阵，是轻敌的表现；我们如果按兵不出，他们的勇气必然慢慢消退，在阵前等待长久，士卒饥渴，势必要退走，那时我们乘机追击，定可一战而胜。"

于是唐军坚守不出。

这下可坑苦了窦建德的军队。他们从早上辰时到午时列阵达六小时之久，将士又累又饿又渴，都不由自主地坐在地上，相互争水争食，吵嚷着收兵。

窦建德此前的打算，本就是趁唐军牧马还未回营、战斗力下降时，对唐军发动进攻。然而令人费解的是，六个小时之久，他居然让他的军队在烈日下空站着，既没有主动发动进攻，也没有轮番休息或进食。

当然，他自己也没有闲着。他在干什么？开会！

窦建德在开会，李世民则早已派人将河边一千余匹马召回，以使骑兵做好出击准备。

当他看到窦军的混乱状态时，认为出击时机已到，即命宇文士及率三百骑兵经窦军阵前驰过，并授意说："如敌人不动，你就引兵原路返回，如果敌人出兵攻击你，你就引军向东往敌人阵后冲过去。"

李世民此举，是想引得敌军自乱阵脚。宇文士及率军出城后，窦军果然来战，李世民心中大喜，立即下令出击。

他亲自率领精锐骑兵首先冲出城外，大部队继进，直捣敌军统帅窦建德的中军大帐。

此时窦建德的重要会议还在开。会还没有开完，唐军已冲到帐前，窦建德猝不及防，仓促应战，当场受伤被擒，将领们作鸟兽散。

唐军继续穿透窦军阵后，再扬旗杀回，使窦军摸不清唐军究竟有多少人、从什么方向攻击，因而乱作一团，全线崩溃。

结果，三千多人被杀，五万多人被俘，只有窦建德妻子曹氏率数百骑兵逃脱，唐军追杀三十多里，大获全胜。

事后，李世民立即回军洛阳，将窦建德等被俘敌军带到城下示众，王世充见窦建德十几万大军顷刻瓦解，知道大势已去，只好乖乖率全城官兵向唐军投降。

李世民顺利实现其"围城打援、一举两克"的战略意图，彻底消灭了王世充集团和窦建德集团。

此战，是唐朝奠基之战。因为此战将当时最强的两大股势力王世充集团和窦建德集团一举拿下，毕其功于一役，极大地缩短了唐朝统一天下的进程；而且，此战打出了唐军军威，此后再无如此艰难的硬仗，奠定了唐军纵横驰骋、摧枯拉朽的基础。

李世民，是大唐王朝的奠基者。

洺水之战：水陆夹击

刘黑闼，是唐朝逼反的。

作为窦建德的旧将，他在窦建德失败后，本来已躲回老家，种菜度日。

武德四年（621）七月，李渊下令在长安将窦建德斩首。同时，又强行征召窦建德旧将范愿、董康买、曹湛、高雅贤、王小胡等人到长安。

此举自然引起了范愿等人的疑虑，他们找到刘黑闼，索性重新扯起旗号，反了。

唐朝廷闻讯，立即于洺州（今河北永年）设立山东道行台作为平叛指挥部，派淮安王李神通、大将秦武通等率关中步骑三千出关自相州（今河南安阳）北上，另命令定州（今河北定州）总管李玄通、幽州总管罗艺率本部兵会师南下，同时调集河北、山东、河南十几个州郡的兵力共五万余人，夹击刘黑闼。

在饶阳会战中，刘黑闼利用恶劣天气为助，以少胜多，大败唐军，唐军五万余人损失三分之二，罗艺退回幽州，李神通率残部败逃。

刘黑闼乘胜进军，连克洺州、定州、相州等重镇，不到半年时间，就恢复了窦建德当初的势力范围，占有今河北、河南、山东的大部地区，遂以洺州为都，自称汉东王，建立起农民政权。

李世民再次临危受命，率军东征。唐朝第一名将出手，一切变得简单。

李世民依仗洺水的险要，一字儿摆开军营来威逼刘黑闼，同时派遣突袭部队，截断他的运粮通道。刘黑闼多次挑战，李世民还是用坚守闭垒的老办法，就是不应战，以此来挫伤他的锐气。

等到刘黑闼城中的军粮已尽，李世民料定他必然要来决战，预先命人堵住洺水上游，对守堤的官员说，战斗打响时，等刘黑闼军过河走到河中间就挖开堤坝。刘黑闼果然率领步兵、骑兵两万人要过洺水摆阵，跟唐军大战，刘黑闼军正行至河中间，河水汹涌而来，刘黑闼的人马无法过河，被杀死一万多人，被淹死几千人。

刘黑闼总算捡了一条命，和范愿等一起，带着一千多人逃往了突厥。

一年后，刘黑闼又从突厥借兵，再度造反，结果被急于需要军功来证明自己的李建成出手剿灭，捡了一个现成的便宜。

李世民作为他同时代人无出其右的唐朝第一名将，本人的武功相当厉害：

在围攻洛阳时，李世民就曾亲率五百骑兵到敌方观察地形，遭敌几千步骑围攻，在尉迟敬德的护卫下，坦然杀出。

在攻击窦建德时，李世民又亲率骑兵直到离窦建德营帐只有三里之遥的地方侦察，窦建德出动六千骑兵，李世民与尉迟敬德一个用箭，一个用槊，杀得对方不敢近前。最后，两人全身而退。

李世民这手箭法，这身武功，在历朝历代的皇帝中间，数一数二。更为难得的是，如此武勇的李世民，并不是靠力气和勇气打仗，而是主要靠脑子打仗。

在战略上，他善于从战争全局着眼，看大局看长远，而不为对手一时一事的胜利和表面的强大所吓倒，始终坚持全局战略上的"先发制人"，以战略进攻的姿态拒敌于国门之外，无论是起兵太原，还是后来对薛举、刘武周、窦建德、刘黑闼，都是如此，从来不主张消极退让、被动防守。

但在战术上，李世民却一贯使用"后发制人"的原则，非常重视敌人，不打无把握之仗，不打无准备之仗，善于创造战机，以静制动，以逸待劳。

上述四次大战中，李世民都是先坚壁不战、以逸待劳，等到敌人精疲力竭、斗志涣散时再发动反击，于是战无不胜，攻无不克。

李世民在战略战术上这种截然相反的做法，正是毛泽东所说的"战略上重视敌人，战术上藐视敌人"的思想，即在全局战略上，敢于蔑视敌人，敢为天下先，树立必胜信念。

在具体战术上，李世民用兵，颇多创举：

一是善于用小股部队诱敌，随后亲率精锐从正面或侧面直冲入敌军阵中心，再从敌军背后反冲回来，这样，既冲乱了敌人的阵脚，又让敌人摸不清其军虚实多寡和战术意图。

二是惯用断敌粮道的方法使敌人陷入饥困交迫、不战自溃的境地。因为人是铁，饭是钢，一天不吃饿得慌，只要对方"粮绝"，就必败无疑。所谓"计毒莫过断粮"，就是这个意思。

三是惯于穷追猛打，不给对手以任何喘息和组织抵抗的机会，"静如处女，动如脱兔"。李世民对薛仁杲和宋金刚之战，取胜的一个重要原因便是其穷追猛打的战术，在这一点上，孙子所谓"穷寇勿追"的原则有时候并不可取，倒是毛泽东的名句"宜将剩勇追穷寇，不可沽名学霸王"饱含真理。

四是李世民特别重视敌情侦察和分析，他不仅每战必先派间谍到敌占区刺探军情民俗，而且自己也是每战必先率将领亲临敌人眼皮底下侦察敌情。孙子说过："策之，而知得失之计；触之，而知动静之理。"就是讲侦察在战争中的作用，李世民对此运用得十分娴熟。

李世民自己曾经这样总结他的战术：

"我自年轻时经略四方，颇知用兵的要领，每次观察敌阵，则知其强弱。常常用自己的弱兵去挡敌人的强兵，用自己的强兵去挡敌人的弱兵。敌人攻击我的薄弱环节，追逐不过百步，我攻敌人的薄弱部位必定直透其军阵背后，再从背后反击过来，这样，敌人无不溃败。我之所以取胜，多半在于这种战术的运用。"

总之，战略上先发制人、战术上后发制人，这是李世民这位唐朝第一名将用兵的最大特点。

第
九
章

CHAPTER9

太宗治国　任贤纳谏

"靡不有初，鲜克有终。"说到中国古代的皇帝们，多能善始，鲜能善终。

但李世民不一样。

李世民被称为"千古一帝"，是中国历史上最杰出的帝王之一。这并不夸张，因为能够与之相提并论的帝王，并不多。

李世民为什么能善始而且善终，做到绝大多数皇帝做不到的事情？

不仅仅因为魏征和他的《十渐不克终疏》。

很多人可能认为，有了魏征这样的直谏诤臣，有了疏中那些诛心的文字，李世民想不慎终如始也很难。但是，历朝历代比魏征还要刚烈的以死谏之的诤臣，比魏征说理更透彻的文章，多了去了，怎么没有见到比李世民更强的皇帝出现？

远的不说，明朝海瑞如何？海瑞在同是名篇的《治安疏》中指责"嘉靖"是"家家皆净"，不比魏征尖锐？

再说了，魏征直谏再尖锐，砍了你的脑袋，你还能再饶舌不？

事实上，李世民还真对魏征动过杀心。

有一次，他回到后宫，怒气冲冲地说："以后找机会一定杀了这个乡巴佬！"（会须杀此田舍翁）李世民的长孙皇后——那位调弄突厥人的高手长孙晟的女儿，赶紧问怎么回事，李世民说："魏征常在朝堂上羞辱我。"

皇后听完，退下后穿上朝服站在庭院内，李世民惊奇地问这是何故。皇后说："我听说君主开明则臣下正直，如今魏征正直敢言，是因为陛下的开明，我怎能不祝贺呢！"李世民这才转怒为喜。

魏征应该感谢长孙皇后。否则，就凭他这个直来直去的搞法，李世民哪天一时性起，玩一把有权任性，真把他杀了也不一定。

所以，关键不在魏征，不在外因。关键还在内因，还在李世民自己，在他自己的内心恐惧。

也就是说，李世民能够善始而且善终，能够做到绝大多数皇帝做不到的事情，只是因为，恐惧。

正是这个恐惧，让李世民一登上皇位，就孜孜以治；

正是这个恐惧，让李世民对魏征一忍再忍，直到忍出千古佳话；

正是这个恐惧，让李世民胸怀如海，获得了"天可汗"的尊号；

正是这个恐惧，让李世民直到生命的尽头，还是不忘初心。

内心恐惧的治国原点

李世民到底在恐惧什么？

一件事，两个人。

让李世民恐惧的一件事是，唐朝在自己的手中终结，像杨氏的隋朝一样，二世而亡。

李世民恐惧的两个人是，李建成、杨广。

我一直相信，这两个男人，从他登上皇位的那一刻起，直到他 53 岁的生命结束，一直交替地出现在他的梦中。

李世民梦见杨广，是因为他和杨广实在是太像了。

一、两人都出身于关陇军事贵族。

杨广的祖父杨忠、父亲杨坚，都是北周的贵族高官；李世民则更为显贵一些，出身于"八柱国之家"。

二、两人都长得比较帅，而且自幼聪明，受教育程度较高。

一个"美姿仪，少敏慧""好学，善属文，沉深严重，朝野属望"，这是帅哥杨广；另一个"龙凤之姿，天日之表""幼聪睿，玄鉴深远，临机果断，不拘小节，时人莫能测也""聪明英武，有大志"，这是帅哥李世民。

都是聪明能干的人儿，都是立大志、干大事的种儿。

三、两人都是老二，都是开国皇帝的嫡次子。

按照封建宗法制度，两人距离皇位是如此之近，但从理论上讲，他俩却都没戏，只能老老实实当一个藩王，听皇帝哥哥的吆喝。因为他俩的哥哥，嫡长子杨勇、李建成都比较争气，而且身体比较健康。

四、两人都为王朝立下了超越太子的不世军功。

杨广统率大军平定南朝陈国，虽然主要的硬仗都是杨素、贺若弼、韩擒虎这些人打的，但功劳簿上杨广肯定是头功。而空坐长安的太子杨勇，自然相形见绌。

李世民更不用说了，他一个人统率大军，甚至亲冒矢石，打下了唐朝三分之二的江山。最险的硬仗，最难啃的骨头，都是他拿下的。直到他的军功大到了让空坐长安的太子李建成坐立不安，死活也要带兵一次，李建成在大唐统一战争的收尾之时打败刘黑闼，也立了军功。

只是可惜，无论是杨勇还是李建成，在军功方面，都没能赶上自己的二弟。这，成了他俩悲剧的源头。

五、两人的皇位，都是靠抢。

为了得到哥哥的皇位，两人都是不择手段，直到动用武力抢到手中。

杨广利用欺骗手段，骗到了太子之位。杨坚死前曾经后悔废掉杨勇，打算遣使召杨勇前来。事实上，当时杨坚卧病的仁寿宫已完全在杨广的控制之下，这事儿岂能成功？

李世民则一直没有得到太子之位，只好在斗争达到白热化时，先下手为强，亲手杀掉了李建成，抢到了太子的位置，进而抢到了皇帝的位置。

六、两人都是王朝的第二个皇帝。

杨广是隋朝的第二个皇帝，可是他却丢了江山。李世民同样是唐朝的第二个皇帝，更为重要的是，他亲历了杨广丢掉江山的全过程。等到他自己踏上皇位的那一刻，他肯定一直在问自己：隋朝为什么二世而亡？杨广是怎么丢的江山？这样的悲剧会不会在我的身上重演？特别是当李建成来到李世民的梦中时，他的这种恐惧会更加加剧。

李世民自己很清楚，大哥李建成并不弱，并不是一个平庸的人。虽然李世民叫人改过的正史，开头就说李建成"荒色嗜酒，畋猎无度"。

李世民是历史上第一个公开要求修改正史的皇帝，章太炎就说他："李世民既立，惧于身后名，始以宰相监修国史，故《两朝实录》无信辞。"李世民修改史书，主要是为了在史书中抬高自己，贬低老爹和老哥。

李世民作为一个皇帝，还能考虑到史书记载会影响自己的身后名声，心思够细的了。可惜的是，他还是百密一疏，漏掉了一个人。谁？温大雅。

温大雅（约 572—629），字彦弘，并州祁县（今山西祁县）人。李渊从太原起兵时，温大雅被聘为大将军府记室参军，专掌机要。后来，温大雅成为李世民的铁杆老部下。李世民在与其兄李建成因争夺皇位的激烈斗争中，李世民曾上表让温大雅出镇洛阳，以为外应。等到李世民政变成功，登上皇位时，温大雅升任礼部尚书，封黎国公。

但恰恰就是这个温大雅，写了一部书——《大唐创业起居注》。

这是我国现存最早的起居注，记录隋末李渊自起兵直到占领长安、正式称唐帝为止共 357 天史事的史书。该书所记史事与《新唐书》《旧唐书》《资治通鉴》有很大的出入，因为后三者都是依据李世民修改过的史料而成书的。

从《大唐创业起居注》来看，在从太原到长安的 357 天里，李建成的功劳并不亚于李世民。西河郡是兄弟俩一起打下的；因雨顿兵霍邑时，李建成的意见和李世民的是一致的；直到兄弟俩一起进入长安。

进入长安以后，兄弟俩的分工就变得不一样了：李建成是太子，准皇帝，见习皇帝，所以"高祖忧其不娴政书，每令习时事，自非军国大务，悉委决之"；李世民则无须学习政务，就被派出去东征西讨。

所以，要说起处理政务的经验和见识，李建成未必不如李世民。设若李建成最后登上皇位，其政绩未必就一定弱于李世民。

而这一点，李世民是知道的。

当然，李世民夺取天下的初衷，并不是害怕李建成把大唐的天下搞糟了，而是要亲自来过这个皇帝的瘾。

在有李建成的梦里，李世民一定恐惧地承诺过：我一定要比你干得好！大唐，绝不会在我手中灭亡！

怕自己比李建成干得差，怕自己重蹈杨广的覆辙。相同的一件事，不同的两个人，就是李世民内心最大的恐惧。

居安思危的忧患意识

还好，李世民并没有被恐惧吓倒，没有因恐惧而自暴自弃，而是把这种恐惧，转化成了正能量。

这个正能量，就是李世民持续一生的忧患意识。这才是李世民最让人佩服的地方。

时刻深怀忧患意识，从而兢兢业业、恪尽职守，这是贞观时期李世民君臣最明显的一个特征，也是李世民一切远大而正确的治国方略的思想源泉，因而可以视为李世民最基本的治国思想。

忧患意识，直指李世民最恐惧的那一件事：隋朝为什么短祚而亡？

为此，他曾多次召集大臣讨论，自己也不断在思考。

贞观四年（630），他曾对房玄龄、萧瑀说过：

"隋文帝不明智而喜欢细察，不明智则看问题不全面不远大，喜欢细察则遇事多疑。事必躬亲，独揽大权，不放手使用大臣。天下这么大，一日万机，即使是夜以继日、劳神苦形，怎能一一料理？群臣既知皇上这种独裁性格，只好唯命是从，遇有不合理、不正确的事，也不敢向皇上指出或与皇上争辩，这就是隋朝二世而亡的原因之一。隋炀帝性好猜忌防范，专信邪道，大忌胡人，乃至将胡床改称交床，胡瓜改称黄瓜，专筑长城以防胡人。终于被宇文化及杀死在江都。"

这是把杨坚和杨广放在一起反思。

贞观九年（635），他又说过：

"以往我们平定京师时，看到后宫美女珍玩不可胜数。炀帝意犹不足，征求无已，加之东征西讨，穷兵黩武，百姓不堪折腾，起而造反，遂致灭亡。"

这是单独反思杨广了。

不仅如此，李世民举一反三，反思北齐和北周的速亡原因：

"北齐后主、周宣帝都实行重敛百姓、穷奢极欲的政策，终致百姓力竭而国亡。这就好比馋人自食身上的肉，肉尽则己亡。"

他还拿出享国八百年之久的西周和同样二世而亡的秦朝，进行比较：

"周、秦初得天下，所走途径并无不同。但周得天下后唯善是举，积功累德，推行仁义政策，所以能保八百年基业；而秦得天下后，更加崇尚严刑苛敛的暴政，穷奢极欲，所以二世而亡。这就是两代一长一短的缘故。"

如果不是心中一直有恐惧，他不可能如此反复、如此深入地去思考同一个问题。

贞观二年（628），李世民曾详尽地直接表达自己内心的恐惧：

"人们都说做帝王至高无上，无所畏惧。我却恰好相反，上畏皇天监察临视，下惧群臣瞻仰观照。兢兢业业，常谦常惧，犹恐上不合天意，下不符民望。"

"上畏""下惧"，就是恐惧。

到了贞观五年（631），李世民仍然怀有深深的忧患意识，他说：

"治国如同治病，病情虽然在痊愈，但更需加以护理，如果马上就放纵逸乐，病就可能复发，一复发也许就不可救药了。如今国家安宁，四境宾服，诚然是古所未有，然而我一天比一天谨慎，唯恐不获善终。"

这样的恐惧，这样的忧患意识，李世民并不是嘴上说说而已，而是时时刻刻都在提醒自己和臣下，事事处处都能体现出来。

对大臣，他会说："你们若能小心谨慎、遵纪守法，和我一样敬畏天地，不但百姓安宁，而且你们自身也可常得欢乐。"

读《刘聪传》，见刘聪为皇后建宫殿而要杀谏臣陈元达，便想到自己"可以为深诫"，想作一便殿而止。

游览炀帝所建宫殿，就想到炀帝竭泽而渔，最终宫殿也为人所用等等。

李世民这种见小事而仍然不忘内心恐惧的事情不胜枚举。直至他的晚年，他内心的恐惧一直还在，他仍然在各种场合数十次地重申，君臣要始终充满忧患意识。

他一直不忘初心，一直没有忘记自己内心的恐惧。

作为一位皇帝，有这样的内心恐惧，有这样的忧患意识，何愁天下不治？

仁义治国的大政方针

有了治理天下的初心还不够，得有怎么治理天下的思路和办法才行。是采取行仁讲义的仁治？还是采用严刑峻法的法治？

李世民觉得大乱之后恐怕难以行仁讲义，仁治这条路只怕走不通。为此，君臣曾进行过一场史上著名的辩论赛。

说这场辩论赛著名，是因为唐朝后来诸帝，甚至此后大一统王朝的皇帝们，都会时不时地提到这场辩论赛，将其奉为经典。

先简单介绍一下正方、反方的主力辩手。

反方的主力辩手——封德彝（568—627），字德彝，名伦，是隋唐年间的著名墙头草。他早年追随杨素，隋炀帝年间的朝政日败，有封德彝的一份功劳。隋炀帝被宇文化及杀了，他就投降了弑君的宇文化及。宇文化及败事以后，他又投降了唐朝，渐得李渊信任，官至中书令，成为宰相。他身为李世民的天策府属官时，又暗中投靠太子李建成，阴持两端。他的这个两面派搞法在辩论赛时李世民还不知道，直到他死后才暴露出来。

正方的主力辩手魏征，也是一个投降过来的人，但他与封德彝有天壤之别。这是一个后来在民间传说中成了神仙的人物，可见，民间口碑对他人品的肯定。

魏征（580—643），早年是李密的手下。后来随李密投降大唐，成为太子李建成的属下。在李世民与李建成兄弟俩争夺太子时，魏征高度忠于李建成，出了不少阴险而又稳妥的点子。

这些点子，李世民都感同身受，因为本来就是对付他的嘛。李建成死后，李世民招来魏征问他："你为什么在我们兄弟之间挑拨离间？"魏征回答说："皇太子要是听我的话，肯定不会有今天的祸事了。"

听到魏征如此说，李世民哈哈一笑，也就算了。

李世民不知道的是，类似的这一幕，在今后还将不断上演。

可见，魏征虽然是降人，但他在李密手下时，忠于李密没有二心；在李建成手下时，忠于李建成没有二心；在李世民手下时，也是忠于李世民没有二心。就凭这份忠心，他名列大唐凌烟阁二十四功臣第四名，排名在很多从太原时就跟着李世民的功臣之前。

辩论赛中，正方主力辩手魏征认为：

"久享太平的民众骄奢，骄奢则难教化；经过乱离的民众愁苦忧死，愁苦忧死则易教化。这就犹如饥饿的人容易进食，口渴的人容易进水一样。"

反方辩手们——以封德彝为首的部分大臣却认为：自春秋以来人心不古，世道渐变，所以秦始皇推行法治，两汉则儒法兼用，不是他们不想推行仁义教化，而是无法行仁讲义，魏征一介书生，不识时务，如果用其虚论，则国家必败。

魏征进行反驳陈述："古代黄帝征蚩尤，颛顼诛九黎，汤放桀，武王伐纣，都能致治太平，这都不是在大乱之后吗？如果说古人淳朴，近世渐至浇薄，那么到今天，民众就该都变成鬼魅了，君主还能讲什么治理！"

结果，反方封德彝等人，哑口无言。

正方魏征获胜。从此，李世民确立了以仁治天下的根本方针。

李世民作为辩论赛主持人，也加入了正方，推崇传统儒家思想中的"仁义""仁政"观，认为应当以仁义治天下，他点评说：

"我看古代帝王，行仁义，任贤良，国家就治理得好；行暴乱，任小人，国家就治理不好。

"古来帝王以仁义治国者，国祚延长，专以严法治人者，虽然救弊于一时，败亡也随之就来。前代帝王成事，足为鉴戒，所以如今应当专以仁义诚信治国，以革除近代以来的刻薄之政。为国之道，必须抚之以仁义，示之以威信，因人之心，去其苛刻，不作异端，自然安静。

"若教以礼义，使之少敬长，妇敬夫，则都贵了；轻徭薄赋，使之各治生业，则都富了。

"治理国家犹如栽树，本根不动摇，则枝叶茂盛。君主能保持清静无为，百姓自然会安乐。因而，我唯一的想法是清静无为，使天下无事。使得徭役不兴，年谷丰收，百姓安乐。

"如今，我唯一的爱好在于尧舜之道，周公孔子之教，以为这就如鸟有翼，如鱼得水，失之必死，不可一日舍弃。"

治国应当以仁义为本，以静虚为务，与民休息，无为而治。这一基本国策确定后，李世民"力行不倦"，实行戒奢省费、任人唯贤、轻徭薄赋、民族和解等政策，"数年之间，海内康宁，突厥破灭。"（《贞观政要·政体》）

到了六年之后的贞观七年（633），李世民还没有忘记这场辩论赛，他在总结国家初步大治的经验时，对当时的大臣们说：

"贞观初年，很多人都以为，当今必不可施行仁义教化的王道，人主当独运威权，不可委之臣下，还应强兵耀武，征讨四夷。唯有魏征劝我行仁教化，偃武修文，中国既安，四夷自服。我采纳了他的建议，不过几年时间，就使华夏民众安居乐业，边疆各族宾服来朝。这是魏征的功劳，但恨封德彝已死，不能看到今日天下教化安乐的局面。"

李世民是用国家大治的既成事实，来夸奖正方主力辩手魏征，来批评反方主力辩手封德彝。只是可惜，封德彝这会儿已经死了。

实际上，大乱之后，实施休养生息、发展经济的政策，必能达到天下大治，这已经被历史多次反复地证明过。比如，秦朝大乱之后继续劳民伤财、严刑苛税，结果二世而亡；两汉在大乱之后实行与民休息、发展经济的国策，结果民殷国治。

所以，任何人在任何时候治国，都应以安民乐业为基本国策。这是一条颠扑不破的真理。

精英治国的用人之道

　　李世民麾下的人才，史上最有名的，是凌烟阁二十四功臣。

　　李世民这是在学汉光武帝刘秀的"云台二十八将"。贞观十七年（643），他命"中国十大传世名画"之一《步辇图》的作者阎立本，在皇宫内的一栋名叫凌烟阁的小楼中，描绘了二十四位功臣的画像，按照真人大小比例，面北而立，分为三层摆放，最内一层所画为功勋最高的宰辅之臣，中间一层所画为功高王侯之臣，最外一层所画则为其他功臣。

　　这是李世民最为忠心、最有能力的二十四名老部下：长孙无忌、李孝恭、杜如晦、魏征、房玄龄、高士廉、尉迟敬德、李靖、萧瑀、段志玄、刘弘基、屈突通、殷开山、柴绍、长孙顺德、张亮、侯君集、张公谨、程知节、虞世南、刘政会、唐俭、李世勣、秦叔宝。

　　其中，长孙无忌是李世民内兄，也是李世民最信任、最亲密的顾问，李世民在位的二十三年中，他始终是李世民身边少数几个决策和实权人物之一，先后参与了解决李世民继位及李治继位等两次皇位继承危机问题，负责修订了大唐律令，在李世民不重用皇亲国戚的用人路线中他是一个特例。

　　杜如晦、房玄龄是李世民最依赖的两个宰相，这两个人不仅是李世民在野时最得力的智囊谋士，也是李世民在位时始终负责尚书省，掌握和处理中央日常军政要务的实权人物，不但为李世民网罗了大批有才干的文武人才，更是当时办事公正、行政高效的同义语。他们一道完善了国家中央与地方的行政制度，杜如晦英年早逝，房玄龄则执掌尚书省十三年，是李世民时期任职最长的宰相。他们是当时朝廷中名副其实的实干家，贞观时期清廉忠贞、办事高效的政风与他们俩的提倡与表率密不可分。

魏征虽是一个呆板、缺乏幽默的人，却是李世民时期政治集团中道德标准的卫道士和化身。与前面几位宰相不同的是，他出身较为贫寒，曾是太子李建成重要的谋士，为李建成对付李世民几次出谋划策。李世民即位后对他给予了特别的信任，让他长期负责门下省事务，专门纠察中央各部门的行政过失及谏诤君臣的言行不当，他与房、杜二相一起，成功地营造了高效廉洁的政风，约束了皇权的过分专制，使自己不仅成为李世民时期最有影响的诤臣与名相，也是历史上至今受人敬慕的少数几个政治家之一。

李靖、尉迟敬德、程知节、李世勣等都是传名后世的军事家，李靖跟随李世民先后平定了诸多分裂割据者。作为主帅，他曾率大军彻底征服了东突厥，击败了吐谷浑，成为大唐最卓越的军事家，名列唐朝第二名将；李世勣原是李密的部下，投降李世民后受到重用，在李唐建国过程中战功卓著，后来参与征服突厥、打击吐谷浑、远征高丽、讨伐薛延陀等唐朝前期几乎所有边疆大战，屡立战功，与李靖一样是一位出色的军事家，名列唐朝第三名将。

而在《说唐演义全传》等民间小说中，最有名的，却是二十四功臣的最后一名：秦叔宝。就秦叔宝在史上的战功而言，他排在第二十四名并不冤枉。但等他到了民间演义中，却成了李世民麾下第一战将，为大唐立下了汗马功劳。不仅生前风光，高官厚禄，而且死后更加荣光，和尉迟敬德一起，成了民间两大门神。

可见民间小说的力量之大。

凌烟阁功臣排名第七的尉迟敬德在民间小说中，名气排在第二，与他的历史功绩倒是大致相当，只是武勇颇有夸大。

民间名气排第三的是程知节，也就是民间喜闻乐见的打仗只有三板斧的程咬金。他在凌烟阁中的排名是第十九。

还有魏征（凌烟阁排名第四）、李靖（凌烟阁排名第八）、殷开山（凌烟阁排名第十三）、柴绍（凌烟阁排名第十四）、侯君集（凌烟阁排名第十七）、张公谨（凌烟阁排名第十八）、李世勣（凌烟阁排名第二十三）等在民间小说中也很有名。

李世民手下的这二十四功臣，在一千多年后的清朝，仍然相传于民间艺人的口中，可见他们的影响之大。

当然，受到李世民重用且做出过贡献的文武大臣远不止这些。当时著名的学者姚思廉、陆德明、孔颖达、颜师古，寒微出身的政治家马周、刘洎、戴胄，书法家欧阳询、褚遂良，画家阎立德、阎立本，少数民族将领阿史那社尔、执失思力等都是李世民手下得力的大臣，其中，马周、刘洎、褚遂良等都是贞观名相。

李世民的麾下，之所以能够人才济济，能够涌现凌烟阁二十四功臣这样的精英群体，与李世民的用人之道有很大的关系。

◇李世民用人，讲究唯才是举

只要有才，就是仇人如魏征，也要重用。

李世民深深懂得"为政之要，唯在得人"的道理，不论是其在野时还是执政时，都非常注意用人之道，认为"为官择人，不可造次。用一君子则君子皆至，用一小人则小人竞进"。

早在太原时，他就喜欢结交豪杰，"折节下士，推财养客，群盗大侠，莫不愿效死力。"在后来的统一战争和贞观年间，更是不拘一格，收罗人才。在收罗人才的过程中，他认为，作为君主，应当以天下为家，唯贤是举。应该不分亲疏新旧，只要有才是仇人也应举荐，若无才德是亲人也不应举荐。

即位伊始，他对大臣说：

"我如今孜孜以求贤士，想专心政事，治理好国家，听说有好人才，就想方设法加以提拔任用。而旁人却说'那些人多是宰臣的亲戚故旧'。只要你们行事公正，做事不要害怕这些流言，便是表露心迹。古人所谓'内举不避亲，外举不避仇'，就是因为举得其人。只要举得贤才，虽是子弟及有仇嫌者，也举荐无妨。"

贞观元年（627），李世民登上皇位，大封功臣，以谋臣房玄龄、杜如晦、长孙无忌为第一等，食邑实封一千三百户。

他的叔父李神通非常不快，认为自己既是皇叔，又有军功，反而在这些

"刀笔吏"之下。

李世民却说："叔父的确是皇亲国戚，我不应有什么可吝惜的，但我不能因私情而让您与那些大功臣一样受赏。"

随后，又下令将武德年间皇室中已封郡王但无功勋的人，一律降为县公，他说："如果皇家宗室一律封王，必然要多给力役，这等于是劳苦百姓而养帝王的亲属。"

在玄武门之变后，李世民对于原太子李建成和齐王李元吉两府的文武官员一律论才择用，有的人士如魏征等甚至得到特别重用，而李世民原来的秦王府却有一些人没有得到提拔，因而口出怨言，说李世民不认旧人。

李世民说："作为帝王，应当至公无私，才能服天下民心。我与你们日常所食用都取自民众。故设官分职，是为了民众安乐，应当选择贤才而用之，但问能否胜任职责，岂能以新旧而论！如果新人贤而旧人不肖，怎么可以舍新取旧呢？"

贞观元年，还有人提议，将秦王府原来所属全部士兵都授任武职，编为宿卫将领。李世民说："我以天下为家，不能私于一物，唯以才行为任用标准，岂能以新旧为差别？"

正因为如此，当武德四年（621）李世民平定窦建德、王世充凯旋时，在他的幕僚中，文有房玄龄、杜如晦、长孙无忌、宇文士及、高士廉等，武有李靖、尉迟敬德、秦叔宝、李世勣、程知节、侯君集、屈突通、张士贵、段志玄等二十五位大将。

这一年，李世民以"海内浸平，开馆于宫西，延四方文学之士"。以杜如晦、房玄龄、虞世南、褚亮、姚思廉、李玄道、蔡允恭、薛元敬、颜相时、苏勖、于志宁、苏世长、薛收、李守素、陆德明、孔颖达、盖文达、许敬宗为文学馆学士，号"十八学士"。

就这样，李世民还没有当上皇帝，就已经准备好了一个文武兼备、人才济济的高级智囊团。没有登基之前，这些人可以给他出主意想办法，把皇位抢到手；而一旦登基，这些人就又是他治国理政的文武班子。

在贞观名臣中，魏征、王珪、韦挺、薛万彻原是李建成的死党，尉迟敬德原是刘武周的部将，李世勣、秦叔宝、程知节原是李密部下大将，戴胄、张公谨原是王世充幕僚，岑文本原是萧铣部下，褚亮及其子褚遂良原是薛举旧部，温彦博原是罗艺部下，封德彝、虞世南、裴矩、屈突通都是隋室降臣，李靖是李渊的旧仇，他们都得到了李世民绝对的信任，官至将相。

其中，李世民对魏征、马周和刘洎的重用最能体现其不拘一格、唯才是举的用人思想。

魏征原是李建成的亲信，曾多次出谋建议李建成尽快除掉李世民。李世民于武德九年（626）六月发动政变杀死李建成等，七月便将魏征召至身边任职，八月李世民继位后就任命他为正五品的谏议大夫，一年多以后即贞观二年（628）便提拔他为秘书监兼宰相之职。

马周直到贞观五年（631）还是中郎将常何家的食客，因代常何上书而被李世民发现是个不可多得的人才，立即召见加以任用，十年之间，就升到中书侍郎的宰相位置。

刘洎原是萧铣的部下，降唐后只不过一州都督府长史，因上书切直有政见，受到李世民器重，也在十年间被提拔到宰相的职位上。

为了扩大选拔人才的渠道，使更多的英才进入国家政权机关，李世民还继续通过科举制来选拔人才，并兴办各级教育机构，大崇儒术，当时在京城就读的学生达八千余人，同时，他前后五次颁布求贤诏。

做所有这一切，他当然是想使"天下英雄都落入我的手中"。

◇李世民用人，讲究扬长避短

也就是说，对人才不求全责备，用其所长，避其所短。量才授职，用长舍短。

即位之初，他就对房玄龄说：

"为政致治的根本在于任官审察，取舍得当，量才授职，务省官员。故《尚书》称'任官唯贤才'；又说'官员不必齐全，仅仅在于用得其人'。如果得到贤能之士，虽少也足够了；如果用人不贤能，虽多又有什么用呢？古人还以用人不得其才，比作画地为饼，只能看而不能吃。《诗经》说：'有才能的人很多，要看用得是否得当。'孔子也说：'官府的职位不精简，怎么可以做到节约呢?'而且,俗话说:'千羊之皮,不如一狐之腋。'这些都是载在经典的名言,不必一一说了。你们应当并省官员,使之各得其所,则可以无为而治了。"

贞观二十一年(647),李世民总结自己的五条成功经验时,其中有一条就是:"人的才能不能兼备,我则常常是用其所长,弃其所短。"

贞观元年(627)正月,李世民大宴群臣,奏"秦王破阵乐",感叹地说:

"过去我受命征讨,民间才萌生了这个曲子,虽没有文德那么雍容雅趣,然而我的功业确是这样形成的,不敢忘本啊!"

封德彝出来献媚说:"皇上以神武平定海内,岂是文德可比的。"

李世民当场就没领他这个情,十分不高兴,说:"戡乱用武,守成用文,文武之用,各随时势。你以为文不及武,这就错了。"

可见李世民的用人之道是文武并用,各随所需,各用所长,不能偏颇。

不久,李世民让这个封德彝举荐贤才,而封德彝久无所举,李世民就责问他,他说:"不是我不尽心,确实是到现在为止还没有找到奇才。"

李世民当即就批评他说:

"君子用人如同使用器物,各取所长。古时候的贤能帝王,岂是从其他时代借来人才而达到天下大治的?你应当检讨自己没有知人之明,而不应该诬蔑这一代人没有贤能之士。"

在晚年留给太子李治的《帝范》一书中,李世民总结用人之道说:

"明智帝王用人,如同良匠运用木材,直木用来做辕子,曲木用来做轮子,长木用来做栋梁,短木用来做边角,无论曲直长短,各有所用。明智帝王的用人之道也是这样,对于智慧高的人就利用其智谋,对于愚笨的人就利用其力量,对于勇敢的人就利用其威风,对于胆怯的人就利用其谨慎。无论智愚勇怯,都能加以利用。所以说,良匠手下无弃置不用的木材,明智帝王手下没有无用的人士。"

李世民不仅有这样的认识,也对其手下文武大臣长短优劣了如指掌,真正做到用长避短,人尽其才。

贞观十八年(644),他曾对手下大臣的优缺点做过一次品评:

"长孙无忌善于躲避嫌疑，反应灵敏，分析判断事理，与古人相比毫不逊色，而统兵攻战非其所长。高士廉涉猎古今，心术光明通达，临难不改节，为官无朋党，所缺乏的是刚正不阿的规谏。唐俭言辞辩捷，善解人意，但跟随我三十年，并无一言及于国家兴衰大事。杨师道性行纯和，洁身自好，而内心上较为怯懦，急难之时不可得其力。岑文本性情敦厚，文章华美，但持论较为空阔，自负当世。刘洎性情最为坚贞，有利益，但他重然诺，在朋友面前讲私情。马周目光敏锐，看问题透彻，性情也很忠正，评论人物，直言不阿，我每任用他，无不称心如意。褚遂良以学问见长，性情也刚正，每每表现出对我的忠诚，就如小鸟依人那么令人可怜可亲。"

正因为如此，李世民基本上能够做到用其所长，避其所短。

比如魏征忠直刚正，深谋远虑，李世民就长期让他在对各个部门和皇上负有督察纠谏之责的门下省工作，杜如晦、房玄龄等胸有经天纬地之才，便让他们在尚书省和中书省任宰相之职；李靖、李世勣等是当时一流的军事家，就让他们统军出征。

最典型的例子，是李世民对许敬宗的限制使用。

许敬宗当时以才学著名，被李世民召为十八学士之一，直到李世民晚年，其官职不过检校中书侍郎，实际上一直处在文学秘书之位。原因就在于李世民深知他"才优而行薄"，用其文学才优这一面，而不令升为军国要职，以避免其无德无行给国家政治带来消极后果。

李世民看得很准。在他去世以后，正是这个许敬宗，与李义府狼狈为奸，得到了唐高宗和武则天的信任，爬到宰相高位，作恶多端，果然给李唐天下带来了极大的灾难！

◇李世民用人，讲究用人不疑

这正是李世民的大气所在。

贞观元年（627），有人上书，出了个馊主意，让李世民假装发怒，来测试大臣反应，以确定谁是忠臣、谁是佞臣。

李世民一看主意如此之馊，怒了。他说：

"君主好比水源，大臣好比水流。水源浑浊而求水流清澈是不可能的。如果君主自己使用诈术，怎能指责大臣不忠直？我如今推行以至诚治天下的政策，每读到前代帝王好以诡诈权术对待臣下，常常为之感到耻辱。"

李世民信任臣下，用人不疑的例子很多，当时最受他信任的房玄龄、杜如晦、魏征、长孙无忌、尉迟敬德等文武大臣几乎都遭到过流言蜚语的攻击，但李世民都能实事求是地正确对待。

贞观二十年（646），心胸狭隘、性格孤僻而与同事搞不好关系的萧瑀在李世民面前进谗言说："房玄龄与中书门下诸位大臣，朋党为奸，皇上不知其中详情，只不过他们还没反而已。"

李世民听后当即反驳他说：

"你这话说得太过分了吧！人君选拔贤才作为辅佐大臣，应当推诚信任。人不可以求全责备，必须舍其所短，取其所长。我虽然不敢说十分英明，但还不至于糊涂到这么不辨好坏，任你挑拨！"

贞观十三年（639），有人告发大将尉迟敬德谋反，李世民把他叫来，当面告知此事，尉迟敬德连忙解释，李世民说："我正是不怀疑你，才对你说此事，你只管放心。"不久，就任命他为鄜州（今陕西富县）都督。

贞观初年，杜如晦身兼尚书右仆射、吏部尚书等数职，监察御史陈师合上书，认为杜如晦兼职过多。

李世民说："我以至公治天下，现在重用房玄龄、杜如晦等，并非因为他们是我的旧部属，而是因为他们有才能。陈师合是想以此来离间我们君臣吧？"下令将陈师合贬谪到两广任地方官。

贞观中，李世民亲率大军东征高丽，留房玄龄守卫京城，有人上告房玄龄谋反，房玄龄立即派驿马送此人到李世民行营。李世民看完此人的状辞，二话不说，马上下令将此人处斩，并专为此下诏书给房玄龄，责问他："你为何这么没有自信心！"

魏征由于刚正不阿，也有人告他谋反。李世民说："魏征过去是我的仇敌，只因忠于职守才被我提拔重用，旁人怎么如此妄生谗言离间我君臣？"立即下令处死告者，对魏征绝不提起此事。

李世民之所以能做到如此大气，用人不疑，是因为他认为，"君臣本为一体，同治乱，共安危，若君纳忠谏，臣进直言，君臣配合默契，这是自古以来都看重的一点。"君臣相互信任、相互依赖、集思广益、共治天下是国家繁荣昌盛的重要保证，"君臣相遇，有同鱼水"。因而他多次告诫臣下："我如今志在君臣上下，各尽心为公，共相切磋，以达到天下大治的目的。你们各人应当尽忠输诚，匡救我的过错，我决不会因为你们的直言触犯而转相责罚。"

◇李世民用人，讲究赏罚分明

李世民对人才特别注意加强引导，赏善罚恶，提拔贤明之士，斥退无能之辈。他认为："为国之要在于进贤退不肖，赏善罚恶，至公无私。"

他对功臣的奖赏和对有过错大臣的惩罚并不是简单地提升和贬责，而是非常讲究方式方法。

大将军长孙顺德接受别人馈赠的绢被人告发，李世民却当场赐给他数十匹绢，大臣们都不理解，说："顺德枉法受财，罪不可赦，怎么反倒赐给他绢呢！"李世民说："他如果有人性，这受赐得绢的羞辱比受刑还厉害。如果他没有人性，就等于是一只禽兽，杀了又有何益。"

右卫将军陈万福自九成宫回京，在路上违法从驿站取走数石麦麸，李世民得知后即赐其麦麸，让他自己背着走出皇宫。

李世民对于贪官们，不是一杀了之、一罚了之，而是进行羞辱式的处罚。其主要是为了不乱杀人，注重从思想上、心理上对大臣进行教育，让对方自觉认错，注意保护大臣的自尊心，预防为主，惩罚为辅，这可以说是他对待臣下不同于以往帝王的一个显著特点。

李世民说过："过去的帝王选拔贤才则巴不得抱在怀里，斥退奸佞则恨不得一下推入深渊，我则见贤人而敬之，见不肖者也怜之，使贤人和不肖者各得其所。"

他多次在不同场合对文武大臣说：

"人有明珠，莫不贵重，如果拿来弹雀，岂不可惜？何况人的性命重于明珠，见到金钱财帛就不惧刑法，即时受纳，乃是不惜生命。明珠是身外之物，尚不可以拿来弹雀，何况性命这么重要，怎么能拿来赌博财物呢？群臣若能尽忠正直，利国利民，则官爵富贵立至。如不能由此途径取得富贵，而妄受人财物，一旦赃贿败露，身败名裂，实在可笑。为人君贪，必丧其国；为人臣贪，必亡其身。我常兢兢业业，惧怕天地惩罚。你们大臣若能小心奉法，常像我这样惧怕天地惩罚，非但百姓安宁，你们自己也能长守富贵。"

为了使贤才脱颖而出、奸庸者不得升迁，他又指示有关部门制定了详细而严格的选拔程序和考核制度，将各级官员应达到的德行和政绩列为九等，每年派吏部官员分别对京官和地方官一一进行考核，考绩优者升官，劣者降级。

如贞观二十年（646），他派大理寺卿孙伏伽等二十二人到全国各地考核官员，最后经多次比较，考绩优异的二十人得到提升，考绩差的处死者七人，流罪以下及免职者数百人。

李世民较为科学公正的用人之道产生了积极的效果，贞观年间，朝野吏治清肃，谏诤成风，人才辈出，各得其所。

高效制衡的权力机制

有一次，尚书省右仆射封德彝受命为检点使，建议将十八岁以下身体强壮的男子都征集入伍，经政事堂会议批准，草拟好了敕文。接下来，只需要经过门下省审定，敕令就可以颁布执行了。

没想到敕令在门下省却出了意外：前后四次送交门下省审定，门下省正副长官魏征、王珪都予以驳回，不签字。

这下，敕令无法颁布了。

封德彝是尚书省的官员，指挥不动门下省。看门下省如此不配合，封德彝只好向李世民告状："根据检点官员报告，十八岁以下次男中也有身体壮大可以为兵者。"

李世民大怒，立即命中书省出敕："十八岁以下虽然不是成丁年龄，但身体壮健者也可征集入伍。"

结果，魏征一如既往地硬气，再次拒绝签名，不署敕签发。敕令再次没有走完程序，没发成。

这可是圣旨啊。李世民派人将魏征和王珪叫进皇宫，黑着脸对他们说："次男如果实在瘦小自然不应入伍。若是实际已长大，也可征召入伍。这对你们有何妨碍？这么固执，我真不理解你们的用意！"

皇帝发飙，魏征却一点也不怵。他根据国家法令男子十八岁成丁方可当兵、服役、征租的规定，耐心向李世民作了详细说明，并说："竭泽而渔，不是得不到鱼，而是明年就会没有鱼了；焚林而猎，不是猎不到兽，而是明年就会没有兽了。如果十八岁以下丁男都应征入伍，没有人务农，国家租赋徭役以后将从哪里得来？"李世民终于被说服，承认自己"不仔细思考，犯下这么大的过错"。

李世民当即表示收回成命，并奖给魏征金瓮一口、王珪绢五十匹。

李世民的圣旨，因为三省的大臣们驳回而不能颁布的事儿，还有很多。这体现了李世民关于三省制的一个制度设计。

李世民要求，在中央政府实际确立中书省出令、门下省审议、尚书省执行的集体议政执政的机制，即有关军国大政，先在政事堂由皇帝和宰相们集体议定，由中书舍人拟定措施并署名，再经中书令审核并署名，然后送门下省由侍中和黄门侍郎核定驳正，获得批准后才由皇帝颁布实施。在上述程序中，任何一个环节，有大臣拒绝署名，这道圣旨就将被中止。

在隋代及唐高祖武德时期，这一机制就已经是法定机制了，却并未得到认真贯彻。到了李世民当皇帝的时候，才得以真正实行，因而李世民时期的政治就能够做到集思广益，公正清明。这与李世民本人的身体力行是分不开的。

李世民曾多次说过："国家设置中书和门下二省，本为相互牵制以防过失。中书所拟诏敕或有差失，则门下省应当及时审核驳正。"并屡次下诏："若诏敕颁下有不稳便者，大臣必须执奏驳正，不得顺旨便即施行，务尽为臣义务。"

李世民觉悟高，在那个年代，就能做到"有权不任性"。他要的，就是一套相互监督、相互牵制、君臣共治、集思广益的良性行政体系。

在李世民的思想中，天下不是李家皇帝一人的天下，皇帝也不是李家一族的皇帝，由此产生了君臣荣辱一体、共治天下而君主不得一人独断专行、为所欲为的较为民主的施政方针。

他不止一次地强调过这样一些观点："作为帝王，应当以天下为公，不能私于一物。""我以天下为家，不能私于一物。""法者非我一人之法，乃天下之法。""我为天子，职在安养百姓，岂可劳百姓以养自己的宗族呢？""政治的关键在于至公无私。"

作为封建专制帝王，李世民能有如此通达的政治观念是难能可贵的。这方面的实例可以用赐姓这件事来说明。在唐初，高祖李渊为了笼络人心，继承北朝时期的做法，曾大肆对功臣宿将赐姓李氏，如当时的降将徐世勣、罗艺、刘孝真、杜伏威、胡大恩、高开道等都曾受此荣宠，但李世民即位后，再也不搞这种"天下为私"的名堂。

在这种思想指导下，他试图开创一种君臣各行其道、各尽其职的政治局面，他本人在重大问题的决策上从来都是广泛征求大臣意见，绝不独断专行。该由自己承担的责任定不推诿，该由有关部门和大臣决定的自己也决不越俎代庖，并一再告诫臣下要恪尽职守。

当他听说宰相房玄龄、杜如晦整日忙于琐细事务时，立即把二人叫来，对他们说："你们身为宰相，应当广求贤才，随才授职，这才是宰相的职守。如今听说你们整天忙于听讼等琐细事务，这样如何有精力去发现和使用人才呢？"随后马上颁下命令，让三省日常事务由副职处理，长官只负责大政方针和重大问题的处理。

正因为如此，李世民执政时期也是中国历史上谏官制度真正发挥作用的时期。

贞观年间，第一次在门下省和中书省同时设置左右谏议大夫、左右散骑常侍、左右补阙、左右拾遗，左在门下省，右在中书省。

李世民还规定：凡是三省三品以上长官议事，均应有谏官在场；凡谏官所上奏疏，不论早晚随时可以上呈皇帝办公处，而所有门卫不得借故阻滞和拖延；凡有谏官在场，非谏官不得抢在谏官之前发言奏事。

有一次，王珪托身为侍中且是李唐开国功臣的高士廉上密奏给李世民，而高士廉不知是由于疏忽还是有意阻挠，竟没有将这份密奏转交给李世民，李世民听说后，立即将高士廉贬为安州都督，以示惩罚。

贞观时期君臣进谏和纳谏的事例比比皆是，构成贞观之治的一个主要特色，也是作为帝王的李世民最富有魅力的一种政治风格，魏征、王珪、张玄素、姚思廉、褚遂良等也成为中国历史上有名的刚正不阿的谏臣。其中，魏征、王珪、褚遂良等人均是由谏官升至宰相的。

宽简公平的法治手段

李世民在大力推行英才治国的政治方针时，也十分注重运用法制来治理国家、约束臣僚，但他不主张严刑峻法，而是认为"死者不可复生，用法务在宽简"。

死者不可复生，有此尊重生命观念的李世民，强调用法宽简。

武德九年（626）十一月，李世民即位不久，与群臣讨论如何扭转社会治安不佳的状况，大臣都认为应重法严惩，李世民笑着说：

"之所以有人为盗，是由于赋繁役重，官吏贪求，饥寒交迫，所以顾不得廉耻了。我要去奢省费，轻徭薄赋，任用廉吏，整顿吏治，使老百姓衣食有余，则自然不会再去做贼为盗，哪里用得着严刑峻法呢！"

所以，贞观刑律一改再改，最后《贞观律》定案时，"比隋代旧律，减大辟者九十二条，减流入徒者七十一条。""凡削烦去蠹，变重为轻者，不可胜纪。""比古死刑，殆除其半。"（《旧唐书》）同时又编定了《贞观令》三十卷、《贞观格》十八卷、《贞观式》二十卷。

在唐朝，"律"是刑事法规，"令"是国家各种制度，"格"是行政法规，"式"是公文程式，法制体系相当完备。

贞观时期的法制最重要的特点，不仅在于完备的法制体系和较为宽简的量刑标准，还在于公平严格的执法过程。

首先在大案、要案和死刑的判决方面，确立起中书门下四品以上官员及尚书九卿会审定罪、死刑执行前五次覆奏复审（即执行前二日、一日各上报复审一次，执行当天三次上报复审；州县死刑则在会审定罪下发文前三次复审）的制度。

之所以规定死刑执行前要不厌其烦地进行五次覆奏复审，就是因为生命至重。尊重生命的李世民希望通过这种方式，尽可能地避免冤假错案的产生。

封建王朝还有一个问题，就是皇帝立法不守法，不带头遵守他自己制定的法律。李世民同样是一个权力无边的封建皇帝，但在他身上，就几乎没有发生过类似的事情。

李世民本人较为严格地遵守法纪，并一而再、再而三地勉励文武大臣公正执法、带头守法，这可以说是李世民宽简公平的法治手段得以实施的重要一环。

贞观九年（635），都督高甑生因诬告李靖谋反被判死缓徙边，有人为他向李世民说情："甑生是皇上旧部，请免其罪。"李世民认为"治理国家遵守法律应人人平等"，坚决不许。

最典型的事例是李世民为党仁弘求情一事。

党仁弘是跟随高祖李渊起兵入关的老将，屡建战功，并在和平时期的任职过程中卓有政绩，但在任广州都督时贪污达百余万钱，离任后被检举出来，大理寺按律判其死刑，经五次复审后仍维持原判。

李世民哀其老耄就刑，想运用皇帝的特赦权利赦他死罪，就特意将朝中五品以上官员召进宫中宣布："法律是人君受百姓所托制定的，不可以因私而失信。如今我想讲私情曲赦党仁弘，是自乱其法，有负苍天，我准备在南郊祭天场所席地而坐，每日吃一顿素食，以表示向上天谢罪。"

后经群臣一整天的劝请才作罢，最后黜免党仁弘一切官爵贬为平民，流放钦州（今广东钦县北）。

李世民此举，不管含有多少的做作成分，但对于一个专制帝王来说，其对待法律的态度，足够严肃，也难能可贵了。

如果说这件事毕竟是李世民讲了情的话，还有一件事则更能说明李世民严格守法的一面，也能反衬出李世民在党仁弘这件事上的公正。

贞观十七年（643），皇太子李承乾谋反，与李世民姐姐长广公主的儿子赵节（与前夫所生）同谋，按律当斩。当时，长广公主的后夫、中书令杨师道参与审理此案。

杨师道这个后爹当得不错，私下为赵节向李世民求情，李世民大怒，立即将杨师道降为吏部尚书，不再让他审理此案。

长广公主见丈夫说情不行，便亲自出面，在李世民面前下跪叩头，哭着替儿子忏悔谢罪，请求李世民宽恕。

李世民也流着眼泪下拜姐姐，说："奖赏不避仇家，惩罚不私亲戚，这是天下至公之道，我不能违背，只能辜负姐姐了。"李世民终于没有给姐姐这个面子，赵节与其他同伙一道被处决。

同时，李世民还特别注意选拔刚正不阿的人担任司法官员，他听说兵部郎中戴胄忠清公直，就委任为大理少卿，这位戴胄也不负所望，严格执法。

有一次，李世民因为官员选举中有虚报资历者，就出令让这些人自首坦白，否则一经查出判处死刑。

不久果真查出虚报假冒者，戴胄根据有关法律判处流放的刑罚，李世民大怒说："我已经下命令说要将这些人处死，你这么判罪，自己落得个守法的好名声，岂不是要我失信于天下吗？"

戴胄却说："陛下要杀就自己去杀好了，要交给我判罪，我就不敢违背法律而屈从陛下。"

最后还是李世民让步，依了戴胄的判决。

由于李世民带头守法和各级法官恪尽职守，所以，贞观时期号称"天下无冤狱"。

休养生息的基本国策

　　李世民在任二十三年，在休养生息的基本国策指导下，始终大力推行发展农工商、戒奢省费、轻徭薄赋的政策，以使平民百姓过上安居乐业、温饱不愁的生活。

　　他认为："国以民为本，民以衣食为本，凡生产衣食以不失农时为本。"（《贞观政要·务农第三十》），即位后继续推行唐高祖颁布的均田令，并进一步规定："户口稠密之处的农民可以迁徙到人口稀少的宽乡去。"大力奖励垦荒，发展农业生产。

　　同时，将农业发展状况作为考核地方官员政绩的内容之一，如果辖区内出现户口减少，鳏寡孤独者增多，没有经常劝导农桑等情况，就要受到降级降职的处分。又在各地设置义仓和常平仓，"岁凶以给民"。

　　贞观五年（631），有关部门上书说，皇太子将举行成年冠礼，拟于二月举行为吉。李世民认为："如今春耕刚刚开始，举行大型典礼恐怕妨碍农事，应改到十月举行。"

　　太子少保萧瑀说："依照阴阳家的推算，二月为胜。"

　　李世民说："吉凶在人，岂能以阴阳受拘忌？农事要紧，农时不可暂失。"（《贞观政要·务农第三十》）

　　贞观十八年（644），李世民在灵口（今陕西临潼）视察，见当地丁男受田只有 30 亩，达不到均田令规定的 100 亩，"夜分而寝，忧其不给"，随后颁下命令，让州府"登记受田特别少者，给复移到宽乡。"（《册府元龟》卷105《惠民》）

在大力发展农业生产、恢复经济的同时，李世民还始终坚持轻徭薄赋政策，以便尽快恢复民力、增强社会再生产的能力。

在封建社会专制政治环境下，一般来说，各个朝代法定的徭役赋税并不十分苛重，扰民伤农在于"苛捐杂税"。

贞观时期，其法定赋役大约不比此前各代少，其轻徭薄赋的实在含义在于它除了法定徭役赋税外，很少法外增加赋役。相反，却是常常因自然灾害或国家财政状况很好而宣布减免徭役赋税。

能够实行轻徭薄赋政策的关键在于，国家财政收支始终保持平衡或常有节余，而要达到这个目的，又全靠有一个廉洁自律的政府和君主以及一大批廉洁自律的文武大臣。

一个廉明的君主和一大批忠贞的大臣绝不可能治理出一个风气污浊的社会。同理，一个风气污浊的社会就绝对存在一个同样昏暗的上层统治集团。

李世民的可贵之处就在于，他看到了这些因果相关的连锁反应，既大力提倡政府和官员的廉洁自律，也严格要求自己和皇室成员戒奢省费，以便节省政府开支，减轻人民负担。

关于李世民的俭朴戒奢，史书记载相当多，他一再强调："雕镂器物，珠玉服玩，若任其骄奢，则危亡之期立刻就会到来。自王公以下，第宅、车服、婚嫁、丧葬，依照品秩不合服用者，宜一切禁断。"

他本人所住宫殿地势低湿，有关部门多次请示重加修缮一下，他坚决不许。

对于历代厚葬之风他也深恶痛绝，下令："其王公以下以至平民百姓，自今以后，送葬之具有不依国家《令》《式》者，会县官明加检察，视情况轻重判罪。"

对他自己死后的陵寝，则多次重申"以山为陵，容棺而已"。

在他的言传身教之下，"二十年间，风俗简朴，衣无锦绣，财帛富饶，无饥寒之弊。"（《贞观政要·俭约第十八》）

政府官员更是以廉洁自律，中书令岑文本住房低矮潮湿，并且没有那时官府十分平常的帐幔之类装饰，部下有人劝他另建造一点房产，他说："我本来出身平民，致位中书令，已经十分满足了。国家给我这么多俸禄，心里已经够惭愧了，怎么能再想置产业的事呢?"

另一位宰相温彦博，家庭贫穷，房屋没有厅堂，去世后只好停尸于侧室。

上行下效，官风正则民风不可能不正，贞观君臣戒奢节俭的政风有效地净化了整个社会风气，推动了社会生产力的长足发展。

贞观初年，全国户口不满三百万，绢一匹只能换一斗米。

至贞观四年，"米一斗值四钱，民间夜不闭户可达数月，马牛遍野，人行千里不需带粮，民殷物富，四方少数民族来归附者前后达一百二十余万。"（《新唐书·食货志一》）

四海一家的大气方针

晚年的李世民曾说："自古都贵中华，贱夷狄，我则爱之如一，所以边疆各民族都先后归附于我。"

中华、夷狄，爱之如一，这就是李世民被尊称为"天可汗"的秘诀。

李世民在历史上与汉武帝一样有着辉煌的开疆拓土的业绩，但李世民的出发点却与汉武帝有别，他的开疆拓土，不是一种扩张领土、推行殖民的政策，而是为了达到四夷一家、国防巩固、人民生活安定的政治局面。

他认为："战争、武力，是一种凶险的象征，只是在不得已时才使用它。所以汉代光武帝说'每次发兵作战，头发就不自觉地变白'。自古以来穷兵黩武的人，没有不败亡的。前代帝王，往往致力于扩张土地，以求身后虚名，无益于当前，反而弄得国穷民困。如果于己有益而于百姓有损，我也必定不为，何况这种求虚名而损百姓的扩张呢!"（《贞观政要·征伐第三十五》）

本质上，李世民是主张偃武兴文的，但他不是一个任人宰割的君主，在初唐那种边境扰攘不安的情况下，他不能听任边疆各少数民族上层集团利用中原多事之秋搞民族分裂，他必须为中原地区的经济恢复和发展创造一个安宁祥和的环境。

因此，李世民在对周边民族的方略上，一方面是恪守"中国既安，四夷自服"的基本国策，将国家重点放在国内的经济发展和社会安定方面，不搞穷兵黩武那一套；另一方面，奉行一种以怀柔服远为基础、以先发制人为原则的国防战略，对周边民族尽量采取民族和解的外交政策，但一旦发现边疆民族强盛桀骜、有兴兵扰边的企图，而中央又有实力的情况下，则主动出击，予叛乱者以严厉打击，然后再加之民族平等政策，恢复和解关系。

所以，当贞观十八年（644），东突厥降众请求迁居于胜州、夏州（今陕西无定河中上游一带），群臣大多表示反对时，李世民说："边疆少数民族也是人类，其情性与华夏并无不同，人君担心的只是德泽不广，不必猜忌其他民族。大凡德泽广施则四海一家，猜忌盛行则骨肉为仇敌。"

正是这种民族和解与平等的思想，使得李世民的四海一家的宏愿很快成为现实。

初唐边疆北边在今内蒙古一带有东突厥，东北一带有契丹和高丽等，西部在今青海、新疆等地有吐谷浑和西突厥等，西南有吐蕃，今云南以南则有南诏等。

自南北朝以来，对中原地区威胁最大的，是北方游牧民族突厥人强大的骑兵军团。由于游牧生活的不稳定性，他们养成了依靠强大骑兵军团不断南下侵扰掠夺农业经济的中原地区以补充其生活来源的习惯。

从唐高祖李渊在长安登基开国到李世民继位，短短九年间，突厥人不仅经常支持中原地区各地分裂割据势力，而且竟然先后八次直接出兵南下中原。

第八次南下中原时，正当李世民即位不久，突厥骑兵直达长安渭水便桥北岸，李世民亲出宫城到渭桥南，隔岸与突厥颉利可汗会晤，责以背约，劝以礼义，结果，双方结盟，退兵和好。

事后，李世民对大臣说："我之所以不出兵与战，是因为我刚刚继位，国家尚未稳定，百姓尚未富足，急需休养生息、恢复经济。一旦与突厥人开战，我们所损失和耗费的必然很多，这自然加重百姓负担。而且，突厥人由此与我们结怨加深，由于忧惧而加强戒备，那么，我们一时就无法取胜了。所以，我们偃旗息鼓，诱以金帛，他们得到所需东西，自然退走，心满意足，以后必然骄惰轻敌，不复设备。这样，我们就可养精蓄锐，伺机一举消灭突厥。这就是所谓'将欲取之，必先与之'。"

显然，李世民对于突厥人的嚣张是不能容忍的，有心一举消灭，但他知道国内尚不稳定，国力尚不强大，需要积蓄力量，所以，他既向突厥人显示了自己的不可侵犯，也识时务地与突厥人订立了城下之盟，这就是李世民所谓的"渭水之耻"。

后来，经过两年的准备，经过一系列外交努力，从突厥内部加以分化瓦解，从突厥外部拉拢薛延陀部落以造成对突厥人的南北夹击，终于，李世民在贞观四年（630）彻底打败东突厥，生擒颉利可汗，设置云中、定襄两个都督府统辖东突厥故地。

消灭东突厥后，大唐在边疆各少数民族中威信大大增强，许多部落首领纷纷前来降服。后来，李世民又相继派兵打败西突厥，收复吐谷浑、高昌、焉耆、龟兹等地区（相当于今新疆和青海）。

对于吐蕃，则采取和亲政策，派文成公主入藏与吐蕃王松赞干布结婚，留下了千古传颂的民族和睦佳话。

在怀柔安边的指导思想下，李世民对被征服的少数民族地区实行了较为开明的民族政策，既不撤换当地民族所崇信的部落首领，也不强迫他们改变固有生活方式和风俗习惯，仅仅只是就地驻军以保护民族地区的边防安全和社会稳定，这有点类似于我们今天的"一国两制"。

同时，又向他们积极传播汉族先进的农耕技术和精神文明，帮助他们摆脱贫困的生活环境。

最可贵的是，李世民还一反自古以来中原政治文化中严格的华夷之分，大量吸收少数民族优秀分子进入唐朝中央和地方政府中担任官员。据统计，先后在唐中央和地方政府中担任过文武官员的少数民族群众至少有六百人，其中，仅突厥人中成为五品以上官员的就有一百余人。

由于李世民在一定程度上具有民族平等思想，实行了空前绝后的开明而怀柔的民族政策，不仅没有耗费多少人力物力、经历庞大而残酷的战争就达到了开疆拓土、巩固国防的目的，而且使得贞观时期出现了"胡越一家，自古未有"的民族大团结的政治局面，他本人也被尊称为"天可汗"。

第十章

CHAPTER 10

贞观政要　治国宏论

先看一本畅销书的图书基本信息：

书名：贞观政要

作者：吴兢

成书时间：开元九年（721）九月至开元十年(722) 十月之间

字数：10 卷 40 篇，约 8 万字

出版社：不详

版次：不详

书号：暂无

开本：多种开本，线装为主

印刷：雕版、活字、石印、胶印等多种方式印刷

经销：不详

定价：开元通宝 100 钱

所属分类：历史、政论

建议上架：皇帝专柜

这本书的主要内容为贞观年间李世民与魏征等大臣的问答以及皇帝的诏书、大臣的谏议奏疏等，涉及政治、经济、军事、文化、社会、思想、生活等方方面面，尤以讨论君臣关系、君民关系、求谏纳谏、任贤使能、恭俭节用、居安思危为重点。

简言之，这是一本关于李世民的畅销书。

而这本畅销书的"建议上架"，被标记为皇帝专柜，是因为《贞观政要》本就是一本皇帝教科书，作者吴兢在写作时，就已把主要读者对象定位为皇帝。

与吴兢当初的设想稍有不同的是，他当初只想让唐朝的皇帝们读一读，没想到不仅本国历朝历代的皇帝都在读，就连国外的皇帝也在读。到了今天，想要从中学习管理思想的人也在读。《贞观政要》畅销到这个地步，绝对出乎吴兢的预料。

吴兢（670—749），唐朝汴州（今河南开封）人。约在武周时期由当时刚正有为的宰相魏元忠、朱敬则推荐进入唐史馆，后在唐玄宗执政前期一度备受信任，官至谏议大夫、卫尉少卿，兼修国史，与当世知名史学家刘知几、徐坚等人编纂了许多史书。直笔无讳，有古代良史之风，誉为"当世董狐"。

吴兢为人富有政见，勇于直谏，在玄宗开始怠于政事后，他便渐受冷遇，终至被贬任荆州司马，从此消失于政坛。

晚年，吴兢有感于唐玄宗的有始无终，认为"太宗时政化良足可观，振古而来，未之有也"。于是将李世民时的君臣言行、体制大略，"撮其大要，举其宏纲，词兼质文，义在惩劝"，以便"有国有家者克遵前轨，择善而从"。

显然，吴兢的撰述目的，与宋代司马光编《资治通鉴》的用意极为相似，是想将李世民一朝君臣治国的切实可行的思想与方略记载下来，留传后世，供统治者借鉴。

而这本关于李世民的畅销书，主要包括三个内容：一是怎样当个好皇帝，二是怎样当个好大臣，三是好皇帝、好大臣的为政之要。

为君之道

《贞观政要》是皇帝教科书,当然先讲怎样当个好皇帝。

在封建专制社会,一个皇帝如何做人处世、治国平天下,直接关系到千万生灵的祸福和社会的安危。因为,那个时代,没有约束统治者的法制,没有属于老百姓的民主,往往皇帝的一个心血来潮,一句有口无心的话语,就可能造成千百万人的流离失所和一方社会的动荡不安。

所以,应该怎样做一个能够长治久安、永保帝业的皇帝,成为人们尤其是处在社会上层的帝王将相们日夜思索和长期探讨的问题。

先秦的思想家们在这方面已经为我们提出了许多至今闪烁着灿烂光辉的观点,如道家提出的"君人南面之术",儒家树立的尧舜、文武王等圣君形象和"修身齐家治国平天下"的人君之道,法家高唱的"法后王"的霸道政治哲学,等等。

贞观君臣则从理论和实践两个方面,提供了一个好皇帝的标准。

◇好皇帝标准之一,正身修德

贞观君臣认为,如果要治理好一个国家,皇帝首先要自己正身修德,为天下士民做出一个好的榜样,因为上行下效,君不正则臣不正,臣不正则民不正,民不正则社会不安。

李世民说:"若要安治天下,必须先正其身,没有身正而影斜、君贤而

民乱的道理。(《君道第一》)

"作为一国之君,唯一只需注意正身修德而已,此外虚事,不足挂怀。(《慎所好第二十一》)

"因为,古人说得好:'皇帝好比器物,民众好比水,将水装为方形或圆形,在于使用什么形状的器皿,不在于水。'尧、舜示天下以仁,而老百姓就向仁向善;桀、纣示天下以残暴,而老百姓就跟着以残暴相对。老百姓所言所行都是从上面皇帝那里学来的。……如今,我唯一的爱好在于尧舜之道,周公孔子之教,以为这就如鸟有翼,如鱼得水,失之必死,不可一日舍弃。"(《慎所好第二十一》)

能够充分认识到上行下效的连锁效应,是贞观君臣通过总结前代败亡原因得出的结论,从而把修身积德与国家安危联系起来,李世民说:

"周秦两代得天下的途径并没有什么差异。但周朝得天下后唯善是务,积德累仁,所以能保八百年帝业。秦则在天下一统后,恣意奢淫,好行刑罚,不过二世而灭。这岂不是说明为善积德者福祚延长,为恶苛酷者享年不永吗?"

秘书监魏征接着补充说:"我知道鲁哀公曾对孔子说过:'古时有一个记性不好的人,搬家时把妻子遗忘掉了。'孔子说:'还有比这个人记性更不好的,我看到桀、纣等暴君,连自己的身家性命也忘记不要了。'但愿陛下以此为戒!"(《君臣鉴戒第六》)

所以,李世民一直为之奋斗的四大理想境界,依次是积德、累仁、丰功、厚利,而魏征也总是以为太宗"功利居多",唯德与仁尚未臻于完美,激励太宗"自强不息",方可达到。

如何正己身、修厚德呢?在没有法制约束的封建专制时代,从帝王自身主观方面来说,清心寡欲、戒奢俭约是第一位的。

侍御史马周认为:夏、商、周和两汉之所以传国长久,是因为其皇帝"积德累业,恩结于人心"。而魏晋以至周隋,之所以国祚短暂,也是因为创业皇帝,"不务广恩化,当时仅能自守,后无遗德可思。"敦促李世民"应当崇尚禹、汤、文、武之道,广施德化,使恩有余地,为子孙立万代之基"。因为"自古明王圣主虽因人设教,宽猛随时不同,而大要都以节俭于身、恩加于人二者为要务"。而古来帝王,大多只知道总结前代皇帝政教的得失,而不知政教之失导源于皇帝自身恩德不厚。(《奢纵第二十五》)

李世民自己也知道:

崇饰宫宇,游赏池台等奢侈事是"帝王之所欲,百姓之所不欲"。孔子说过"有一句话可以终身用得着的,就是'仁恕',己所不欲,勿施于人"。我为帝王,富有四海,百姓不乐意的事情,诚不可强加给他们。雕镂器物,珠玉服玩,若任其骄奢,则危亡之期立刻就会到来。自王公以下,第宅、车服、婚嫁、丧葬,依照品秩不合服用者,宜一切禁断。(《俭约第十八》)

魏征说:"古人云:'以欲从人者昌,以人乐己者亡。'隋炀帝志在无厌,唯好奢侈,有关部门每次供奉营造,稍不如意,则有峻罚严刑。皇帝之所好,臣下必有更喜好者。竞相攀比,无所限制,乃至灭亡。"(《俭约第十八》)

正因为如此,贞观时期,贞观君臣绝大多数都能正人先正己,勤俭朴素,积德怀仁。李世民每次动念头游乐和修缮宫室,都会想到前代帝王因奢侈淫逸而亡国败身的鉴戒,从而作罢。杜如晦、房玄龄、魏征等名相去世时,都是家无余财,几乎难以下葬。

◇好皇帝标准之二,居安思危

作为皇帝,要保证始终坚持正身修德、政治清明,在没有法制约束的情况下,最重要的是要始终具有居安思危的忧患意识,从而兢兢业业、恪尽职守,这是贞观时期贞观君臣强调得最多、讨论得最勤的一个政治论题,从而构成李世民一切远大而正确的治国方略的重要思想源泉,满怀忧患意识也是贞观政治的一个明显特征。

贞观二年(628),李世民对此做了这样的表述:

"人们都说做帝王至高无上,无所畏惧。我却恰好相反,上畏皇天监察临视,下惧群臣瞻仰观照。兢兢业业,常谦常惧,犹恐上不合天意,下不符民望。"

魏征认为"这正是致治的要领所在"。

之所以最高统治者要如此深怀忧患意识，李世民认为原因在于：

人主唯有一个心眼，而天下想从他这里获得利益的人却不可胜数。这些人或以勇力，或以口辩，或以谄谀，或以奸诈，或以嗜欲来投帝王所好，各竞伎俩，轮番进攻，以求一己的功名利禄。人主稍有懈怠和不慎，被其中任何一种伎俩击中，随之而来的可能就是亡国败身，这就是身为帝王人主而不能不谨慎忧惧的原因。

贞观五年（631），李世民进一步表述其深深的忧患意识，他说：

"治国如同治病，病情虽然在痊愈，但更需加意护理，如果马上就放纵逸乐，病就可能复发，一复发也许就不可救药了。治国也是这样，天下稍稍安定，更需谨慎敬业，如果马上骄逸奢侈，必定招致灭亡。如今国家安危系在我一人身上，所以，我一日比一日戒慎，唯恐不获善终。"（《政体第二》）

贞观六年（632），李世民又对居安思危的原因做了说明，他说：

"皇帝可爱，民众可畏。作为天子，有道则人民推而为主，无道则人民弃而不用，实在是太可怕了。"（《政体第二》）

当时，魏征在座，也对李世民谈起了他对居安思危问题的看法，他说：

"自古失国的帝王，都是因为居安忘危，处治忘乱，所以不能长久。如今陛下富有四海，内外平和，仍能留心治道，常常怀着如临深渊、如履薄冰的畏惧之感，国家自然长久。我还听说'皇帝好比船，民众好比水流，水能承载船，也能倾覆船'。"（《政体第二》）

后来，贞观八年（634），李世民又一次对侍臣说：

"我每逢闲居静坐，则自我内省。唯恐上不称天意，下为百姓所怨。"（《求谏第四》）

贞观十一年（637），魏征在《谏十思疏》里对居安思危的道理做了详尽的论述：

隋朝统一中国时，甲兵强盛，横行万里，边疆宾服。但后来炀帝恃其富强，不虑后患。驱天下以从己欲，用万物而自奉养，采域中之子女，求远方之奇异。雕饰宫苑，广造台榭，徭役无时，干戈不停。上下相蒙，君臣相隔，民不堪命，国家分崩。遂至身死匹夫之手，子孙灭绝！如今，如能鉴隋之所以失，念我之所以得，日慎一日，夜以继之，焚鹿台之玉衣，毁阿房之

广殿，以峻宇为危亡之物，以陋室为安处之所，则教化潜通，天下风从，无为而治，这就达到上等德治了。(《君道第一》)

不几天，他又上疏对此做进一步说明："我听人们常讲，要想让树木长得高大，必须固其根本；要想让水流得长远，必须疏浚其源头；要想让国家长治久安，必须积累德义。如果不想居安思危，戒奢行俭，不德不义，纵情纵欲，就好比砍掉根本而求树木茂盛、塞住源头而求水流长远。"(《君道第一》)

贞观十五年（641），李世民与侍臣讨论守天下的难易，魏征以为很难，太宗则以为："我任贤能、受谏诤，即可长守天下，又有何难?"魏征就此阐述了为什么和平时期要居安思危的道理，他说："依我看，自古帝王，在创业时期，则任贤受谏。等到天下安定，必然心怀宽怠，而让臣下战战兢兢，这样日积月累，以至危亡。圣人所以强调居安思危，就出于这种原因。安乐而能忧惧，岂不是很难吗?"(《政体第二》)

后来，在各种场合，贞观君臣多次重申过上述居安思危的忧患意识。居安思危的忧患意识促使贞观君臣思考的一个主要问题是，秦、隋、北齐、北周等朝代为什么短祚而亡?

为此，李世民曾多次召集大臣讨论，他自己也不断在思考。贞观时期切实可行的治国方略，正是君臣根据总结出来的前代亡国原因制定出来的。

中国政治哲学十分注重居安思危的忧患意识在"修身齐家治国平天下"的政治人生历程中的作用。早在夏代，夏禹就说过："我君万民，不寒而栗，就像用腐朽的绳索驾驭六马一样，令人战战兢兢！"

先秦诸子百家，几乎是一致地认为，君临天下，应当是"战战兢兢，如临深渊，如履薄冰"，时刻深怀忧患意识。

◇好皇帝标准之三，虚怀纳谏

在中国这块幅员广阔、人口众多的土地上，一个专制皇帝，无论他怎么正身修德，无论他如何深怀忧患意识，他的精力和智力相对于千头万绪的国家军政大事来说，实在显得太渺小、太有限了，在毫无法制约束的情况下，他要保持不犯错误、善始善终，就必须不断地虚心接受臣下的逆耳忠言，依靠群臣的聪明才智，群策群力，集思广益，方能立于不败之地。否则，以一人之力，专全社会之权，处亿万人之事，必然顾此失彼，终究会一败涂地。

李世民即位之初，就明确指出了人君纳谏对于治国安邦的重要性，大力提倡谏诤之风。他说：

"人欲自照，必须明镜；君欲知过，必须忠臣。如果皇帝自以为贤，臣下又不敢谏正，想不危败，岂能得到？明主思考自己的短处而更加完美，愚主袒护自己的短处而永远愚昧。人君必须忠良辅弼，乃得身安国宁。我如今志在君臣上下，各尽至公，共相切磋，以成治道。众位大臣，应当各自竭尽忠诚，直言进谏，匡救我的过恶，我决不会以直言逆耳而责怪你们。"（《求谏第四》）

王珪接着指出："我听说，木材经墨绳规矩后才正直，皇帝经臣下劝谏才能圣明。所以，古代帝王必有诤臣扶持。既然陛下开怀纳谏，愚臣逢此圣朝，实在愿意竭诚进谏。"

魏征则提出了著名的"兼听则明，偏信则暗"的论断：

"皇帝之所以明达，全在于兼听；其所以暗昧，全因为偏信。《诗经》载：'古人有言，有事应当请教砍柴者。'古时候，唐尧、虞舜治理天下，开四方之门，以求天下贤俊，以广四方之视听。所以，圣聪无所不照，共工、鲧之徒不能逃脱罪责。秦二世则隐居深宫，捐弃疏贱而偏信赵高，乃至天下崩溃也不知道。梁武帝偏信朱异，等到侯景举兵进犯京城，竟毫无知觉。隋炀帝偏信虞世基，天下反叛也不得而知。因此，皇帝兼听纳谏，则权臣不能阻隔信息，下情必能上通。"（《君道第一》）

因此，求谏纳谏成为李世民政治上的一个显著特点，他也成为中国历史上最善于、最勇于接受大臣谏诤的帝王，魏征则成为中国历史上最善于也最敢于犯颜直谏的忠臣。

在李世民的大力提倡之下，贞观时期，文武大臣谏诤成风，而李世民也始终坚持虚怀纳谏。

《贞观政要》载有李世民求谏和赞赏谏诤的谈话十一次，接纳大臣劝谏而收回成命的事例十件，大臣不避生死、忠言直谏的事例十件，实际上的谏诤与接纳当然不会只有这些。

贞观四年（630），李世民下诏征发民工修洛阳乾元殿以备他出关巡游。

给事中张玄素上书谏阻，其中有这样的话："以陛下现在的政绩和国力，何能比得上隋朝极盛时期？正当百业凋残之后，役使满身疮痍之人，耗费亿万之功，承袭百代之弊端，相比起来，陛下恐怕比炀帝还过分得多。"

李世民把张玄素叫来对他说："你说我不如炀帝，比不比得上桀、纣？"

张玄素说："如果最终还要修这座殿的话，就跟桀、纣差不多了。"李世民感叹道："玄素所言确实有理，往后如果确有必要到洛阳去，就是露坐在外面也心甘情愿。所有乾元殿作役自即日起一律停止。"

贞观十年（636），有人上书说朝中三品以上官员都轻视越王李泰，这下可惹恼了李世民，因为他最喜欢这个儿子。

于是，三品以上官员都被召到皇宫齐政殿，李世民怒气冲冲地大声对大家说："我有一句话问各位：以往天子就是天子，今日天子就不是天子吗？以往皇帝的儿子就是皇子，今日皇帝的儿子就不是皇子吗？过去我看到隋朝达官以上都免不了被皇家诸王蹂践，如今我的儿子自不允许这样，反倒让你们轻蔑。我若放纵我儿子，你们岂不一样被蹂践！"

皇帝发威，几乎所有官员都吓得战栗流汗，只有魏征挺身而出，义正词严地说：

"首先，当今群臣必定不会轻蔑越王。其次，就礼制而言，臣、子一体，今三品以上皆是陛下大臣，就是陛下也要尊重，即使小有过错，越王岂能加以责辱？当然，如果国家法纪废坏就不说了，当今君明臣忠，越王怎能如此。而且，隋代皇帝不知礼义，宠信诸王，使之言行无礼，结果都一一被废黜，这还值得提起和效法吗？"（《纳谏第五》）

李世民听了这一番不卑不亢、言之有理的话，立即转怒为喜，说："凡是人臣言之有理，不可不服。刚才我所说的是私爱，而魏征讲的是国家大法。我刚才发怒时还满以为说得在理，及至听魏征所论，始觉大谬不然，可见为人发言，多么不容易！"当场赐魏征绢一千匹，并批评了房玄龄等人没有当面直谏。

从这两件事可以看出，李世民多么勇于承认错误，他的大臣又是多么敢于直言谏诤！

关于群臣的直言谏诤对于皇帝治国的作用，李世民对魏征说过一段话，特别值得我们当今每个人深思：

"玉虽然有美质，但处在石头之间，没有良工琢磨，就与瓦砾无别。若遇良工，就成为万代之宝。我虽然没有什么美质，但被您所切磋，劳驾您劝我行仁义，修道德，使我的功业达到今天这个地步，您也真不愧是位良工啊。"

◇ 好皇帝标准之四，用人不疑

虚怀纳谏的重要前提，是皇帝对大臣有很高的信任度，也就是中国古代圣贤所说的"用人不疑、疑人不用"原则。

如果皇帝对大臣没有信任感，就绝不可能虚心接受大臣的任何批评和建议。一个明智的皇帝应该充分信任大臣，放手使他们各尽所能、各负其责，充分利用他们的聪明才智来治理天下，以达到天下大治的目标。

魏征曾于贞观十四年（640）上疏专门论述这个问题，他说：

"自古君臣相得如鱼水是个难题。君臣之间要想达到共同倡导大公无私的风气，承担共治天下的责任，内尽心腹之诚，外竭辅弼之力，和睦如盐梅，坚贞同金石，不全靠高官厚禄，而在于相互待之以诚恳礼遇。……孟子说过：'君视臣如手足，臣视君如腹心；君视臣如犬马，臣视君如路人；君视臣如粪土，臣视君如寇仇。'……《尚书·周书》有言：'安抚我则是君王，虐待我则是仇敌。'荀子以为：'皇帝好比是船，民众好比是水。水可以承载船，也可以倾覆船。'所以，孔子说：'君民如同鱼水，鱼失水则死，水失鱼照样为水。'这就是唐尧、虞舜为什么君临天下却战战栗栗、日慎一日的原因。这难道不值得深思熟虑吗？

"皇帝待臣下不尽诚信，何以责臣下不尽忠恕！臣下虽或有失误，皇帝也未必一点过错也没有。凡皇帝不信任臣下，必定以为臣下无可信任之处。如果臣下必定有不可信之处，则皇帝也必定有可疑之处。《礼记》说：'皇帝疑人，则百姓惶惑；臣下不受信任，则皇帝劳心。'这样上下相疑，就难以达到天下大治的理想境界……

"中国四海这么广大，士庶众多，难道没有一两个可信之人？大凡为人处世，信之则无事不可以放心，疑之则无事可信赖委托，岂止是臣下单方面的过错？平民匹夫一旦结为至交，以身相许，尚且至死不渝，何况君臣契合、义同鱼水。如果君为尧、舜，臣为稷、契，臣下怎会有遇小事则变志、见小利则易心的事情发生？这种事情虽然是臣下忠心不正，也由于皇帝不予信任、待之过薄所致。"（《君臣鉴戒第六》）

◇好皇帝标准之五，慎终如始

这一点，尤其重要。

一时的行仁讲德、居安思危、虚怀纳谏，是容易做到的，在毫无法制约束的封建专制时代，专制帝王难以做到的是始终如一、戒骄戒躁。

而贞观君臣认为，要使国家长治久安、民众安居乐业，帝王就要慎始善终、不改其德，李世民与其他帝王相比，也是在这方面做得最好的。

魏征是最先向李世民敲响这方面警钟的。贞观十一年（637），他见到李世民渐渐有些骄傲放纵，便上书说：

"自古以来，凡为帝王，无不是在艰难创业时期行仁讲义，而功成名就后即骄奢淫逸。有善始者实多，能善终者很少。难道是取之容易而守之难吗？过去取之而有余力，现在守之而力不从心，这是为什么？原因在于艰难创业时期，必定竭诚对待臣民，一旦得志成功，就会纵情傲物。竭诚则大业立成，傲物则众叛亲离。怨不在天，可畏唯人，'水能载舟，也能覆舟'的道理应当深思，'为万民之君如同用朽索驾车一样战栗'的名言不能忽略！"（《君道第一》）

贞观十四年（640），他再次对李世民说：

"我看自古以来的帝王，拨乱创业时，必定谦虚谨慎，从善如流。天下平定后，便开始恣情纵欲，喜欢听甜言蜜语，讨厌忠言直谏。希望陛下盛名隆业之下有始有终。"（《君臣鉴戒第六》）

如何能够做到善始善终呢？魏征在贞观十一年的上书中，提出了著名的

"十思"，他说：

"作为皇帝，如果能够做到：见到可口可意的事物就以知足者常乐来自戒，将有役作就想到应适可而止以安民，害怕处高而危就想想如何谦谨以自我约束，畏惧盛极而衰就想想江河是如何纳洪泄水的，乐于游逸就想想古圣贤网开一面的好生之仁，担心懈怠就想到要慎始而善终，忧虑国情民情不通就想想如何虚心兼听臣下忠言，面对逸邪就想想如何正身修德以拒之，加恩于人就提醒自己不要单凭个人好恶而赏错了人，处罚人就想想是否因一时之怒而滥用职权。从这十个方面去告诫自己，以正身修德，择善而从，举能而用，就可永保始终。"（《君道第一》）

至此，《贞观政要》中的好皇帝标准，正式出台，也不难，只有五条：正身修德、居安思危、虚怀纳谏、用人不疑、慎终如始。

为臣之道

贞观君臣也对"怎样当个好大臣"这个问题,给予了足够的关注。他们认为,贤良英明的皇帝需要忠贞能干的大臣辅佐,而忠贞能干的好大臣,也是有标准的。

◇好大臣标准之一,具有君臣一体的意识

李世民特别强调作为帝王耳目手臂的文武大臣,应树立君臣一体、共治天下的意识,绝不可以为天下仅是皇帝一人的国家。

李世民认为:隋炀帝之所以灭国亡身,"不仅是炀帝无道,也因为臣下没有尽忠尽心、直言匡救,而是只知进谄取媚。""君臣本为一体,同治乱,共安危,君纳忠谏,臣进直言,君臣配合默契,这是自古以来都看重的一点。"君臣相互信任、相互依赖、集思广益、共治天下是国家繁荣昌盛的重要保证,"君臣相遇,有同鱼水。"(《君臣鉴戒第六》)

因而李世民多次告诫臣下:

"我如今志在君臣上下,各尽心为公,共相切磋,以达到天下大治的目的。你们各人应当尽忠输诚,匡救我的过错,我决不会因为你们的直言触犯而责罚。(《求谏第四》)

"自古以来,帝王之所以能够上合天意,以致天下太平,国泰民安,都是由于大臣竭尽忠诚辅佐的结果。(《杜谗邪第二十三》)

"大臣如同皇帝的耳目手足,义属一体,应当同心协力,国家政治有不

妥之处，应该直言无隐。君失其国，臣也不能独全其家。"（《政体第二》）

魏征也提出了相同的论点，他说：

"皇帝好比元首，臣下好比股肱，同心协力，合而成体，体不完备，不能成人。可见，头虽尊贵，必须手足与之成体；皇帝虽英明，必须大臣协力致治。《礼记》说：'民以君为心，君以民为体，心壮则体舒，心肃则容敬。'《尚书》云：'皇帝英明，大臣就贤良，政治就清康；皇帝昏庸，大臣就懒惰，政治就堕败。'"（《君臣鉴戒第六》）

可见，不论是皇帝，还是大臣，都应以国家利益为重，与对方相辅相成、荣辱与共，相互信任、相互切磋、相互激励、相互监督。

皇帝应该视臣下为心腹，"虚怀纳谏""用人不疑"，既要放手让他们独当一面，各负其责，充分调动和发挥他们的积极性和创造性，又要虚心听取他们对国家大政方针和皇帝言行的建议和规劝；作为大臣，则应视皇帝为头脑和核心，竭尽心智，忠于职守，既要做好本职工作，又要关心国家大事和皇帝言行，绳愆纠谬。

◇好大臣标准之二，具有直言谏诤的品格

君臣一体意识，一方面是皇帝信任臣下、虚怀纳谏的思想基础，另一方面也是大臣遇事应忠言极谏的理论根据。

李世民认为，大臣应当直言极谏，方是尽忠尽责，他说：

"作为人臣，应当入朝就想到要尽忠直言，退朝回家还要想想如何替皇帝弥补过错，顺从皇帝良善的一面，匡救皇帝过恶之处，以达到共同治理好天下的目的。（《君道第一》）

"古人云：'国家危亡而不挽救，皇帝颠覆而不辅弼，那还要将相干什么？'可见君臣义同一体，能不尽忠匡救吗？我读史书，看到夏桀杀龙逢、汉景帝诛晁错，未尝不掩卷叹息。你们大臣只要能犯颜直谏，有益政治，我决不会因为谏诤不合我意而妄加诛杀。……大事故都由小事累积而成的，小事不慎，等到出了大事就将不可救药，国家危亡莫不由此。你们大臣为我思考隋朝灭亡的教训，我为你们思考龙逢、晁错被诛的冤枉，君臣共保始终，

这就完美了！"（《政体第二》）

贞观时期的文武大臣对于为臣应直言谏诤这一点是有共识的，这从魏征的言行可见一斑，因而贞观时期文武大臣尽忠直谏的事例也就史不绝书。

◇好大臣标准之三，具有德才兼备的素质

作为大臣，不仅要有直言谏诤的忠贞品格，更要有德才兼备的素质。

魏征对此做过精辟的长篇论述，他说：

"准确估价人的优劣，自古以来都是难事，所以才制定出考核政绩以便赏善罚恶的规章。如今选才必须认真审查访察其才能德行，确知其善方可任用。如果此人不能办事，只是由于才力不及，还不为大害；如误用恶人，假如此人很有才干，那就为害极大了。乱世用人可以不顾其德行，但太平盛世用人必须德才兼备，方可任用。"（《择官第七》）

那么，作为大臣需要具备什么样的德与才呢？他根据汉代刘向《说苑》提出了六正六邪的鉴别标准：

"《说苑》云：'人臣的言行，有六正六邪的区别。行六正则荣，犯六邪则辱。什么是六正呢？一是在事物变化尚处在萌芽状态、征兆没有显露出来时，能昭然独自看出存亡机变和得失所在，预先采取防患于未然的措施，使皇帝安然处在显荣无忧的境地，这样的大臣可谓圣臣；二是虚心尽忠，日进善言，勉励皇帝行礼义，建议皇帝用长策，顺从其善美的一面，匡救其过恶的一面，这样的大臣可谓良臣；三是日夜操心，进贤不辍，经常用古代的成败得失来劝勉皇帝，这样的大臣可谓忠臣；四是明智地察觉成败得失，及时采取措施救弊防败，杜绝乱源，转祸为福，使皇帝最终转忧为喜，这样的大臣可谓智臣；五是遵纪守法，忠于职守，不受贿赂，不图虚荣，饮食节俭，这样的大臣可谓贞臣；六是国家政乱主昏，自己临危不谀，敢于犯颜直谏，指出皇帝过失，这样的大臣可谓直臣。这就是六种正大光明之臣。

"什么是六邪呢？一是安官贪禄，不务公事，与世浮沉，左右观望，这样的大臣可谓庸臣；二是阿谀奉承，投主所好，诱主逸乐，不顾后果，这样的大臣可谓谀臣；三是心怀奸诈，外装谨慎，巧言令色，嫉贤妒能，亲人则

称其美而隐其恶，恨人则扬其过而隐其善，使皇帝赏罚不当，号令不行，这样的大臣可谓奸臣；四是投机取巧，搬弄口舌，挑拨离间，招惹是非，这样的大臣可谓逸臣；五是专权擅势，指鹿为马，结党营私，富比公室，出纳主命，以自显贵，这样的大臣可谓贼臣；六是用佞邪来迷惑皇帝，用不义行为来引诱皇帝，结党营私，蒙蔽皇帝，使之不分黑白和是非，使之恶布于境内，闻于境外，这样的大臣可谓亡国之臣。贤臣行六正之道，不用六邪之术，故能上安而下治，生则让皇帝见而快乐，死则让皇帝思念不已，这就是为臣之道。'"（《择官第七》）

◇好大臣标准之四，具有忠于职守的原则

作为大臣最基本的要求当然是各自忠于职守。如果每一位大臣能够首先做好本职工作，那么，国家的事情也就各行其道、有条不紊了，天下大治的目标自然水到渠成。

这一点不论是李世民还是魏征等大臣，都曾发表过十分独到的见解。

贞观二年（628），李世民听说宰相房玄龄、杜如晦整日忙于琐细事务后，立即颁下命令，让三省日常事务由副职处理，长官只负责大政方针和重大问题的处理。

魏征也认为，作为皇帝，不仅要信任臣下，还应该对臣下区别委用，大臣责以大政方针的制定与决策，小臣委以具体事务的执行与办理，绝不可委之大任责以小事，处之卑职却委以重任。而且，政治贵在保持一定的稳定性，不能朝令夕改或随心所欲而毫无章法可依，他说：

"委大臣以大政，责小臣以小事，这是治理国家的基本手段和方法。如今朝廷政治，委之以职则重大臣而轻小臣；具体理事则信小臣而疑大臣。信其所轻，疑其所重，而想达到大治怎么可能呢？而且，政治贵在相对稳定，不可频繁变易。如今或责小臣以大政，或责大臣以小事，小臣职非所据，大臣失其所守，大臣或因小过获罪，小臣或因大政受罚。职非其位，罚非其过，怎么可能让其大公无私、恪尽忠诚呢？故小臣不可委以大事，大臣不可责以小罪。"（《君臣鉴戒第六》）

值得注意的是，贞观君臣认为大臣不仅应各尽所能、各负其责，更要相互督促、相互激励，只有这样，国家政治才能最大限度地减少失误。

所以，李世民不仅在制度上使中书和门下二省一个出令、一个审核，相互牵制、相互纠驳，而且多次告诫臣下："特别要注意灭私为公，坚守正道，遇事要相互监督、相互切磋和启迪，绝不可上下雷同。"（《政体第二》）

至此，《贞观政要》提倡的好大臣标准共有四条：具有君臣一体的意识、直言谏诤的品格、德才兼备的素质、忠于职守的原则。

为政之道

有了好皇帝，有了好大臣，把国家治理好，使人民过上幸福安宁的生活。这似乎是必然的结果。

但不一定。

好皇帝加上好大臣，如果没有正确的政治手段和方法，也不一定能治理好国家。换句话说，即使是好皇帝加上好大臣，也必须把握为政之要，才能治理好国家。

◇为政之要一，以农为本

正如历史上一些圣君贤臣一样，贞观君臣也深深懂得"民为邦本，农为民本"的道理。

李世民曾扼要地阐述过其中的关系，他说：

"国以民为本，民以衣食为本，衣食则以不失农时为本，而不失农时又在于皇帝推行简静无为的政治。如果国家兵甲屡动，徭役不断，怎么可能不失农时呢？"（《务农第三十》）

魏征则前后数十次重复过"君民如舟水""君民如鱼水"的比喻，一再说明"水可载舟，也可覆舟""鱼离开水必死，而水离开鱼照样为水"的深刻哲理。

既然民众是国家的根本，那么，国家政治的首要目标就是为老百姓谋利益、办实事，保证他们的衣食住行始终无忧无虑。而在中国封建社会的经济发展模式中，老百姓的全部利益都在农业发展水平上，因此，以农为本成了中国封建社会经济发展的重心所在。

《贞观政要》在开篇《君道》篇第一章中就记载了李世民对这个问题的见解，他说："皇帝的首要任务就在于富民，如果损害百姓以奉养自己，就好比割掉四肢的肉来喂饱肠胃，等到肠胃吃饱了，身体也死亡了。"

贞观四年（630），房玄龄曾向李世民报告，国家武库远远胜过隋朝强盛时期，李世民说："养兵备战虽是要事，但我最大的希望是你们文武大臣各竭心力治理好国家，使老百姓安居乐业。老百姓安居乐业就是我最好的兵甲！"

以老百姓的安居乐业为国家最好的兵甲！这简直是再伟大不过的观念，确实是高瞻远瞩！

贞观十六年（642），李世民又一次全面论述他在这方面的思想，他说：

"国家以民众为本，民众以衣食为命，如果颗粒无收，则万民将不会为皇帝所有。如今既然年丰人殷，我唯一的愿望是躬行节俭，戒奢戒骄，让天下老百姓都富贵起来。现在我实行轻徭薄赋、不夺农时的政策，使老百姓安心耕稼，就自然富有了；推行礼义教化，使乡闾之间，少敬长，妻敬夫，就自然贵重了。如果天下民众都富贵了，我就是不听歌舞、不去游玩，也乐在其中！"

李世民是这样说的，也是这样做的。

为了不影响农时，他力排众议，一反自古以来重择吉日举行庆典的做法，将皇太子成人的加冠典礼，由阴阳术士推算确定的农忙的二月改在秋收已完的十月；为了鼓励文武百官大力帮助农民消灭蝗虫、打破蝗虫不可侵犯的戒律，他亲自到皇家林苑捕捉蝗虫，并当着百官的面吃了几个蝗虫。

◇为政之要二，取信于民

治理国家不仅要从物质上满足民众生活的需要，还要从精神上取得民众的信任，而要达到这一目的，首要的是以诚信仁义治国，以便取信于民，让老百姓与统治者同心同德，只有这样，国家政令才能有效行使，政治宏图才能顺利实现。

魏征对诚信与国家安危的关系曾做过详尽的论述，他于贞观十年（636）
上书说：

"我听说，治国的基础在于德治礼教，皇帝的法宝在于取信于民。诚信
确立则下无二心，德治礼制形成便远近折服。可见，德礼诚信，是国家的大
纲，体现为君臣父子之义，一刻不可废止。所以孔子说'皇帝以礼制驾驭臣
下，臣下以忠诚对待皇帝'，又说'自古皆有死，民无信不立'。文子说'同
样是言语，有的可信，有的不可信，可信之言在于出言前便心怀诚意；同样
是命令，有的可行，有的不可行，可行之令在于命令出于诚心'。可见，不
可信之言是因为出言便无诚意，不可行之令是因为出令便不怀好意。无诚意
的言语和命令，出自皇帝则败坏德行名声，出自臣下则危及身家性命，为人
虽处在颠沛流离之中也不能这么做。

"自陛下登位，至今十有余年，威加海外，万国来顺，仓廪日积，国土
日广。然而，道德并未积厚，仁义并未广博，这是为什么呢？在于对待臣下
之情，未必尽在诚信，虽有善始之勤，尚无善终之美。要使皇帝能循礼制，
臣下得尽忠诚，必须内外如一无私，上下相互信任。皇帝无信，则无法驾驭
臣下；臣下无信，则难以忠于皇帝，诚信对于治国的意义实在是大。

"从前，齐桓公问管仲：'我想使酒腐于杯中，肉腐于俎上，这对我的霸
业有害吗？'管仲说：'这绝不是好事，但也无妨于霸业。''那么怎样才有害
于霸业呢？'管仲说：'不能了解人的好坏，有害于霸业；不能任人唯贤，有
害于霸业；既用之又不信任，有害于霸业；既相信他又派一些庸人妨碍他，
有害于霸业。'

"春秋晋国的中行穆伯率军攻打鼓城，将近一年也没攻克，馈间伦对他
说：'我与鼓城一个啬夫有交往，请让我去说服他们投降，无须大夫疲劳苦
攻，鼓城便可智取。'穆伯不答应。他的部下说：'不折一戟，不伤一卒，而
鼓城可得，您为何不答应？'穆伯说：'间伦这个人奸佞而不仁，若使他去智
取了鼓城，我能不奖赏他吗？如果奖赏了他，就等于是奖赏奸佞之人。奸佞
之人得志，就会使晋国之士舍仁义而趋奸佞。虽然得到了鼓城又有什么用
呢？'穆伯只是春秋列国的一个大夫，管仲只是一个霸王的良相，尚且能如

此重视信任、远避佞人，何况您作为泱泱大国的皇帝，怎能让厚德大义毁于诚信危机呢？

"如果想让君子与小人是非不杂，必须以厚德感动他，以诚信对待他，以仁义激励他，以礼制约束他，然后，惩恶扬善，赏罚分明。那么，小人就会无处使用奸佞，君子就会自强不息，无为而大治的日子就不会远了！反之，危亡之期也会指日可待！"（《诚信第十七》）

对此高论，李世民深为叹服。贞观十七年（643），李世民也亲自对侍臣谈道："古人云'宁可去掉食物，也不能丢了诚信'，孔子说'民无诚信就不能自立'。秦末，项羽攻进咸阳，已控制了天下，若能力行仁义诚信，谁会反叛他？"

房玄龄接着说："仁、义、礼、智、信，谓之五常，废一不可。如能遵行之，很有裨益。商纣抛弃五常，武王夺取了他的天下，项羽无信于天下，汉高祖消灭了他，的确如陛下所说的那样。"（《诚信第十七》）

魏征等大臣不仅从理论上反复论证诚信对于治国的重要性，而且时刻以取信于民来衡量李世民的政治得失。

早在贞观三年（629），魏征看到朝廷刚出令免百姓租税，又下诏说已经交纳的不在此限，朝令夕改，便上书说：

"看到八月九日诏书宣布全国免税一年，百姓老少相庆，载歌载舞。又听说有敕令已配之役和已交租税照常交纳，待明年再折减。百姓大为失望。这本是为百姓均平着想。但民众难与虑始，平日用度就不足，都以为国家追悔前言，失德于民。

"我听说，上帝所辅佐的是仁义之人，民众所帮助的是诚信之君。陛下初继大位，万民正仰观圣德。刚刚开始执政便朝令夕改。致万民之疑心，失四时之大信。即使国家处万分危急之时，尚且必不可无信。何况目前国家有泰山之安而为此失信之事！为陛下出此下策者，对于国家财利也许小有补益，但于国家仁义道德却有大损。"（《纳谏第五》）

不久，魏征又当面对李世民说：

"陛下经常说，我为皇帝，以诚信待人，欲使官民并无矫伪之心。可是自登位以来，大事三四件已是言而无信，这样下去何以取信于民？"（《纳谏

第五》）

李世民大吃一惊，连忙问："你所说无信是指哪些事？"魏征当即一一数说了几年来国家宣布免税又继续征税的几件事，说得太宗连连点头，表示"我的过错果然如此之多"。

✧为政之要三，精英治国

如何用人，是皇帝治国的关键手段。

帝王的品德修养在治国大道中，无论如何只能占有"半壁江山"，天下之才为我所用则占有另一个半边天。

在春秋战国时期，品德修养高于秦始皇的诸侯恐怕不在少数，被后人当作笑料的迂腐宋襄公，个人品格应当说是上乘的，可是偏偏他在政治上一败涂地；楚汉之争时，项羽的个人品德绝不比刘邦差，可是却败在了刘邦的手下。

这都是因为这些人只知拘泥于一己之德，驰骋一孔之智，不知道充分利用和发挥众人的智慧和力量。

可见，作为帝王，要想治理好国家，不仅要正身修德，还要任人唯贤，依靠天下济济人才来治国平天下。

如何选拔、使用、对待、管理人才，这不仅是皇帝、臣僚自身为了实现自己的政治理想、发挥自己的政治才能而必须认真加以研究的问题，也是一个国家全部政治生活中最紧要、最基本的问题。

所以，贞观时期君臣讨论最多的问题，一是居安思危的忧患意识，二是用人之道。

贞观君臣一个共同的用人思想便是精英治国。李世民认为：

"为政之要，唯在得人，用非其才，必难致治。今所任用，必须以德行、学识为本。古人云：'一千只羊皮，不如一只狐狸腋下的皮毛值钱；一千个常人的诺诺顺从，不如一个士人的谔谔直言。'"（《择官第七》）

魏征指出："天下的安宁，皇帝的长祚，必须借助忠良大臣辅弼、饱学博识之士为官，只有那样，才能达到政绩卓著、无为而治的境界。"（《择官

第七》)

谏议大夫王珪对此先后几次发表过自己的见解，他说：

"人臣若不学无术，不能识鉴以往政治得失和言行优劣，怎么能当大任？汉昭帝时，有人诈称卫太子，围观的人达数万，却无人能判断真假。京兆尹隽不疑凭所学经术判断其诈。故昭帝由此悟出道理说：'公卿大臣，当用学术渊博者为之，这些人是刀笔小吏所无法比拟的。'"(《崇儒学第二十七》)

"古代帝王执政，都崇尚清静，以百姓的好恶为好恶。近代帝王则只知损害百姓以满足自己的欲望。所任用的大臣又不是饱学有术之士。汉代宰相无不精通经术，朝廷有疑事，都引经据典加以剖断，于是人人识礼重教，社会自然趋向太平。近代重武轻文，或者以法代教，学行既差，风气大坏。"(《政体第二》)

"天下离开英才是治理不好的，唯有选用英才方可达到大治。"(《仁义第十三》)

李世民还曾对中书令岑文本说过：

"为人虽然天性有定，必须依靠博学多识才能实现其理想，这就好比蛤蜊天性含水，却要待月光出现时才晶莹剔透；木性怀火，必待钻燧而后火焰才发作；人性含灵气，但只有等到学识广博时才能使其灵气发挥得淋漓尽致。所以，苏秦刺股读书，董仲舒张帷讲授。可见，不勤学苦读，功名难以成立。"

岑文本回答道：

"您说得十分有道理，人的本性原本相近，情操则随时迁移，必须通过学习来陶冶情操，以磨炼性格。《礼记》说：'玉不琢不成器，人不学不知道。'因此，古人勤于学问，谓之懿德。"(《崇儒学第二十七》)

对人才不要求全责备，用其所长，避其所短，这是贞观君臣用人之道的又一特色。

在贞观二十一年（647），李世民总结自己的五条成功经验时，其中有一条就是"人的才能难以样样兼备，我通常是用其所长，弃其所短"。

贞观十一年（637），有关部门上告大臣凌敬为人办事附托谋利，李世民因此责备魏征等滥进人才。魏征认为：

"我们几位大臣每次承蒙陛下询问，经常谈到凌敬的优缺点。有学识，敢谏诤，是他的长处；好吃喝，喜谋利，是他的短处。如今凌敬为别人作碑文，教别人读《汉书》，因此托人放贷谋利，与臣等推荐时所说不一样。事实上这是陛下没有用其长处，却看到了他的短处，而以为我们欺骗陛下，这实在令我们不服。"（《纳谏第五》）

可见，魏征与李世民一样，主张用人要用其所长，避其所短。总之，贞观君臣对用人之道是十分关注的。

贞观君臣在用人理论和实践中的另一特点是注重地方官的选任，认为地方官与国家治乱的关系非常密切。李世民说：

"我每天晚上都在思考老百姓的事，有时到半夜也睡不着。担心各地都督、刺史能否为百姓办事。所以在屏上写上他们的姓名，坐卧经常看看，有人做了好事就记在他名下。我住在深宫中，视听不远，唯有靠都督、刺史们代我治理和反馈信息。都督、刺史实在是治乱所系，尤其需要贤能之才。"（《择官第七》）

侍御史马周也为此特意上疏给李世民，认为：

"治国以民为本。想让百姓安居乐业，全在于刺史和县令。县令太多，不可能一个个都贤明，只要每州刺史贤良，就全境都安乐了。如果天下刺史都贤良，陛下就可以无为而治，不必担心百姓不安乐。自古郡守和县令都是特意选择德才兼备的人担任，对于准备选拔为将相的人，必须先让他担任地方官看看他安民的能力，或直接从郡守和县令中选拔宰相等高级官员。朝廷务必不能重朝官而轻外官，因之轻视刺史和县令的选拔。往往百姓不安宁就在于刺史和县令选择不得当。"（《择官第七》）

李世民非常赞同马周的意见，立即颁下命令，宣布以后刺史由他亲自选择，县令由京官五品以上各举贤良会商确定。

◇为政之要四，仁义治国

中国自古就有"王道"与"霸道"两种治国主张。王道就是与民休养生息、无为而治的儒家之道，霸道就是专任刑法、崇尚暴力的法家之道。这两种治国主张究竟孰优孰劣？何去何从？帝王将相们仁者见仁、智者见智，莫衷一是。

贞观初年，李世民为了达到国家长治久安的目的，曾召集大臣专门对此进行了认真的讨论，也就是那场著名的辩论赛。

当时的反方辩手，以封德彝为首的部分大臣认为，大乱之后，人心不古，难以教化。但正方辩手魏征却认为，大乱之后，人心思治，乱后易教犹如饥人易食，力主奉行仁义道德、安民兴业的国策，即"王道""霸道"杂而用之。

李世民非常赞同魏征的观点，认为要治理好国家，必须教化先行，法制为盾，应当以仁义为本，以静虚为务，与民休息，无为而治。使百姓懂礼义、有产业，既吃穿不愁又知书识礼。

李世民依据这一思路"力行不倦"，实行戒奢省费、任人唯贤、轻徭薄赋、开疆拓土等政策，"数年之间，海内康宁，突厥破灭"。

可见，这一思路对当时的唐帝国是非常适用有效的。

李世民在未继位前置弘文馆，招致秦府十八学士的事自不待言，他登上皇位后的第二年，即下令停止将周公作为先圣的做法，开始尊孔子为先圣，在国学立孔庙，以颜子为先师。他下令由国家给驿传和布帛，将天下儒士征集到长安，根据各人学业优劣，给予官职，结果几千儒士负笈而至。

学生能精通一部大经者都可入仕。国学增筑学舍四百余间，京都国子、太学、四门、广文大量增加名额，书学和算学也增设博士和生员。

而且，李世民还亲自到各国学去视察，亲自听国学的教师和博士讲课。国学生员曾达到万人，"儒学之兴，古昔未有"。

贞观四年（630），李世民又让颜师古领头，在秘书省校定《五经》，校定后再召集所有儒士讨论驳议，然后让颜师古、孔颖达和其他儒士一块撰定《五经正义》180卷，作为国学教材。

贞观十四年（640），李世民又下令：

"梁朝皇侃、褚仲都，北周熊安生、沈重，陈朝沈文阿、周弘正、张讥，隋何妥、刘炫，并是前代名儒，经术学问可载史册，加之所教学徒广授其讲义，应当加以优赏，以激励后生，可以访其子孙现在者，报到朝廷上来。"

贞观二十一年（647），又下诏：

"左丘明、卜子夏、公羊高、谷梁赤、伏胜、高堂生、戴圣、毛苌、孔安国、刘向、郑众、杜子春、马融、卢植、郑玄、服虔、何休、王肃、王弼、杜预、范宁等二十一人，都有儒学专著行世，垂范后生，既行其道，理当褒崇，从今以后，凡在太学举行典礼，这些先哲可配享孔子庙堂。"（《崇儒学第二十七》）

这些足以表明李世民君臣对儒学的极端崇重。

✿为政之要五，安边怀柔

李世民执政时期，四境安宁，万国来仪，在外交上取得了辉煌成就，这与贞观君臣始终注意执行远交近攻、怀柔安边的外交政策是分不开的。

贞观初，岭南诸州奏称高州酋帅冯盎反叛，李世民准备发兵平叛，魏征竭力反对，认为"国家初定，元气未复，不若遣使安抚，必能保一方平安"。最后，李世民听从了魏征的意见，果然很快平息动乱。

李世民事后深有感触地说：

"当初，岭南诸州都说冯盎反叛了，我决心派兵征讨，魏征极力劝阻，认为怀之以德，必定不讨自平。我听从他的建议后，才使岭南无事，不劳而定，胜于十万军队！"

宰相房玄龄也认为：

"我看古代列国无不以强凌弱、以众暴寡。如今陛下抚养苍生，将士勇锐，力有余而不好战，正所谓止戈为武。从前，汉武帝屡伐匈奴，隋主三征高丽，弄得人贫国败，唯望陛下详察。"

李世民的将领们也能充分体会国家的怀柔国防政策，贞观十四年（640），兵部尚书侯君集率军讨伐高昌，侦察兵得到情报，说高昌国正准备为去世的国王举行国葬，可以趁机袭击。

侯君集认为，趁人家举行国葬时偷袭，太不人道。遂按兵不动，等到高昌国的国葬完毕之后，才浩浩荡荡地公开进军，结果轻而易举地征服了该国。

对于被征服的边远少数民族地区，如何进行管理？这是当时一个十分棘手且急迫的问题。

贞观君臣为此反复进行过多次辩论，大致有两种意见：一种意见以魏征为首，主张尊重当地风俗习惯、就地安置，责以大义，渐致教化；一种意见以温彦博为首，主张征其酋长豪帅迁入内地，居于京城地区，以便控制。

开始，李世民采纳了温彦博的建议，将边疆各少数民族的酋长豪帅迁到长安近郊安置。结果，贞观十三年（639），突厥将领阿史那结社率趁李世民出巡之机，发动叛乱，夜袭太宗御营，几乎酿成大祸。

事后，李世民说："不听魏征之言，遂致国家空耗财物，几失久安之道。"

从此以后，李世民改变了对边疆少数民族的迁移政策，就地设立都督府等军事机关和由各少数民族首领掌握的统治机构，组成羁縻州县，尊重当地人民的风俗习惯，就地发展生产，营造出民族大团结、国家大发展的政治局面。

《贞观政要》作为贞观时期太宗君臣论治和致治的记录，真实而扼要地展示了贞观时期太宗君臣在政治、经济、文化与军事等方面大政伟略的理论与实践，其中很多思想至今仍然闪耀着灿烂的光辉。

第
十
一
章

CHAPTER11

李靖用兵　奇正制变

李靖，唐朝第二名将。唐代杰出的军事战略家，除了唐太宗李世民外，就数他了。

李靖（571—649），雍州三原（今陕西三原）人，父亲李诠为隋朝赵郡太守。

李靖不乐诗书，喜好兵法，富有文韬武略，从小立志要以军功取富贵，多位军中前辈曾对他表示嘉许。

第一位嘉许他的是名将韩擒虎，即他的舅舅。舅甥二人曾经在一起讨论兵法，韩擒虎赞叹说："只能跟这个人讨论孙、吴兵法啊。"

另一位是名将杨素，在李靖还在当着兵部六品小官的时候，就指着自己的座位，对他说："你将来一定会坐我的位置。"

杨素的预言是对的。只是杨素和李靖都没有想到，李靖坐上此位的道路会这么曲折。因为，李靖成了李渊的仇人。

李渊即将在太原起兵造反时，李靖怀着忠于隋炀帝的思想，毅然自囚到长安告密。李渊对此事肯定非常恼火，从此把李靖给记住了。夺取长安后，这样的大仇人还能不杀？

正打算下刀子砍头的时候，李靖突然大叫："你兴兵起义，本为做大事，岂能因为私怨而杀壮士！"

这话在理。刀子不好下了，再加上李世民求情，算了，留着这颗脑袋。

后来，李渊派李靖去打荆州的萧铣。仅仅是因为进军迟缓的问题，李渊就又对李靖起了杀心。他暗中命令硖州都督许绍，就在军前把李靖砍了。好在许绍是个惜才的人，为李靖求情，这才又保住了李靖的脑袋。

又一次保住了脑袋的李靖，不久就取得了大胜。李渊在长安闻讯，高兴了，对手下的公卿们说："朕闻使功不如使过，李靖果展其效。"

在李渊眼中，李靖还是有"过"之人。看到李靖对大唐有用，李渊马上对其施展笼络手段。他公开发出正式的朝廷玺书："卿竭诚尽力，功效特彰。远览至诚，极以嘉赏，勿忧富贵也。"

不仅公开保证富贵愿景，李渊还写了一封私人信件给李靖："既往不咎，旧事吾久忘之矣。"

啥旧事？李靖向隋炀帝举报李渊造反。

此信也是一个信号，说明李靖在"仇人"李渊手下，渡过了脑袋随时脱离身体的危险期。从现在开始，李靖的脑袋算是保住了。

从此，李靖多次领兵出征，身经百战，足迹北至大漠以北，西至今新疆、青海一带，南至今两广，东至今山东、安徽，战无不胜，攻无不克。并且，他深研兵法，留下许多至今仍可借鉴的军事理论。

剿平萧铣　反败为胜

武德二年（619），李靖受命出使荆州，招抚割据今两湖地区的萧铣，后因萧铣拒绝未成，但他借此机会深入研究了萧铣集团的情况，于武德四年（621）通过赵郡王李孝恭向李渊献上"平萧铣十策"，为李渊所采纳，遂于二月任命李孝恭为元帅，李靖为行军总管兼李孝恭元帅府长史（相当于参谋长），组成南征兵团，大造军舰，做好大举进攻萧铣的准备。

鉴于李孝恭不熟悉军事，作战经验不多，李渊又特命李靖实际负三军全部责任。后来的事实证明，李渊这一招，非常高明。

当时，唐朝面临的形势是，截至武德四年（621）五月，李世民已先后率军平定威胁关中地区安全的西部割据势力薛举和李轨两大军事集团，以及关东盘踞今山西的刘武周部和黄河中下游地区的王世充、窦建德等三大军事集团。至此，全国只剩下盘踞江汉平原的萧铣军事集团尚未消灭。在大唐的统一进程中，萧铣成为最后一个打击目标。

萧铣是南朝梁皇室后裔，趁隋末大乱，割据江南，占有今两湖、江西、两广及越南北部，以江陵（今湖北荆州）为都，拥兵四十万，自称梁帝。

此前一年，萧铣集团内部即已开始分崩离析，萧铣为人志大才疏，无远略无近忧，心胸褊狭，猜忌诸将。为防诸将专权，他设下一计，宣言罢兵营农，将几位大将的士兵都分别遣散各地，引起诸将强烈不满。

大将董景珍及其弟因之阴谋反叛，谋泄被杀，后大将张绣又因镇压董景珍有功遭忌被萧铣处死。于是其部下将领人人自疑，个个寒心，兵势日渐削弱。

李孝恭、李靖于八月将各路军将集中于信州，然后兵分四路向萧铣所盘踞的江陵推进：一路由庐江王李瑗任行军元帅，沿汉水出襄阳而下；一路由黔州刺史田世康率军由辰州（今湖南沅陵）的洞庭湖西侧向江陵进发；一路由黄州总管周法明率领，从黄州经夏口（今湖北武汉）向江陵进攻；一路由李孝恭、李靖亲自率领，出三峡，顺流而下，直捣江陵。

时值秋水猛涨季节，三峡流急道险，诸将都要求暂停进军，待水退后再出峡口。

李靖却认为："兵贵神速，机不可失。如今我们的大军刚刚集中，萧铣目前还不知道，如果乘水涨之势，迅速顺流而下，突至江陵城下，正所谓迅雷不及掩耳，此乃兵家上策。即使萧铣得知我进军，仓促征兵，也无法组织有效抵抗，必为我所擒。"

李孝恭采纳了这一战略，率大军乘水涨船高，迅速沿江东下，在宜昌下游清江口（清江与长江交汇处）受到萧铣大将文士弘率数万精兵阻击，李孝恭想立即主动发起攻击，李靖认为：

"文士弘是萧铣的得力大将，手下士卒骁勇善战，而且，最近他们在汉水刚失去荆门，现在他摆出全部兵力作战，这是救败之师，锐不可当。我们应当暂时泊船南岸，不与交战，待其士气衰落，然后出击，必能大获全胜。"

李孝恭自以为兵强将猛，轻视敌人，不接受李靖的建议，留李靖守营，自率大军攻击文士弘。

后来的事实证明，李靖并不仅仅只是守营，而是做了一些必要的准备。而这些准备，才是一个名将应该做的。

大战开始。文士弘的部队以逸待劳，且出于保家卫国的义愤气概，无不以一当十，结果把唐军打得落花流水，败退回南岸，文士弘则乘胜率部追击上岸，试图一举击溃唐军。李孝恭败了。李靖却还没有败。文士弘的部队在追击战中因为贪图战利品，导致队形混乱。早有准备的李靖，见此情景，抓住战机，组织自己手中的预备队，挥师反击，把文士弘的部队杀得尸横遍野，缴获战船四百余艘。并乘机迅速进军至江陵城下，将江陵城团团围住。

萧铣恰如李靖所预料的那样，虽然知道唐军迟早会对自己发动大规模军事进攻，但他认为，秋水猛涨，唐军必不敢乘凶猛江水东下进攻，因而事先并无多少准备。

及至唐军兵临城下，才慌忙从长江中下游江南各地调集救兵。但为时已晚，江陵外围水城很快被攻破。

唐军由此缴获大量战船，李靖又采取了极为高明的一招：他命令将这些战船全部抛入江中，任其顺流漂走。

将领们大惑不解，认为我军正需战船，何以反将所获战船抛入江中？李靖说：

"萧铣所据地盘南接南岭，东靠洞庭，我们孤军深入，如果攻城不克，援军四集，我们表里受敌，进退不能，虽有战船，又有什么用处？现在我们丢弃战船，使之沿江漂下，下游援兵见到后必定以为江陵已破，而不敢轻进，往来迟疑，动费月余，我们就有充分时间攻克江陵。"

萧铣从长江下游调来的援兵见江面上漂下这么多战船，果然以为江陵已经失守，萧铣可能已被打败，迟疑不敢前进。

萧铣在外援迟迟不到的情况下，只好率军出降。

战后，李靖又受命率军安抚岭南，在其"王者之师，义存吊伐，宜宽大为怀，以慰远近之心"的怀柔战略思想指导下，未经任何苦战，顺利地迫使岭南两广、云贵和福建地区俯首称臣，唐朝随之设立岭南道行台，李靖以功受任为岭南道抚慰大使兼桂州总管。

这次战役是李靖奇正相变战术思想的一次实践。

所谓奇正相变战术，按照李靖的阐述，是指正面出兵公开与敌交锋，在交锋过程中再根据实际战局发展情况临机应变，出奇兵或设奇谋击敌制胜。

其中心思想归结为一句话，就是强调将领在指挥作战过程中，既要有预定的作战方针，更要有随机应变的能力和方略，做到随时根据敌我双方情况变化做出判断和反应，拿出更新的适合新情况的作战方案。

在这次战役中，双方兵力不相上下，可以说势均力敌，交战是在双方都有准备和预先知道的情况下进行的，这是一种正兵交战。

交战开始后，唐军出乎李孝恭的意料被击败，按照常规，唐军能坚守住营垒就算万幸。但文士弘的部队在大胜的情况下却出现了意想不到的人为混乱。这是出乎唐军将领的意料之外的，但并没有出乎李靖的意料之外。他紧紧抓住这一意外情况，及时组织反击，这就是所谓变正兵为奇兵（即变正面进攻为奇兵突袭），一举打败强敌，挽回了溃败的局面。

当涂会战　引蛇出洞

　　唐武德六年（623）八月，杜伏威旧部辅公祏在丹阳（今江苏南京）再次举兵造反。

　　李渊立即任命李孝恭为元帅，李靖为副，统率七总管出征。具体部署是：

　　襄州道行台李孝恭率主力水军沿江而下直趋当涂，岭南道大使李靖率交、广、泉、桂四州之兵，北经宣州（今安徽宣城），与李孝恭会师当涂；齐州总管李世勣偕怀州总管黄君汉等出淮泗，向安徽寿阳（今安徽寿县）进发，然后南下当涂；舒州（今安徽潜山县）总管张镇周向歙州（今安徽泾县）进发，以与李靖会合前进；徐州总管任环率部南下江都，进逼京口（今江苏镇江），以威胁丹阳，并牵制辅公祏在江东的兵力。

　　除了李世民未到场，唐朝第二名将李靖、第三名将李世勣均领兵出征，足见唐朝对这次出兵的重视。

　　显然，唐军的战略态势是以李孝恭、李靖所部构成进攻主力，顺江而下，在丹阳的西面屏障当涂形成战略攻击拳头，由南而北向丹阳发起正面进攻，以任环所部由北向南发动牵制性的佯动攻势，从而造成南北夹击丹阳的合围局面。

　　至次年正月，唐南路各军已先后到达当涂西南芜湖外围。

　　辅公祏与杜伏威为刎颈之交，于隋末一道举兵起义，占有今江淮之间及江苏等广大地区，成为淮河以南长江流域与萧铣并驾齐驱的军事集团。

　　杜伏威为人较为明智，在李渊占领长安并称帝后派使者招抚江南时，即向唐朝称臣，并于武德五年只身入朝，留辅公祏和心腹大将王雄诞统率旧部镇守丹阳。

辅公祏对于杜伏威不经任何抗争即向唐朝投降、拱手将苦心经营多年的江淮之地让给别人极为不满，便于武德六年（623）八月，假称得杜伏威密令，再度举起义旗，并结连两湖地区的义军张善安部，向夏口地区进扰，一面则大力向三吴地区扩展，迅速占领太湖流域周围地区。

在得知唐大军南下征讨之后，辅公祏也针锋相对地做了下述部署：

以自己的主要谋士、兵部尚书左游仙为越州总管（今浙江绍兴），借以巩固大后方，并委以京口防守之责；命总管徐绍宗和陈政通分别攻取海州（今浙江东海）和寿阳，随后回防当涂东南的青林山；总管冯惠亮、陈当世率水军三万驻守博望山，与青林山防线构成掎角之势；在当涂临江一面筑半月城，广十余里，借以屏障当涂城，在江对岸构筑堡垒，并在江面上横以铁链截断航道，这样便在当涂西南面布置起又一道防线。

辅公祏也明显地把防守重点放在西南面，但表现出消极防御、退守太湖的战略意图，所以并没有在西面屏障当涂和芜湖等战略要地布下重兵进行战略会战。

二月，唐军李世勣部攻克寿阳，南下当涂长江西岸，李孝恭则攻克芜湖，到达当涂外围，李靖部也先后攻克歙州（今安徽歙县）、猷州、宣州，进至当涂西南，与李孝恭会师，当涂会战随之展开。

会战前，李孝恭召集将佐会商战术，多数将领认为：敌将冯惠亮和陈政通都手握强兵，闭垒固守，城栅坚固，急切难以攻下。不如直捣丹阳，毁其巢穴，则冯惠亮部不攻自破。李孝恭也倾向于这种建议。

但李靖认为：

"辅公祏的精锐部队虽在当涂水陆两军，但其自统将士必定也是劲勇之士。冯惠亮部所据博望山尚且担心攻不下，辅公祏所凭借的丹阳石头城就更难以攻下了。如果我军进至丹阳，留停旬月，进则不能攻克丹阳城，退则为冯惠亮部所阻，腹背受敌，恐怕不是万全之策；冯惠亮等敌将都是久经沙场、出生入死的战将，目前之所以不出战，并非害怕野战，而是出于辅公祏以逸待劳、敌退我进的战略意图，以求拖垮我军。如今，我们如果全力攻城以诱出战，即是出敌不意，定可一举克获。"

李孝恭遂从李靖计，派兵先断敌粮道，待敌军缺粮求战之时，派黄君汉率老弱兵士先攻博望山守军，后面则由猛将卢祖尚、阚棱率精兵结阵待命。

黄君汉攻城佯装不胜而退，冯惠亮、陈政通立即出兵追击，唐军卢祖尚等伏兵则从敌阵后一齐出击，李孝恭、李靖又率大部队包抄过来，冯惠亮、陈政通抵敌不住，先后丢失博望山、青林山，率残部连夜逃回丹阳，唐军李靖则亲率轻骑紧随其后，一直追至丹阳城下，辅公祏见势不妙，主动率主力退出丹阳，逃向会稽，意欲与左游仙会合，退保太湖流域。

但唐军不给他任何喘息之机，派李世勣率精兵轻装穷追猛打。辅公祏一路上损兵折将，最后势孤力单，被活捉后，李孝恭下令将其处斩。

战争胜负的关键因素之一，便是战机的把握是否得当，而战机的把握又有"待机"与"创机"之分。

如果说平定萧铣之战是因为李靖"待机"得当的话，那么，当涂一战，李靖在战术上的明显特点便是创造战机以取胜。

敌方陈政通、冯惠亮等依仗城固山险、兵精粮足，坚壁不战，战略意图便是看到唐军远道而来，后勤供给难以持久，利在速战，不宜久拖不决。这就使唐军欲战不能，欲退不可。

在这种情况下，唐军要么创造战机，要么中敌诡计。

李靖深知敌将领敢战而迫于命令不能战的心理，设下引蛇出洞、聚而歼之的圈套，然后猛追穷寇，一鼓作气，克复三吴全境，使敌人毫无重新组织反抗或事后死灰复燃的可能性。

轻骑三千　奇袭突厥

突厥人，一直是当时中国边境之患，也一直没有消停过。

唐太宗李世民即位之初，突厥军队兵临渭水，逼得唐朝"倾府库赂以求和"，李世民对这次所谓"渭水之耻"耿耿于怀，但他深知国家初建，百废待兴，便把精力放在恢复经济、安民兴业方面，对突厥采取拉拢讲和政策，不轻易用兵。

贞观三年（629）十一月，东突厥颉利可汗再次率部由其大本营大利城（即定襄城，今内蒙古清水河县境内）西进入侵，进攻河西各州（今甘肃河西走廊），被唐守军击退。

来得正好。

因为唐太宗这几年也没闲着。他看到国内已基本稳定，国力有所恢复，民众已从隋末大乱的余惊中安定下来，几年中也进行了出击突厥的大量军事准备。

正在此时，边疆送来突厥内部正经历激烈内讧、颉利可汗正是出于内部矛盾才急于出兵示威的情报，于是，唐太宗决定部署五路大军，出兵征讨东突厥：

李靖为定襄道行军总管，率部自山西马邑出击定襄，并统一指挥其他四路大军；华州刺史柴绍为金河道行军总管，率部出击金河（今内蒙古清水河）；任城王李道宗率部出击灵州道（今宁夏灵武）；大都督薛万彻率部出营州道（今辽宁朝阳）；并州都督李世勣出云中（今山西大同），五路大军共十余万人，总目标是肃清阴山山脉的突厥势力。

名将尽出。

显然，唐军意在乘东突厥把注意力放在西侵唐河西各州时直捣突厥人的老巢定襄城，故突厥人虽在河西走廊发动进攻，唐军却只在河西方面部署一支大军进行反攻。

贞观四年（630）正月，李靖率轻装精锐骑兵三千人，从马邑出发，长途奔袭，悄悄绕过定襄，到达定襄北面的恶阳岭（今内蒙古和林格尔北），颉利可汗得知唐军在自己的后方出现，大为吃惊，以为唐军必是倾国而来，不然必不敢如此进军，将士上下一日数惊。

李靖截断敌后方退路后并不急于进攻，而是先派间谍离间颉利可汗内部关系，导致其心腹将领康苏密临阵来降。在离间得手后，李靖率部夜袭定襄城，一举攻破，擒获投奔突厥多时的隋朝炀帝遗属萧皇后及其孙子杨正道。

颉利可汗率残部逃至白道（今内蒙古呼和浩特北），又遭李世勣拦截，大战一场，颉利可汗再次损兵折将，慌忙退至铁山（今内蒙古固阳北），收集余众，派执失思力入朝向太宗谢罪，请求举国投降，自己亲自入朝，实则企图暂缓唐军进攻，待草盛马肥，再逃入漠北。

唐太宗对突厥人等边疆各少数民族，历来主张怀柔，只要其顺服即可，并不打算消灭其部落，所以很快答应颉利可汗的请求，派唐俭为特使，到铁山慰谕颉利可汗，并命李靖率部迎颉利可汗入朝。

李靖召集李世勣等将领商量对策，大家认为：

"颉利可汗虽然失败，但其兵众还相当强大，如果让其逃入漠北，道远难及，后患无穷。如今国家使节已经到达铁山，颉利可汗及其部下必然放松警惕。如果我们趁此机会选一万精锐骑兵，带上二十日干粮，长途奔袭，必能一举擒获颉利可汗。"

于是定计，李靖率军乘夜色出发，李世勣也随后率部出发，去截断颉利可汗的退路。

二月初八日，李靖军至阴山遇突厥前锋千余帐，一战而俘，迅速接近颉利可汗驻地。

此时的颉利可汗，果然因为唐朝使者唐俭的到来，满以为危险已过，心中大喜，不以为备。

而李靖的大军，已经悄悄接近。他派大将苏定方率二百精兵为先锋，趁晨雾向颉利可汗的部队发起进攻。颉利可汗猝不及防，狼狈逃走，李靖大军随后杀到，突厥人群龙无首，溃不成军。

唐军大获全胜，俘敌男女十余万，牲畜数十万。颉利可汗率残部万余人逃往碛口，想由此退入漠北以图异日再举。

幸运的是，唐俭在这个过程中安然脱身，史书说"颉利北走，俭脱身而还"。

颉利可汗逃到碛口，不料李世勣率军早已等候在此，一阵截杀，如秋风扫落叶，颉利可汗余众一一被俘，难过碛口，只好乘千里马与心腹数骑逃往灵州一带，打算依附苏尼失小可汗。但李道宗的部队也早已出兵围逼苏尼失部，苏尼失不敢收留，只好派兵将颉利可汗押送唐军，随后，苏尼失也率部投降，于是，大漠以南悉为唐有。

此一战役是唐朝在全局战略处于十分有利的情况下进行的，李世民在对付突厥人方面，战略上采取分化瓦解、各个击破的方针，先行笼络西突厥和薛延陀部，陷东突厥颉利可汗于十分孤立的境地，然后，又利用间谍离间其内部，在其人心叛离加之天灾饥馑的时候，部署五路大军全面出击。

李靖、李世勣等将领在此有利战略形势下，利用突厥人一贯以为汉军不耐长途奔袭、不敢深入大漠的心理，一反汉军几个世纪以来只满足于将突厥人赶出漠南的战略，采取长途奔袭和包抄截击的战术，一举消灭东突厥十分强大的骑兵军团，彻底解除了河套地区长期以来的不安定因素。

征吐谷浑　穷追猛打

吐谷浑族活动于青海地区，以游牧为生，以伏俟城（在青海湖西岸）为都，经常侵扰唐朝河西走廊及陇西地区。

贞观八年（634），吐谷浑可汗伏允率部侵扰兰州、廓州（今青海化隆县南），唐太宗派段志玄率部沿黄河上游北岸进击，另派将军樊兴率部沿黄河南岸进击，一路上连战皆捷，追击八百余里。

但吐谷浑部本以游牧为生，来去十分轻便，待唐军退回，又卷土重来，并继续出兵攻击唐凉州（今甘肃武威）。在这种情况下，唐太宗决心大举征讨，任命李靖为行军大总管，统五路大军全面出击：

一路由兵部尚书侯君集为行军总管，出积石镇（今甘肃临夏县西）；一路由都督赤道彦为赤水道行军总管，出赤水（今青海贵德县东），与侯君集会合；一路由刑部尚书李道宗为鄯善道行军总管，出击鄯善（今甘肃玉门关外）；一路由利州（今四川广元）刺史高甑生为盐泽道行军总管，出击盐泽（今新疆罗布泊东南一带）；一路由凉州都督李大亮为且末道行军总管，出击且末（今塔里木河南面大戈壁）。

唐军显然仍是沿黄河两岸进击，并占有明显的兵力优势，所以，当唐军在库山（今青海西宁西）追及吐谷浑伏允可汗时，便很轻易地击溃了伏允所率主力部队，伏允率残部继续西逃。

此时，李靖仍拟采取以往战法，穷追不舍，而唐军多数将领以为青海地广人稀，伏允所部来去无踪，而我军马瘦粮少，不宜深入，应等待春草肥美、马力强壮之后再图进取。

独有侯君集支持李靖的主张，他说：

"最近，段志玄率大军讨伐，回军不久，敌人即已兵至城下，这是因为敌人并没有受到致命打击，实力尚强，伏允还得到其部众的信任。如今，敌军一败之后，鼠逃鸟散，君臣离贰，父子相失，溃不成军，灭之易如反掌。如果我们错过这次彻底消灭吐谷浑的机会，将来我们会后悔莫及。"

于是，李靖做出分大军为两路继续追击逃敌的决策：自率薛万均、薛万彻、李大亮、契必荷力等将领沿黄河源头北路追击，由侯君集、李道宗率所部由黄河南岸追击。

一路上唐军两路将士穷追猛打，最后直追到柴达木盆地，伏允为其部下所杀，妻儿被俘，吐谷浑部被彻底征服。

这一战役的特点仍然是长途奔袭，穷追猛打，不给敌人任何喘息机会，不计较一城一地的占有，而是将战役目标定在彻底消灭吐谷浑整个部落上。最后，终于实现这一目标，为唐朝彻底解除了西部的边境之忧。

文武双全　李靖著书

作为一代名将，李靖在战场上战无不胜、攻无不克，在理论上也很有一套，写了不少兵书。

遗憾的是，他的军事理论著作并没有完整地保存下来，乃至今日有关他的军事著作残本的真伪，都成了一个众说纷纭的问题。

李靖到底写了哪些兵书？

《六军镜》三卷，据《新唐书》《旧唐书》记载。

《卫国公手记》一卷，《李靖韬钤秘术》一卷，据《宋史·艺文志》记载。

可惜以上都失传了，只是在杜佑的《通典》引文中，保存了部分内容。

还有一本兵书，大大的有名，就是北宋宋神宗所颁定的《武经七书》之一——《李卫公问对》。这是一部以问答的形式，记载李靖和唐太宗李世民讨论军事理论的著作。

先别高兴，这可能是一部伪书。因为作者不详。

另一本《卫公兵法辑本》一册，是清代学者汪宗沂据《通典》引文，参照杜牧《孙子注》引文等而辑成的。

就这两本了。一本，真伪未定；一本，清代学者辑录。也就是说，没有一本可以确认是出自李靖的亲笔。

但是，李靖打的那些仗，是真的；拿来与这两本书中的军事理论互相对照，可以发现，李靖的战争实践与兵书中的战争理论，是基本能够对应的。

参照这两种兵书及李靖平生所经历战争战役，可将其军事理论梳理如下。

◇关于攻防原则

进攻和防御，是战争中最基本的一对矛盾。任何战争和战役，不外乎进攻和防守，而且，进攻和防守又是对立统一的，战争和战役的任何一方，都不会仅仅是单纯的进攻或防御。

李靖对这一问题的观点是：

进攻是防御的机动手段，防御是进攻的必要对策，两者都是为了取得战争的胜利，不可分割，不可偏废，具有相互依存、相互促进的关系。得失成败在于敌我双方正确处理好进攻与防守的关系。如果孤立地对待二者，进攻而不知随时做好防守准备，防守而不知适时运用进攻战术，就必败无疑。任何一方只要把这二者对立统一的关系看作一个整体处理好，就可百战百胜。

那么，攻守的最佳原则是什么呢？李靖认为：

进攻就不仅要攻破敌人的城池和阵营，更要熟悉和征服敌人的心理；防守则不仅要使自己的壁垒完整、阵地坚固，更要熟悉我方的士气并使之始终保持饱满。所谓知己知彼，就是指既熟悉敌人的心理，又熟悉我方士气。

怎样"知彼"？李靖提出了几招：

如果敌人士马骁雄却在我军面前表现出怯弱的战斗力，队伍齐整肃静却坚壁不与我战，遇到小利益而假装不敢与我争夺，背后伏奇兵却佯装败北而逃，内部实际上很严整警惕却在外表上表现得松弛散漫，派出间谍到我方到处活动或给我方制造假情报或抓捕我方人员以激怒我方或对我方人员进行贿赂等，运动部队则装出减员严重的样子，集结兵力则偃旗息鼓，智勇双全却不是安全地带就不宿营、不是全军出动就不进攻，以优势兵力发动进攻必在早晨，以劣势兵力发动进攻必等到夜晚，如此等等情况，都是对方兵多诡诈、将有深谋的表现，必须谨慎做好防守准备，切不可中敌计谋。大凡出兵作战，必须事先进行敌我双方各种力量的对比，确定胜负之计，然后才可以出兵一决胜负。比较敌我双方情况，应当看敌我双方将士各自是否团结，攻守形势的强弱利弊，兵器装备谁优谁劣，地形谁险谁夷，城池谁坚谁次，马粮谁多谁少，后勤谁便谁不便等。

敌人处于以下 15 种情形时，可以进攻：

1．敌人刚刚到达阵地，还来不及摆好阵形的时候；2．太阳已高而敌人尚未进食的时候；3．敌人逆风而阵而行的时候；4．我方先到，敌人后到而无有利地形的时候；5．正在布阵而队伍先后不齐的时候；6．在我方示弱而敌方追击不设备的时候；7．敌人远程而来，疲惫不堪的时候；8．敌方主将临阵被撤换，而新任将领刚刚到任尚不为将士所服的时候；9．敌人等待渡水的时候；10．敌人忙于抢夺战利品而无暇顾及队形的时候；11．敌人行进在险要地形中间的时候；12．敌人阵行布置已久，或坐或立，渐渐失次混乱的时候；13．敌我双方狭路相逢，双方都惊恐不安的时候；14．敌人更换阵形或更换部队的时候；15．敌人处在远程奔袭途中的时候。

◇关于奇正战术

"奇正"是中国古代军事理论中一个十分重要的概念和命题，几乎所有的军事理论家都对此有过论述。

孙子说："凡是战争，都不外乎以正合，以奇胜。"又说："战争的形势不外乎奇正互变，奇正之变，不可穷尽。"

《孙膑兵法》则辟有《奇正篇》，对奇正问题做了较为深入的论证。他认为："与敌方正面公开而常规地展开战斗，一攻一守，就是正常战术，以无形多变的机动战术对付敌方的常规进攻或防守，就是奇兵。"所以，"动静、逸劳、饥饱、治乱、众寡等几对相反状态可以互为奇正，发而为正，未发者为奇。"可见，在孙膑的心目中，奇正就是因势利导、因敌制变，以异为奇，用不同于常规的战略战术来出奇制胜。在李靖之前，对奇正问题论述最为详尽的军事理论家就数孙膑了。

李靖对"奇正"这对战术范畴有其独到的见解，《李卫公问对》几乎通篇都在讲"奇正"。

李靖提出一个著名的论断，就是"善用兵者，无不正，无不奇，使敌莫测。正亦奇，奇亦正"。

　　这就是说，善于用兵的人，奇中有正，正中有奇，无奇不正，无正不奇，奇正相辅相生，随机应变，循环无穷，深不可测。这就是李靖奇正学说的核心内容。

　　他认为，人们一般都把奇正看成固定不变、事先分配好了的战术原则，常规战术就是正，非常规战术就是奇，这实际上是没有真正理解奇正之妙，真正能理解奇正之真谛的人，自古以来只有孙子一人。

　　比如，远征高丽就应用正兵，即正面公开发起战役攻势，反击突厥则应用奇兵。因为对高丽的战争是远程大兵力作战，不露任何形迹的奇袭是不可能的，对突厥作战则因突厥骑兵在当时是最具有机动性的军队而不能不出奇兵，但千里运动大部队时仍然要以正面进攻的态势前进。

　　李靖认为，一般把战役中兵力的分合硬性规定为何者为奇、何者为正，那是不妥当的。分合只是奇正战术思想的一种运用，用兵有分有合，分合适宜才是奇正得当。分于所该分，合于所该合，分兵之后以合兵为奇兵击敌，合兵之后以分兵为奇兵击敌，则是奇正战术思想的正确运用，绝不可硬性地以分为奇或以合为奇。

　　李靖说："奇正是探知虚实的法宝。敌人以常规方法作战，则我们也可以用常规方法对付；如果敌人用机动战术作战，则我们必须以非常规的奇兵取胜。如果将帅知道敌人的虚实，而不知用奇正战术去应付，就无法取胜。因此，对将帅来说，只要懂得奇正的机动战术思想，就自然知道运用这种思想去探知和控制虚实变化。一句话，作为将帅，要懂得'致人而不致于人'的道理，即掌握作战的主动权，调动敌人而不被敌人所调动。"

◇关于战斗队形与阵法训练

　　李靖作战，十分重视队形和阵法，认为训练有素的军队是克敌制胜的重要因素，因而，在《李卫公问对》和《卫公兵法辑本》中，都用相当大的篇幅论述了队形与阵法。

　　他鉴于过去"乱军致败，不可胜纪"的教训，提出了由伍法而队法而阵法的训练程序，从实战要求出发进行严格演练，达到在战斗中"斗乱而法不乱，形圆而势不散""绝而不离，却而不散"的军事素质。

为此，李靖创立了七军六花阵。

据李靖所述，七军六花阵是从诸葛亮的八阵法演变而来的。

该阵由方阵和圆阵构成，方阵内圆外方，圆阵则内外俱圆，前后左右六个方阵加上中军为七军，每一个方阵内又分为六个小型六花阵，根据地形和作战需要，六个方阵及其内部的小六花阵皆可随时变化为方、圆、曲、直、锐、雁行等队形。特点就是"大阵包小阵，大营包小营，前后内外相连相绕，曲折对称，外形为方，内环为圆，是成六花"。

李靖这种阵法也包含了奇正机动思想，方阵示人以正兵，圆形便于出奇兵，方阵保持了队伍的严整不乱，圆形又便于队伍的灵活多变。把锥形作为常用的战斗队形，是李靖在阵法上的一个创举，因为，在他之前，古代的军事家们一般多采用方阵进攻，而他在六花阵法中的战斗队形都多用锥形小方阵，这种队形便于对敌突破和分割，是至今在小规模战斗中仍然采用的一种散兵作战队形。

李靖还首创了纵队战术，这是其奇正理论在队形中的具体运用，因为在古代，作战一般都用横队或方队，重在防守与相抗衡，纵队战术只是作为一种奇兵加以运用。李靖重视纵队战术的运用说明他用兵富于攻击和突破精神，是从进攻的角度来运用队形的。

他说："在敌人背依险要地形布阵时，我方绝不可横列而应成纵队。其阵法是：弓弩手队列与冲锋队序列相间为纵队，相互掩护而前进。"

这种纵队战术在欧洲拿破仑时代曾得到广泛应用，在今天的火器作战时代更是一种普遍适用的战斗队形。

在现代战争中特别流行的边打边撤、交互掩护的撤退方法，也是李靖早在千余年前就开始创造并使用的战术。他认为：

在部队被敌人包围时，撤退一定要讲究方法。如果全军一拥而退，敌人必然追着屁股掩杀，后果一定是全军覆没。因此，遇到这种情况，应该间隔抽出一半部队后撤，一半部队原地坚持掩护，等到后撤部队退到百步以外，掩护部队才开始后退，而先期后撤的部队遂变成掩护部队，这样相互轮换掩护着后撤，才不至于受到敌人的有效攻击。

最可贵的是，李靖已经初步产生多兵种、多队形混合作战的思想。

他鉴于春秋、战国多用车战，魏晋以来多用骑战，各有利弊的情况，提出了车、骑、步混合作战的设想，他在回答唐太宗李世民有关这个问题的询问时，指出：

"春秋重视车战和步兵，往往只注意左右两翼抵御敌人，无法出奇制胜；魏晋以来则重视骑兵，这可以轻易出奇制胜，但不利于防御。我则车、步、骑混合使用，编为战斗队形，使敌人无法知道我车、步、骑三者何为先何为后或各在何处，我则可以或入天，或动地，运用如神。"

◇关于使用间谍

对于使用间谍，李靖总的指导思想是：

间谍能获得情报也能泄露战机，所以，使用间谍必须谨慎小心，不到万不得已不要轻易滥用间谍，而且，使用间谍只应用于军事侦察目的，不可用于军事以外的目的。

在他的军事生涯中，他是非常喜欢使用间谍的，几乎每一次战役，他都要派间谍前去侦察敌情，并告诫间谍要"密其声，晦其迹。侧耳远听，注目深视，专智以推测事机，专心以细察气色"。

所以，他在每一次战役中能够做到知己知彼，百战百胜。

综上所述，对照他的战争实践，可总结出李靖在军事理论上主要有两大突出特点：

一是注重"奇正制变"的战术机动思想的运用，亦即现代战争十分强调的根据战时实际情况随机应变、灵活机动的战略战术，这是李靖最主要的军事思想。

从他所经历的大战来看，他的确善于临机制变、克敌取胜。在上述四次大战中，第一次平定萧铣的战役，按照一般常规兵法，雨季水涨是不宜出兵进攻的，而他却能根据当时实际做出攻敌不备的进攻决策，这就是变正兵为奇兵。而在李孝恭攻击受挫的情况下，他又能根据敌人队形已乱的实际断然在己方败退中挥军反击，这又是一次以正出奇的临机制变。

攻打辅公祏的战役，当诸将根据兵法所教建议避实击虚而直捣敌方巢穴时，他又能透过表面现象看出敌方真正的虚弱之点不在丹阳老巢，而在当涂几位主将本质上好战不怕死、只是迫于辅公祏的军令而不能出战，因而做出了强攻当涂、乘胜而下的战略决策，这是一次以正兵为奇兵的攻击，即敌方以为我方必不会正面强攻，而我方恰恰按照常规发起正面强攻。

在征服突厥和吐谷浑的两次战役中，李靖更是正兵与奇兵兼而用之，一反通常汉军出击、击溃即返的战术，远程奔袭，穷追猛打，除恶务尽，一战到底，使对方再也没有还手之机和反扑之力。这一机动战术思想在我们今天的高科技时代仍然有其实用意义。

二是注重伍法、队法、阵法的演练，即重视将士平时的作战技能体能训练和协同作战的战术训练，并创造出七军六花阵、纵队突进、轮番掩护逐次撤退等攻守战术。这是李靖所部将士能够实现主将战略战术意图、顺逆皆胜的素质所在。

应该说，这两大特色已经使李靖的军事思想十分丰满了。因为，在任何一次战争战役中，只要将帅能随机应变应对任何突发情况，始终牢牢掌握战场的主动权，而士兵又能够或独立作战或协同作战，应付自如、勇猛精锐，就会无往而不胜。

作为唐朝第二名将，李靖一生立下的战功，不比李世民少，仅其大者，就有平定萧铣和辅公祏、征服突厥和吐谷浑等。李靖死后，李世民专门下诏，仿照卫青、霍去病的先例，筑坟形如同突厥境内铁山、吐谷浑境内积石山的形状，以用来表彰他的战功。

第
十
二
章

武后当国　善恶相济

贞观二十二年（648）六月，一个神秘的预言开始在长安流传。

"唐三世之后，女主武王代有天下。"

意思很明白，唐朝的第三个皇帝之后，将会有一个"女主武王"取代李氏而登上皇位。

传着传着，被唐朝的第二个皇帝李世民知道了。

这还了得？李世民马上传来了一个人，要问问什么情况。

这个人，叫李淳风（602—670），唐朝的预言家，能够预言中国两千多年的命运。他告诉李世民：这个预言是真的！而且，这个人现在就在陛下宫里，已是陛下的眷属。四十年后，她将取代李氏唐朝而称帝！

李世民不知道，这个将在四十年后几乎杀尽他的子孙、几乎灭亡唐朝的称帝者，真的就是一个女人，而且是他众多的妃嫔之一。

现在的武才人，武媚娘。

未来的武则天，中国历史上独一无二的女皇帝。

不可否认，武则天身上，有恶，但是，更有善。

特别是在政治韬略上，她是善人与恶人并用，使其相互制衡、相互补充。第一，她能够分辨什么是善，什么是恶；第二，她能够知道什么时间自己需要善，什么时间自己需要恶；最后，她能够做到以善化恶，以忠抵奸，以恶制善，以奸治忠。

最终的目的，即权力在我手中握，天下在我手中稳。

这就是大智慧了。

没有恶，权力不能保证在我手中；没有善，天下无法保持繁荣稳定。

要知道，武则天生活在一个男权至上的观念根深蒂固的封建社会里，她要爬上皇位，没有恶，一味地善，动不动就妇人之仁，那她的命都不容易保住，还谈什么治国理政？

正因为善恶相济，武则天才能纵横捭阖、得心应手地运转与操纵国家最高权力达四十余年。

谋夺皇后

武则天，也是大唐的官二代。

其父武士彟是唐高祖李渊的好友，因而成为大唐开国高官之一。

武则天天生丽质，远近闻名，不幸的是其父早逝，家道一落千丈。武则天 14 岁时，李世民的长孙皇后去世，李世民百无聊赖，渴想美色填补空缺，已没有高官父亲保护的她遂被召进皇宫，做了一个低级妃嫔——才人，在李世民身边度过了一段无忧无虑的妃子生活。

如果其父健在，她恐怕不至于如此低就（宫妃对官宦子女而言并非好事），如果李世民不是晚年有所放纵，也恐怕不至于将一个 14 岁的少女拉进自己年过半百的怀里。

恐怕在李世民心里，怀中的这个 14 岁少女，美则美矣，性格可实在不招人喜欢。有一件事可以说明武则天的平生性格。

一次，李世民的御马厩中有一匹烈马，无人能驯服它，当时正在李世民身边的武则天自告奋勇地说自己有法子降服这匹畜生，这个法子就是：第一用铁鞭抽它，如果还不驯服，就用铁锥刺它，再不驯服，就用匕首割断它的喉咙。

这显示出武则天有着烈马一样的刚毅性格和果断决然的心理素质，完全不像一位纤弱少女的唯唯诺诺之态。

也就是说，武则天即使在少女时期，也不是温柔型的女人。

如果李世民活到 88 岁，直到武则天 44 岁时再死去，也许武则天这辈子就会安心在后宫当一个妃子，那么她的人生就不会那样丰富多彩。

可惜的是，李世民年仅 58 岁就去世了，而武则天才 14 岁。

按照李唐皇室的规矩，这个 14 岁的如花少女，由于侍候过李世民的床帏，必须进入感业寺去当尼姑，从此终身为李世民的亡灵诵经超度。

不出意外，这个小尼姑将悄悄地消逝，如同秋天的一片落叶。

但是，恰恰出了意外。

这个意外，来自于李世民的儿子——唐高宗李治。

武则天是什么时间和李治有了私情的，不得而知。但一定是在武则天进入感业寺之前。

两人旧情复炽，则是因为李治要为父亲的丧事来感业寺进香，又遇到了武则天。

王皇后此时，正要与李治所宠的萧淑妃一争高低，所以她出面，极力劝说李治打破常规，把已削发为尼的武则天重新接进了宫中，不久便被封为昭仪，这是永徽三年（652）的事。

王皇后要是能预知武则天将来要对她做的事，她一定会把自己的肠子都悔青。武则天则紧紧地抓住了这次人生机遇。

她现在只是昭仪，所以她的领导和上级就是皇帝与皇后。第一步，就是要取得皇帝和皇后的信任和宠爱。

这对于武则天来说，非常简单，只需要略施小技。皇帝李治在舅舅长孙无忌"窃弄威权"和王皇后与萧淑妃争宠吃醋的双重烦扰之下，"独信昭仪"；与此同时，缺乏政治眼光与头脑的王皇后也极力拉拢武则天，以期将得宠的萧淑妃从李治身边赶走。

但是，取得皇帝和皇后的信任，对于武昭仪而言，还不够，远远不够。因为，她的命运仍然掌握在别人手中。一个皇帝、一个皇后，可以瞬间决定她的生死。她不要这样。

那要怎样？取代王皇后！

为了扳倒王皇后，她先是采取广结善缘的办法，凡是王皇后不喜欢的人，她都刻意亲近，所得赏赐大多拿来分赠给宫中太监、宫女等。于是，宫中上下人等多数成为她的亲信和耳目，王皇后的一举一动都立刻传进她的耳朵，她则总是巧妙地把王皇后的一些过失及怨言变成枕头风，吹进李治的耳中。这样，久而久之，在李治的心理天平上，王皇后便渐渐地失去了分量。

可是，李治仍然没有疯狂到要废掉王皇后的地步。至少，他还需要一个过硬的理由。

那好，就给他一个非常过硬的理由。

永徽五年（654），武昭仪生下一个女儿。

一天，王皇后来到武昭仪宫中，见昭仪不在，便把睡在床上的小公主抱起来逗弄了一会，随后起身回自己宫中去了。

武昭仪得知王皇后来过之后，顿生恶念：何不弄死女儿，然后嫁祸于王皇后！纵令皇后有一千张嘴也难以分辩，到那时不怕皇上不废她！

主意打定，武昭仪便残忍地掐死了熟睡在床上的女儿，然后盖好被子，让人请李治到宫中来玩。

李治来后，武昭仪若无其事地与之说笑了一会，李治便想看女儿，武昭仪即随手掀开锦被，抱起女儿，一看孩子已死，立即装模作样地哭喊起来，连忙问侍婢，有谁来过宫中。

侍婢们都说，刚才只有王皇后来过。武昭仪便一口咬定：必是皇后见我得宠，趁机掐死我女儿以泄恨！

武昭仪的心肠够硬，这个理由也足够硬了。李治第一次产生了废黜王皇后的念头。

但是，王皇后不好废。因为在封建时代，废立皇后是极其重大的政治举动，皇帝一人是不宜轻易做出决定的，何况唐代法制较为完备，行政程序严格，废立皇后必须经三省会议讨论通过方才可以，否则，即使皇帝下诏，门下省也会驳回诏令。

为了达到目的，武昭仪决定向大臣行贿！

一天，武昭仪与李治一道，亲自带着十车金宝、锦帛，来到身为第一宰相实际控制朝廷军政大权的长孙无忌府上，谒见这位"元舅"，当场封拜长孙无忌三个幼子为朝散大夫。封完官，给完钱，李治尝试着以皇后无子为由与长孙无忌商量废立皇后之事，谁知长孙无忌不为所动，断然拒绝。

事后，武昭仪又多次让曾与长孙无忌夫妇平起平坐的母亲杨氏（武则天父亲武士彟与长孙无忌同为开国功臣）去长孙无忌府上请求，都被坚决回绝，只好暂时搁下此事。

日后的长孙无忌，将为自己今天的所为，付出惨痛的代价。

皇帝要办的事，肯定办得成。有时是一步办成，有时则需要多分个几小步。

李治这次的一小步，是把王皇后的舅舅柳奭，罢免宰相，贬为吏部尚书，这表明李治对王皇后及其族系已经开始疏远。

无论如何，第一回合，武昭仪还是受挫了。但她没有白失败，她明白了一个道理：现有的元老重臣，不会支持自己，必须另找支持者。

第二年六月，武昭仪又一次为王皇后设下了一个更为险恶的陷阱：诬告王皇后与其母魏国夫人用巫蛊术诅咒武昭仪和皇上。

在封建迷信思想十分盛行的古代，用巫蛊术咒人不啻是犯上作乱。王皇后的舅舅柳奭由此再度被贬为遂州（今四川遂宁）刺史，王皇后的母亲魏国夫人也被勒令从此"不得入宫"，王皇后被彻底孤立了起来。

李治从此完全失去了对王皇后的兴趣和信任，只是苦于没有大臣支持自己废后的行动。

恰在此时，中书舍人李义府为长孙无忌所恶，降职为壁州司马。李义府为挽救自己的仕途，接受另一同事中书舍人王德俭的建议，投高宗和武昭仪所好，向皇帝上书，请求废黜王皇后，立武昭仪为皇后。

李治拿着奏章，如获至宝，立即召见李义府，又是赐珠，又是加官，武昭仪正愁没有同盟者，也立即派人私下给李义府送上厚礼，结为心腹。

不久，李义府即破格提升为中书侍郎，一跃而成为宰相之一。

慢慢地，当时的卫尉卿许敬宗、御史大夫崔义玄、中丞袁公瑜都倒向武昭仪一边，成为她夺取皇后宝座的心腹。

从此，武昭仪在朝廷之中有了自己的政治小集团，以长孙无忌为首的元老贵族集团的一举一动，都处在武昭仪的监视之中。

不久，元老集团中的长安令裴行俭被贬为西州都督长史，许敬宗则升为礼部尚书，这一贬一升显示着两个政治集团力量的消长。

到了九月，李治与武昭仪以为废后时机已经成熟，便召长孙无忌、褚遂良、李世勣等几位元老入宫正式征求他们对废立皇后的意见。

　　褚遂良首先发言表示坚决反对，乃至以辞职相威胁。另外几位重臣如韩瑗、来济、于志宁等也接连上书谏阻废立，一连几天，君臣争执不下。

　　在这关键时刻，元老之一的李世勣，叛变了。他叛变的立场，倒不是为官为钱，只是平时不大看得惯长孙无忌的专权。于是，他改变了立场，对李治表态说："这是陛下家事，不必更问外人。"这无疑是在向李治暗示支持倾向。

　　李治觉得可以下决心了。十月，在武昭仪及其党羽的支持和李世勣以中立姿态的默许下，再也不看舅舅长孙无忌的脸色行事，毅然决然地做出了废黜王皇后、立武昭仪为皇后的决策，并将元老重臣褚遂良贬为潭州（今湖南长沙）都督，不久，贬到更远的桂州（今广西桂林）当都督。

　　几个月后，王皇后和萧淑妃便被武则天秘密处死。为了树立新皇后的权威，十一月，李治在皇宫举行了盛大的册立皇后的典礼，并在皇宫肃仪门举行了隆重的百官朝见新皇后的仪式。

　　这在大唐历史上是第一次，也是武则天所享受的第一次百官朝拜。

　　李治此时当然不会想到，以后这种百官朝拜武则天的事，会持续几十年地发生无数次，无论他本人在，或不在。

成为"二圣"

　　武则天是逐步品尝到权力的滋味儿的。

　　当上皇后的武则天，一开始并没有涉足朝政的野心，她只是想在朝廷中建立一个支持自己、为自己说话的政治集团，借以打击报复元老贵族集团和巩固自己的皇后地位。

　　在当时的情况下，巩固皇后地位的最佳措施，莫过于将自己的儿子立为皇太子。所以，武则天当上皇后的第一件事便是教促李治于次年正月，宣布废黜皇太子李忠为梁王，立自己所生长子李弘为皇太子，并改年号为显庆，是为显庆元年（656）。

　　但是，敌人依然很强大。只是贬走一个褚遂良，并不能从根本上改变元老贵族集团控制朝政的局面。

　　还有一个敌人，强大而且危险：长孙无忌。李治和武则天共同的舅舅，元老贵族集团的首领。

　　对于长孙无忌来说，当皇后武则天的敌人他并不怕，但是，有一点非常致命，他没有想到，他同时也成了皇帝李治的敌人。

　　而他成为李治的敌人的原因，很简单，他一直把李治当自己的外甥，可是他忘记了，李治还有另外一个身份，皇帝。

　　既然是皇帝，就应该拥有皇帝的权力和威严。但在舅舅长孙无忌为首的元老贵族集团的"照顾"下，李治一直过着"顾命大臣"左右朝政、挟权窃威的傀儡政治生活。时间一长，李治能忍？

　　就这样，在高宗的支持下，武则天的政治集团很快控制了朝廷要职：李义府当上了中书令，许敬宗受任为侍中，掌握了中书省、门下省这两个中枢机构，羽翼袁公瑜、辛茂将等也窃据要职，下一步打击报复元老集团就易如反掌了。

显庆二年（657）七月，进攻的号角吹响，武则天正式开始了摧毁长孙无忌和元老集团的行动。

攻击由许敬宗、李义府发起，他俩出面，诬奏"前侍中韩瑗、前中书令来济与褚遂良图谋不轨，因桂州乃用武之地，便授褚遂良为桂州都督，想借以为我外应"。图谋不轨就是阴谋造反夺权取天下，这在那个时代是株连九族的大逆不道罪行。

不须再说二话，韩瑗被贬为振州（今海南三亚）刺史、来济贬为台州（今浙江临海）刺史，褚遂良再贬为爱州（今越南北部）刺史，柳奭再贬为象州（今广西象州）刺史。

这几位可以说是元老集团的羽翼，羽翼已去，下一步就该砍掉主干了。这个主干，就是长孙无忌，坐以待毙的长孙无忌。

机会很快就来了。

显庆四年（659），洛阳有人上告太子洗马韦季方、监察御史李巢等结党营私，许敬宗受命调查此事，韦季方畏罪自杀未遂，许敬宗趁机上书诬告说："韦季方与长孙无忌相互勾结，残害忠良，以便让大权落入长孙无忌之手，再伺隙造反，如今事情败露，想自杀灭口。"

另一方面，许敬宗又逼迫韦季方承认与长孙无忌、韩瑗、柳奭、褚遂良等相互勾结以谋不轨。

昏愦懦弱的李治，对如此重大的事件竟不亲自审问，而是听许敬宗、李义府等人的一面之词，迅速做出决定，免去长孙无忌的一切职务和封邑，贬为扬州都督，流放黔州（今重庆彭水）安置，元老集团中保持缄默的于志宁、高履行等也被贬到边疆。

扳倒了长孙无忌，武氏集团就肆无忌惮了，接下来便开始了大规模的诛杀。

长孙无忌、韩瑗、柳奭、褚遂良等人及其兄弟儿孙或秘密或公开，均遭处死，家属被远远流放，前后贬杀流放者达几百人。

从此，武则天的政治集团牢牢控制了朝廷大权，武则天开始能够左右朝廷主要的军政大事。

按照史学大家陈寅恪的分析，武则天把长孙无忌扳倒，在历史上是一个大的转折点。因为武则天的出身，是低下的寒族；而长孙无忌呢，则代表关陇门阀世族。

在此之前，自东汉末年以来，社会上层政治一直操纵在门阀世族手中，政治僵化，智慧窒息。自武则天沉重打击这些门阀世族之后，社会风气为之一变，改革与进步的空气日益浓厚。

而武则天之所以在与王皇后的争斗中屡遭元老集团反对，一个重要原因就是她的家族在宗法制中地位不高。

所以，武则天要想在贵族上层社会取得牢固的地位，还必须改变自己家族血统在封建宗法制中的排序，制造出自己高贵血统的舆论。

于是，在打倒了以长孙无忌为首的元老集团后，武则天指示许敬宗等人上书李治，提出李世民时期修的《氏族志》"不叙武氏本望，请求予以修改"。

为了满足武则天的需求，一个以礼部郎中孔志约为首的修志班子成立了。不久，新的《姓氏录》随之诞生，其中，"以武则天家族为第一等""其余都以现任官品高下为次序"，一共分为九等，五品以上官员都入为士流，这一来便彻底打破了原来以官颁族姓次序为高低的门阀士族制度，为庶寒士族地主阶级进入国家高级官员之列、成为新进贵族打开了方便之门，也为以后武则天登台为帝做了思想和舆论准备。

武则天正式参政的机会，也是天赐的，因为李治的身体不好。

显庆五年（660），年仅 32 岁的李治患轻度中风，头晕目眩，居然到了无法理政的地步。

李唐皇室，似乎有高血压病家族史。李治的祖父李渊、父亲李世民，都有患上类似"风疾"的记录。而这个"风疾"，从其头晕头痛、影响视力、影响语言能力、影响行动能力等症状来看，很可能就是现代医学上的高血压病。

后来的唐顺宗李诵、唐穆宗李恒、唐文宗李昂、唐宣宗李忱都先后患有此病，唐顺宗李诵因此病而失去了语言功能，唐穆宗李恒则更因此病而失去了行动能力。加上李治本人，唐朝22个皇帝中共有7人患有此病，比例高达32%。这还只是见诸记载的。

李治无法理政，那政务交给谁处理呢？儿子们还小。李治把目光移到了自己的"贤内助"身上。事实上，武则天这位"贤内助"，平时已在政务上帮助李治出谋划策了。

交给她，放心。李治心想。

而武则天"性格开放，头脑敏捷，广涉文史，处理政务井井有条，上下得当"，加之能够屈身忍辱，承顺李治意愿，所以李治一则力排众议立她为后，继则将政事交与她处理。（《资治通鉴》卷二〇〇）

这是武则天从后宫走向前朝的关键一步。

在武则天的主持下，龙朔二年（662），初步对官制进行了改革，改门下省为东台，中书省为西台，尚书省为中台，侍中为左相，中书令为右相，仆射为匡政；六部、二十四司、御史台、九寺、七监、十六卫都改了名。

其实，不只是改个名这么简单。武则天想让朝廷内外的人都看到，她执政理政的不一样。但是，毫无法制约束的专制政治在任何人手中都会走向专权的极端，武则天也一样。

现在，轮到武则天的权力和李治的皇权互相冲突了。

龙朔三年（663），右相李义府主持选拔官吏时，依仗武则天势力，卖官鬻爵，招贿纳亲，引得朝野议论纷纷，李治便批评李义府，李义府却毫不认错，反倒责问高宗说："是谁向您讲的？"言下之意好像立刻就要去找此人算账，弄得李治好不恼火。他开始慢慢有大权旁落的感觉了。

这种感觉积累多了，终于在一天把武则天推到了极度危险的境地：

武则天将王皇后、萧淑妃处死之后，据说其所居宫中常常闹鬼，为了驱除王皇后、萧淑妃的阴魂，便请道士郭行真入宫为厌胜之术，即驱鬼术。

不料，这事被原为废太子李忠太监的宦者王伏胜告到了李治那里。李治本来对近来武则天及其党羽的专横跋扈有所不满，听说此事后不觉大怒，便立即召进西台侍郎上官仪与之商量，上官仪建议他废掉皇后"以顺人心"，李治深以为然，指示上官仪起草废后诏书。

千钧一发之际，武则天在李治身边安插的耳目起到了关键作用，武则天马上就得到了消息。她即刻来到李治宫中解释，李治本来多少有点惧怕皇后，这会见皇后一番话，便"羞缩不忍，待之如初"，又害怕皇后发怒，把责任一股脑儿推给上官仪。

武则天当然要秋后算账。她指示许敬宗诬告上官仪、王伏胜与已废太子李忠谋反，三人连同其家属一起统统被处死。

从这件废后未遂事件中，武则天悟出一个道理：自己虽然已是皇后，但命运其实仍然握在别人手里，随时有可能像贞观末年一样被轻易打发到尼姑庵中去，因而必须自己执政，牢牢控制住国家政治大权，才不至于被人暗算。

这样的惊险局面，绝对不允许重演。

从此，只要李治出面处理政事，武则天都要与之同行同坐，一在前庭，一在帘后，政无大小，她都要亲自过目，亲自决定，李治听命而已，内外称为"二圣"，她成了事实上的掌权者。

武后施政

当然，武则天深知在当时那种男权观念盛行的封建社会，女人干政，不做出一番卓有成效的事业和政绩来，是难以维持长久的。

所以，她在垂帘听政、实际参与执政后，便锐意将还残存着较为浓厚的袭自南北朝的尚武政风"更为太平文治"，实施了一系列的改革。

唐朝科举考试的规模，是在武则天手中扩大的。

史载，"永徽以前，俊士、秀才二科尚与进士科并列。咸亨年间以后，凡是由文学中举入选的人才都集中在进士科。"录取数量也显著增多。

对比一下，李世民贞观年代一共二十三年，进士总共录取二百零五人，最多的一年二十四人。而据徐松《登科记考》统计，自麟德元年至弘道元年李治去世时止，十九年间录取进士至少三百人，最多一年达七十九人。

唐玄宗开元时期的名相姚崇、宋璟、张九龄和文坛名士陈子昂、刘知几等，都是这时通过科举考试选拔出来的杰出人才。

武则天又创设"南选"之制，以便于选拔岭南、黔中等地区的人才加入官员行列。

唐中叶的礼部员外郎沈既济总结唐前期科举制时，注意到了武则天的贡献，他说："则天太后博览文史，爱好雕虫之艺，永隆年间开始以文章选士，及至永淳年间以后，太后君临天下二十余年，当时公卿百官无不以文章显达。因循日久，渐以成风。"

可见，唐代文坛空前繁荣，是与武则天提倡"文治"的政治风格分不开的。

最能体现武则天治国思想的，是上元二年（675），武则天向李治上书"建言十二事"：

一、奖励农桑，轻徭薄赋；

二、免除京城三辅地区的租赋；

三、息兵兴文，以道德化天下；

四、天下严禁崇尚浮巧；

五、省工费力役；

六、广开言路；

七、杜绝谗言；

八、王公以下都应学习《老子》；

九、父在而母去世者为母服齐衰三年；

十、上元年间以前勋官已给告身者不再追核；

十一、京官八品以上增加俸禄；

十二、百官任职年久而才高位低者进阶升秩。

以上十二条，就是武则天的施政纲领。

从这篇奏疏来看，武则天对当时国家政治状况的利弊得失是十分熟悉的，同时也显示出她对《老子》学说中的"无为而治"的政治思想十分推崇，的确在着意促成李世民时期未能完全达成的"偃武修文"局面。

可见，武则天的政治主张是比较务实的。

也许正因为在几年的垂帘听政中显示出了武则天高超的治国能力，随着李治中风病症愈来愈重，咸亨元年（670）以后，李治便将"天下政事一一付托给武则天"。

上元三年（676），李治因为病痛缠身，曾打算让武则天正式摄知国政，以便"传位给武则天"，只是在郝处俊、李义琰两位参政宰相的劝阻下才作罢。

从这件事可以看出，武则天的地位并不巩固，危机依然存在。

一旦李治去世，她还会面临存亡抉择。因此，她还需要加强自己的统治基础，打击对立面。

但是，武则天这次不是直接打击郝处俊、李义琰，而是采取了迂回出击的办法。

武则天以"广召文词之士入禁中修撰"为名，引进文学之士元万顷、刘祎之、范履冰、苗神客、周思茂、胡楚宾等人，让他们集中撰书，前后共撰成了《列女传》《臣轨》《百僚新戒》《乐书》《少阳正范》《兆人本业记》等千余卷书籍，多是规范太子及臣民行为的嘉言懿行，作为对先前颁布的《唐律》的补充。

因为这批人被特许由宫城北门即玄武门出入禁中，故时人称为"北门学士"。北门学士的任务，当然不仅仅只是著书。

武则天规定，北门学士对于"朝廷奏议及百官表疏，密令参决，以分宰相之权"，以达到打击对立面顽固官僚集团、加强自己统治基础和政治地位的目的。

事实上，这些人的确对武则天参政议政发挥了相当重要的作用，也对当时的文治成绩卓有贡献。

史称，范履冰、周思茂"最蒙亲信，至于政事损益，多所参议"；刘祎之"甚见亲信委任，当时军国所有诏敕，独出祎之，构思速敏，皆可立待"。最后，刘祎之、范履冰官至同中书门下三品，进入宰相班子，元万顷官至中书侍郎，周思茂官至秘书少监。

同时，武则天还着意改变原来一般士人难以进入三品以上官阶的局面，于是，"乾封以后，始有泛阶入五品、三品"的现象，关陇集团垄断高官勋贵的局面开始被打破。

她除了加紧培植新进年轻的靠拢自己的官僚集团外，还不断打击和削弱李氏皇族成员，不断强化自己在李氏皇族中的至高地位。打击对象中，也包括她的亲生儿子们。

首当其冲的是皇太子李弘，他此时已经成人，几次对朝政提出批评和建议，李治也屡屡因出巡而让他监国，特别是李弘见到萧淑妃的两个女儿义阳公主和宣城公主，年已四十还被幽闭在掖庭未嫁，便几次向李治和武后上书或面请，建议尽快将二女出嫁，以遂人伦。

李弘这种在政治上的自主意识，并不符合武则天的心意。

无论是谁，都不能成为自己通往皇权之路的障碍，也包括亲儿子。

上元二年（675）四月，李弘随李治与皇后巡幸至洛州，在合璧宫遇毒身亡，年仅 24 岁，这成为唐朝的一桩疑案，时人怀疑是武则天指使人干的。

此后直至 683 年李治去世的八年中，武则天又先后废立了二位太子，依次是她亲生的次子李贤、三子李哲，稍不驯服即予更换。

其中，李贤为太子五年，于调露二年（680）被废。同时，先后将杞王李上金、郇王李素节等流放边疆，蒋王李恽自杀，将常乐公主、义阳公主、宣城公主等幽禁起来，杀周王显妃赵氏。

这些旨在打击李唐皇室的措施，当然有利于李治去世后，由武则天出面摄政。

成为女皇

永淳二年（683）十二月，李治去世，享年 56 岁。

这一年，武则天刚好 60 岁，25 岁的皇太子李显（原名李哲）继位为帝，是为唐中宗，以次年为嗣圣元年（684），武则天作为皇太后临朝称制，遥控政局。

一切，都在武则天的掌控之中。

为了防止唐室其他王侯趁李治去世、新皇帝初即位时作乱，武则天采取了笼络措施，对泽州刺史韩王李元嘉等威望素重的侯王统统加上三公荣衔，以慰其心。

唐中宗刚刚即位时，武则天似乎只是想在大政方针上加以控制，其余事情就放手让唐中宗与大臣们共同处理，并不打算越俎代庖。

因此，她精心为唐中宗组织了一个相当得力的中枢宰相班子：刘仁轨为尚书左仆射，裴炎为中书令，刘齐贤为侍中，岑长倩为兵部尚书、知政事，魏玄同为黄门侍郎、知政事。

但是，这位唐中宗在政治上也有主见，同样对母亲的干政不满意。一上台，就开始大力培植自己的势力，准备与母后争夺大权，在下令将自己的岳父大人韦玄贞从一个小小参军一下子提拔为豫州刺史后不久，又指示宰相们将韦玄贞再越级提拔为侍中，拉进宰相班子，又示意授予自己奶妈的儿子以五品官。

这样违反常规的做法，宰相们自然要反对。在据理力争之际，唐中宗年少气盛，竟然说："我要把天下拱手让给韦玄贞，又有何不可？你们居然吝惜一个侍中职位！"

武则天一听这句话，这还了得？借口来了，唐朝的天下岂能送给韦家？她决定立即废黜唐中宗。

二月，武则天将文武百官集中到乾元殿，派宰相裴炎、刘祎之和将军程务挺等人率兵入宫，宣布废黜中宗，将他软禁于后院。

在废黜中宗几天后，武则天立第四个儿子李旦为帝，是为唐睿宗，时年22岁。

但唐睿宗这个皇帝，实际上是个挂名皇帝，当得憋屈，他不能居住在皇帝正殿，而是居住在偏殿赋闲，不能参预任何政事。政事不用他操心，武则天已以太后名义"临轩视朝"，执掌朝政。

还有一个威胁要消除：她派左金吾将军丘神勣前往巴州逼令前太子、她的第二个儿子李贤自杀。因为李贤是她几个儿子中最有政治抱负且最有声望的人物，随时有可能对她干政与执政构成极大威胁。

接下来，武则天开始积极为自己登上皇位做准备了。

首先是大批提拔任用武氏兄弟子侄，在此前的亲信官僚集团之外，再打造一个依靠血缘纽带维系的武氏宗派集团。因为在与李治一道执政的二十年中，她已经看清，利用新进年轻的官僚集团至多只能达到干预朝政的目的，一旦涉及母后临朝和改弦易辙等问题，深受封建正统观念影响的官僚们便大多倒向李唐一边，至多保持中立，很少人敢于为武氏天下振臂大呼的。但是武氏子侄，就能做到这一点。

于是武则天的侄子武承嗣几年间便由尚衣奉御而秘书监，光宅元年再升为礼部尚书，几天后即任命为同中书门下三品，一跃而预宰相行列；另一侄儿武三思被任命为夏官尚书，其他武氏亲属多半鸡犬升天。

然后，又开始更改官制名称。

九月，武则天宣布改年号为光宅元年（684），大赦天下。所有旗帜改为金色。改东都为神都，作为国家正式首都，迁百官于神都办公，改长安为西京，并改尚书省为文昌台，左右仆射为左右相，尚书六部为天地、四时六官（即天官、地官、春官、夏官、秋官、冬官）；门下省为鸾台，中书省为凤阁，侍中为纳言，中书令为内史；御史台为左肃政台，新增右肃政台，其余省、寺、监、司等均改为新名。

这一次的改，是大动作，把首都从长安搬到了洛阳。可以想象，百官在搬迁办公室的过程中所感受到的翻天覆地的变化。

武则天要的，就是这个效果。她要给人们造成一种大唐政治已经结束、全新的武则天女皇时代业已到来，一切都将以全新的气象从头开始的感觉。

"鸾"与"凤"在汉语中都是巾帼英雄的代名词，是女人特有的表征。但这两个代名词，被赋予了门下省、中书省这两个权力机构。而这两个中央权力机构被改为女性色彩的名称，在中国历史上是绝无仅有的第一次，当然也是最后一次，其中的意义，已经是呼之欲出了。

武则天又下令追赠武氏五代以下诸祖为王公，立武氏七庙，并在家乡山西文水立武氏五代祠室。

这下，谁都看得出来，武则天要干什么了。于是，朝廷中的一些忠于李唐的官员开始出面反对和抵制。

老资格的宰相刘仁轨深得武则天器重，在她迁都洛阳时，任命刘仁轨为西京留守，委以西京全权责任，喻之为刘邦委托萧何。但刘仁轨却趁机上书"陈吕后祸败之事以申规戒"。

另一老资格且同样受武则天信任的宰相裴炎，也以吕后之败为例坚决反对为武氏立庙，劝告武则天："太后母临天下，应当示天下以至公，不可私于所亲。难道您没有看到西汉吕后给吕氏家族带来的祸败吗？做事应当防微杜渐，不可重蹈覆辙了。"

一时间，朝野议论纷纷。

这使得武则天不得不忍痛对这些曾经为自己所赏识的大臣开刀，一大批比较保守的官员被撤职，包括裴炎、刘仁轨、刘齐贤、冯元常等高级阁僚的降职。

以上还只是文斗，动嘴。很快，动武的反叛来了，由徐敬业发起，他还是名门之后，李世勣的孙子。李家的爷爷，孙子却姓徐，不奇怪，因为李世勣原姓徐，叫徐世勣，李是赐姓。

徐敬业本来是袭封的英国公，在武则天打击元老贵族官僚集团的斗争中由眉州（今四川眉山）刺史贬为柳州司马，同时被贬的还有其弟周至令徐敬猷、给事中唐之奇、长安主簿骆宾王、詹事杜求仁、御史魏思温等。

他们会集扬州，联络现任监察御史薛仲璋等人，设计夺取扬州兵马，举起反武大旗。

徐敬业自称匡复府上将兼扬州大都督，骆宾王为记室，魏思温为军师，数日之间扩军至十余万人。

叛军以匡复中宗皇位为名，由骆宾王写成著名的《代李敬业传檄天下文》，广泛分发到全国各地，骂武则天"包藏祸心，窃窥神器。君之爱子，幽之于别宫；贼之宗盟，委之以重任"。发出惊呼："一抔之土未干，六尺之孤安在！""试看今日之域中，竟是谁家之天下！"扬州附近郡县多有响应。

此时在朝廷内部，因为徐敬业干出了自己想干而没敢干的事情，所以以裴炎为首的一批保皇派大臣暗中与徐敬业等遥相呼应，屡次以汉代吕后之祸影射武则天，唱言"皇帝年长，不预政事，故徐敬业等以此为借口。如果太后返政于皇帝，叛乱不讨自平"，迟迟不讨论出兵讨伐叛乱之事。

内忧外患，这就是武则天当时面临的乱局。

面对朝野反对势力，她不得不断然采取措施：一面任命禁卫大将军李孝逸为扬州道大总管，率水陆大军三十万从洛阳沿运河南下，讨伐徐敬业，不久又增派大将军黑齿常之为江南道大总管，率军增援李孝逸；一面将裴炎逮捕下狱，以谋反罪斩首，并将其党羽凤阁侍郎胡元范、刘景先等流贬远方，以剿除肘腋之患，朝廷内部为之肃然。

一个月后，徐敬业叛军被剿平。

为了庆祝朝野反叛势力被铲除，武则天下令改次年为垂拱元年（685）。

鉴于这次内忧外患的教训，武则天意识到内外群臣并没有完全倒向自己这一边，对李唐皇室效忠者大有人在，必须采取更加严厉的镇压措施。

不大肆诛杀，不足以立威。一场大唐以来最大规模的政治大屠杀，开始了。

武则天开始采用告密和酷刑来对付一切公开和潜在的敌手，加紧镇压反对派势力。

垂拱二年（686），下令在朝堂上设立铜匦以接受告密信，规定，凡有告密文书，官吏不得过问，无论何人只要是为了告密事，都给五品官食宿待遇，用车马接送，告密有功者破格授官。

同时，任用一批酷吏，"委政狱吏，剪除宗枝""起告密之刑，制罗织之狱"。臭名昭著的酷吏就有索元礼、周兴、来俊臣、丘神勣、万国俊等二十七人。

这些人还专门编写了一本《告密罗织经》，总结诬告罗织罪名、陷人于死罪的方式方法，并发明了许多前所未有的酷刑峻法。

武则天利用这批酷吏对付李唐宗室和文武大臣中的反对派，至万岁通天二年（697）处死来俊臣为止的十四年中，经酷吏经办的政治大案近五十起，前后诛杀数百家数千人，李唐宗室及忠于李唐的文武大臣被诛杀殆尽。

到武则天改唐为周的天授元年（690）的七年时间内，唐高祖、李世民、李治三代皇子中，只有武则天所生两个儿子李显、李旦还在，且李显已流放在外，李旦也被软禁在偏殿，二十四名宰相中被杀、贬者二十一人，善终者只有二人，其中有两位宰相还是武则天的侄子武承嗣、武攸宁。

事实上，武则天任用酷吏杀人，实在是不得已而为之，是为了对付当时势力强大的反对派。

如果她当时不利用这些酷吏的严刑峻法，她就不可能在强大的封建正统的保守势力面前实现自己临朝称帝的政治理想，即使登上了皇位也不可能坐稳坐牢。

另一方面，她不仅绝不让这些不学无术的酷吏参预朝政，而且还特意保护和重用了狄仁杰、徐有功、杜景俭、李日知等一大批忠贞能干的正直大臣，尽管酷吏们对这批忠贞大臣恨之入骨，屡欲加害，武则天都屡加干预和保护，不许加害。她利用这一大批忠正大臣也纠正和制止了酷吏们的许多胡作非为，实施了许多有益于社会的政治与军事等措施。

左相苏良嗣在朝堂与武则天的情夫薛怀义相遇，薛怀义对苏良嗣不施礼，苏良嗣大怒，命左右随从抓住薛怀义就地一顿棍棒，事后薛怀义在武则天面前告状，武则天却说："你应当从北门往来，南衙是宰相往来之所，你怎么能到那里去呢！"

可见武则天并不像历史上其他一些昏君和暴君那样，与奸臣酷吏同流合污，心目中是有公私与是非分寸的，她的用意在于以忠治奸，以奸制忠，保持权力平衡。

告密之风和酷吏司法，严重地打击了李唐皇室贵族集团和效忠李唐皇室的官僚集团，为武则天君临天下铺好了道路：

垂拱四年（688）正月，在洛阳开始修建自高祖、太宗朝以来一直都准备建立的明堂，修成后的明堂，顶端为圆盖，造型为九龙捧凤，九龙之上一只铁凤凰，高一丈，黄金修饰。

以凤压龙，这在中国历史上可谓史无前例，强烈地显示出武则天以女儿之身而君临天下的革命意识。

四月，武承嗣让人在一块白石上刻下"圣母临人，永昌帝业"八个字，进献给则天太后，谎称得之于洛水。

武则天抓住这件事，命令各州都督、刺史和皇室、外戚等齐集洛阳，自己亲自拜谢洛水，宣布给自己加尊号为"圣母神皇"，并铸造象征女皇权力的"神皇三玺"。

这实际上是武则天加冕称帝的一次预演，也是对朝野人士及李唐皇室对于武则天君临天下的心理承受能力的一次测试。

果然，李唐皇室诸王认为，这是太后要革大唐之命的讯号，于是，以高祖十一子韩王李元嘉为首的唐室诸王"密有匡复之志"，散布太后要"尽收宗室，诛之无遗""欲移李氏社稷以授武氏"等流言，并暗中由越王李贞及其子琅玡王李冲出面，"分告韩、霍、鲁、赵及贝州刺史纪王李慎等，令各起兵共趋神都。"

武则天得知消息后，马上委任丘神勣为清平道行军大总管、鞠崇裕为中军大总管，率军十余万前往镇压，半月之内即扫平叛乱。

实在是替天下第一名将李世民扼腕长叹。你看看他的这些子孙，半月之内就被扫平，对手还是丘神勣这样的轻量级选手，哪儿有一星半点当年的战神风范？一代不如一代。

武则天早就想对唐室诸王下手了。

早在几年前，武承嗣就屡次建议武则天及早除掉唐室诸王，武则天以事出无因而迟迟没有动手，这一次算是唐室诸王自动跳出来送死，武则天便借机派酷吏周兴收捕诸王，大肆诛杀，于是，"宗室诸王相继诛死，几无遗类。

其子孙年幼者及家属皆配流岭外，诛其亲党数百余家。"（《旧唐书·则天皇后纪》）

至此，坚冰已经清除，道路已经开通，武则天可以称帝了。

689年元月，武则天在神都洛阳明堂举行盛大祭祀典礼。她穿上皇帝的礼服——衮冕，手执代表天子权力的玉镇圭，率睿宗、太子及群臣，祭告天地，自己为主祭，睿宗为亚献，太子为终献。

按照封建宗法制观念，在这种大型祭祀典礼中，皇帝是当然的主祭。

因此，这一次祭祀活动应该是武则天君临天下的标志，只不过不是作为后来确定的大周皇帝，而是以大唐女皇帝面目出现的。

接下来，武则天在北门学士的策划下，经过了一系列的舆论及程序准备：

十一月，她下令将汉武帝以来一直沿用的夏历改为周历，即以永昌元年（689）十一月为载初元年正月，因为她父亲曾受封为周国公，她便是周文王、武王的后裔，所以她的新王朝也应是周朝的继续。

同时，改造天、地、日、月、君、臣等十二个新字，武则天自名"曌"（音zhào，即照），并改"诏"为"制"。

次年二月，武则天创设"殿试"，亲自出面策试贡士，以树立自己爱才用才的形象，也借此广开入仕之路，以扩大新进官僚阶层，进一步削弱关陇门阀世族集团。

七月，洛阳魏国寺僧法明等人撰《大云经》，上表进献，经中说："太后是弥勒佛下凡，当代唐为帝，君临天下。"武则天马上指示将此经颁布天下，以扩大影响。

借此机会，武则天的亲信大臣又先后搞了两次大型请愿活动。

第一次由侍御史傅游艺率关中百姓九百余人，到洛阳宫门外上表，请求改国号为周，赐睿宗姓武氏。武则天表面上拒绝所请，却升傅游艺为给事中。

榜样的力量是无穷的。随后，文武百官、李唐皇室宗亲外戚、远近百姓、四夷酋长及沙门道士等前后六万余人上表，请求武太后登位称帝、将国号改为"周"，就连唐睿宗李旦也上表请改姓武氏。

到了这一步，武则天已是众望所归了。她巧妙利用亲信制造了这样一种民众拥戴她称帝的氛围，为自己名正言顺地登台称帝创造了合法的外衣。

瓜熟蒂落，水到渠成。这年九月九日（690 年 10 月 16 日），67 岁的武则天登上洛阳皇宫则天城门，宣布改唐为周，改年号为天授，接着，群臣上尊号为"圣神皇帝"，睿宗降为皇嗣，赐姓武氏。

不让须眉

武则天的可贵之处在于，她夺取天下后并不像历史上一些暴君昏君一样，利用天下百姓及财富来为我一人所用，只为了满足自己的权力欲和挥霍欲，而是任人唯贤、励精图治，以发展经济、安抚天下苍生为己任。

早在登基前夕，武则天就特意问其北门学士之一的陈子昂，当今为政之要是什么。陈子昂为此上书三千言，提出"缓刑崇德，息兵革，省赋役，抚慰宗室，各使自安"等主张。

果然，武则天称帝后的第一件事便是抚慰人心，安定政局。

在继续严厉打击反对派的同时，武则天开始逐步整治酷吏，仅即位的第二年一年，就先后把罪大恶极的酷吏元首丘神勣、周兴、索元礼处以死刑。兔死狗烹，鸟尽弓藏，真是大快人心！随后，其他酷吏也相继被一一绳之以法。

武则天对付酷吏的办法是相当机智的，先是利用来俊臣等少数资历浅的酷吏来整治周兴等首恶，以毒攻毒，惩罚了大多数酷吏，再逐步限制来俊臣的权力，适当制止他的滥杀。最后，至万岁通天二年（697），利用来俊臣诬告太平公主及皇嗣谋反的事件，将来俊臣处以极刑，酷吏时代也随之宣告结束。同时，听从大臣劝告，减省刑罚，崇尚宽恕，下令赦免先前获罪者的家属，允许因酷吏罗织而被流放边疆的罪人及其家属各还乡里。

与此同时，武则天更加注意选拔贤俊人才到各级政府任职治国。

长寿元年（692），武则天亲临朝堂，引见百官所举荐的人才，"高者试凤阁舍人、给事中，次试员外郎、侍御史、补阙、拾遗、校书郎。"唐代试官制度自此开始。这也可说是武则天的一个创举。

虽然当时朝野人士讥讽试官制度过滥，创作顺口溜说："补阙连车载，拾遗凭斗量。"但是，武则天听到这个顺口溜时，第一句话却是："只要你们不滥就行，何怕别人说三道四！"这就是说，滥一点没关系，只要其中有真正的英才为我所用就行。

的确，尽管武则天任用了不少酷吏和奸臣，但她也选拔任用了一大批能干清慎官员，如名臣裴炎、李昭德、岑长倩、魏元忠、狄仁杰、姚崇、宋璟、张柬之、徐有功等，边将程务挺、唐休景、娄师德、郭元振等都是一时俊杰英才，她在位二十一年间所任用的七十三位宰相绝大多数都是能干清慎之士。

她对待手下这些大臣们的原则是，忠奸并用、善恶同器、利用矛盾、各用所长、相互牵制、相辅相成。

因为，她要夺取李唐天下、镇压反对派、与传统观念做斗争，就不能不用倒行逆施的奸臣酷吏；但她又要保持政治稳定、发展社会经济文化、安定民心以实现自己的政治理想，就不能不任用能干清慎的政治家、军事家和儒学道德之士。

如果她单纯只重用忠贞清慎而富于文韬武略的大臣，她的临朝称制、改朝换代的设想不可能实现，即使实现以后，随着时间的推移，这些满脑子正统忠君思想的儒学之士有朝一日也必然会谋求李唐帝王的复辟，在她晚年决意结束酷吏专政以后，名相张柬之成功地发动政变逼她退位一事就是明证。

如果她单纯只信用奸臣与酷吏，即使她能很快以铁腕手段实现自己的政治野心，但社会政治也会随之陷入黑暗而混乱的局面，民心不安定，经济无发展，失民心者必然失天下，终有一天会出现官逼民反、国亡身败的结果，酷吏来俊臣最后发展到诬陷诸武、太平公主及睿宗等一大批李武两家宗亲而欲谋夺相权的事件也为此做了注脚。

因而，虽然她在即位前后相当长一段时间内大肆杀戮，在统治阶级内部制造了数以千百计的流血事件，杀人盈野，血流成河，但国家政治却并未因此陷入混乱和黑暗之中，社会环境仍然保持相当安定，经济得到持续发展，下层老百姓的日子丝毫没有受到上层杀戮的影响，过得安定而富足。

中唐陆贽对武则天的用人之道大加赞赏，说则天皇帝"欲收人心，尤务拔擢。弘委任之意，开汲引之门，进用不疑，求访无倦，非但人得荐士，亦得自举其才。所荐必行，所举辄试"。这正是武则天用人之道的奥妙所在。

武则天还把农业发展当作国家重要的战略措施来抓，强调"建国之本，必在于农"。

为了维护实施已久的均田制，她采取了许多措施。

首先是制止兼并土地之风蔓延，下令永业田和口分田一律不准买卖，违者给予处罚。其次是采取措施使逃户还乡，给他们土地耕种，并下令解放奴隶，以增加劳动力。

同时，她要求各级官员都要重视农业生产，省徭薄赋，不夺农时，规定以耕地的增减、田户的多少和农家的收成情况作为官员考核的内容之一，对在任为政苛刻、户口减少的官员要给予处罚。

为了鼓励和指导农业生产，她还指示北门学士专门编写了《兆人本业》一书，亲自为该书题写书名，颁行天下。故在她统治时期，社会经济得到了持续的发展，户口比贞观时期增长近一倍。

在国防方面，武则天任用娄师德"总司军任，往还灵、夏，检校屯田"，连年丰收。

唐安西四镇在李治统治时期被吐蕃占领，西北边境屡遭吐蕃侵扰。长寿元年（692），武则天派王孝杰为武威军总管，与左武卫大将军阿史那忠节一道率军反击吐蕃，克复四镇。

万岁通天元年（696），契丹、突厥兴兵侵扰，武则天以狄仁杰为元帅，率军出击，多次击退入侵者。与此同时，武则天还积极地寻求与吐蕃、突厥和解的机会和途径，软硬兼施，基本保持了西北两方边境的平安。

综上所述，武则天不仅在争夺皇后、皇帝权位的政治斗争中极为讲究策略，而且在后来治国平天下的帝王政治生涯中也充分显示出她高瞻远瞩、经天纬地的政治韬略。

值得注意的是，武则天晚年精力不济，国事渐乱，其武氏子侄辈多次敦促她立武氏子侄为皇太子，以便传位给武氏，但武则天非常英明地拒绝了这一阴谋。

而当以名相张柬之、姚元之为首的一批得力官员和相王府李唐诸王一道，在神龙元年（705）正月发动政变，诛杀武则天所宠信的张昌宗、张易之等奸佞贼臣，要求武则天退位还政时，武则天又表现出了难得的明智态度，政变第二天即颁布皇太子监国的命令，第三天即毅然退位，传位给皇太子。

十一月，她去世前立下遗嘱："去帝号，称则天大圣皇后。"这一切，再次表明武则天是一个富有政治眼光和智略的女政治家，所谓"识时务者为俊杰"也！

第
十
三
章

CHAPTER13

玄宗中兴　任人唯贤

李隆基，算得上是唐朝诸帝中话题最多的皇帝了。

话题之一，他，靠自己的力量，抢来了皇位。

李隆基是唐睿宗李旦的第三个儿子，按照正常情况，即使他爹能够坐上皇位，李隆基也没戏。

李隆基在通向皇位的道路上，共发动了两次政变。

一次是唐隆政变：景云元年（710），李隆基联手太平公主，发动政变，处死唐中宗李显的皇后韦氏集团的骨干成员，把自己的父亲李旦扶上皇位，同时由于哥哥李成器的谦让，也为自己挣得了皇太子之位。

一次是先天政变：两年之后的先天二年（713），昔日唐隆政变的盟友，现在成了你死我活的仇敌。李隆基再次发动政变，杀死太平公主集团的骨干成员，从此把国家大权牢牢地掌控在了自己手中。

两次政变，李隆基越过继承顺序，为自己抢到了皇位。

话题之二，他，开创了开元盛世。

李隆基在位一共四十四年，其中的前二十九年，史上还有一个专有名称："开元盛世"。这是唐朝的顶峰，某种意义上，也可以看作是中国几千年封建社会时期的顶峰。

这二十九年，李隆基统治下的唐朝，是当时世界上最为强大的超级大国，政局稳定，经济繁荣，文化昌盛，国力富强。疆域人口，都增长到了唐朝的顶峰。还是杜甫的诗概括得好："忆昔开元全盛日，小邑犹藏万家室。稻米流脂粟米白，公私仓廪俱丰实。"

如果李隆基在开元盛世末期的741年，时年56岁时就死去，那他的一生该有多么完美。在最顶峰时结束，在最绚烂时凋落，留给后人的，将是何等完美的形象。

庄子说："寿则多辱。"李隆基在自己人生最顶峰、最绚烂时，没有死。那么，余下的人生，就基本上是以下坡路和屈辱为主了。

话题之三，他，开启了安史之乱。

李隆基一生中最大的耻辱，就是安史之乱。

安禄山、史思明，用自己的叛乱，给了陶醉的李隆基一个响亮的耳光。

天宝十四年（755）十一月初九，身兼范阳、平卢、河东三节度使的安禄山趁唐朝内部空虚腐败，以"忧国之危"、奉密诏讨伐杨国忠为借口在范阳起兵，向长安进攻。从此，唐朝由盛而衰，再也没有缓过劲儿来。

所以，李隆基既是大唐辉煌的缔造之人，又是大唐衰落的罪魁祸首。

话题之四，他，和儿媳妇谈了一场轰轰烈烈的恋爱。

这个儿媳妇，就是中国四大美女之一，杨玉环。

他们的相遇，只是因为李隆基在踏春的人群之中，多看了儿媳妇一眼。

有人把安史之乱、唐朝中衰的原因归罪于杨玉环。其实，这并不公平。杨玉环和李隆基，只是过于沉醉于彼此的爱情罢了。

沉醉于爱情之中的李隆基，忘记了自己作为一个皇帝，对于国家的责任；而沉醉于爱情之中的杨玉环，也忘记了自己是一个皇帝的恋人，她没有时间也没有眼光，去发现亲戚们在利用自己的爱情不断地做不利于这个国家的事。

李隆基的一生，大喜、大悲，大爱、大恨，犹如过山车。但他仍然是中国历史上大有作为的帝王之一，仍然是一个颇具政治智慧的皇帝。

先发制人的两次政变

李隆基是唐睿宗李旦的第三个儿子,武则天的众多嫡孙之一。

李隆基的母亲窦氏,在武则天当政时被诬陷致死,连尸体都无法找到。李隆基从他踏上政治舞台的那天起,便尝到了政治斗争的险恶与残酷。

705 年,武则天退位,唐中宗复位,改元为神龙元年,唐睿宗降为相王,李隆基时年 21 岁,升为卫尉少卿。

但唐中宗的复位并没有带来清明政治,而是重蹈唐高宗的覆辙,大权被皇后韦氏及女儿安乐公主把持,"行则天故事",因而招来一幕幕宫廷危机。因为皇后韦氏,想当武则天,也过过皇帝瘾。

唐中宗几次被废立,与患难皇后韦氏"情爱甚笃",曾对韦氏信誓旦旦地说过:"一旦重新复出,'当唯卿所欲,不相禁制。'"唐中宗复位后,果然一切唯皇后之命是听。

而韦后一心以武则天为榜样,处心积虑地结党营私,攫取权力,尽引韦氏宗亲执掌大权。但可惜的是,她比武则天差远了。这是一个政治野心大但政治智慧弱的女人。

安乐公主是唐中宗与韦后在患难中生下的女儿,备受宠爱,嫁与武三思次子武崇训为妻,她恃宠骄奢,卖官鬻爵。

韦后又与武三思勾搭成奸,这样一来,韦氏、武氏余党遂联手操纵权柄,武氏宗亲势力沉渣泛起,"令百官复修则天之政"。

武三思借此机会报复张柬之、敬晖、桓彦范、袁恕己、崔玄伟等帮助唐中宗复位的五位功臣,一一将他们贬死岭外,同时,勾连兵部尚书宗楚客、将作大匠宗晋卿、太府卿纪处讷、鸿胪卿甘元柬为党羽，以御史中丞周利用、侍御史冉祖雍、太仆丞李悛、光禄丞宋之逊、监察御史姚绍之等五人为耳目，时人呼之为"五狗"。

这样，在朝廷中，又形成了较为腐朽的韦武政治集团，将新皇帝登位所带来的一点新气象冲得一干二净。

神龙三年（707），唐中宗竟颁敕，令天下不得再言"中兴"，表示要承袭武周，不改其政。

唐中宗复位第二年，立第三个儿子李重俊为太子，但李重俊不是韦后所生，所以，立为太子后，深为韦氏和武三思所忌恨，武三思子武崇训唆使安乐公主凌辱太子，"常呼之为奴"。

李重俊对韦武政治集团的所作所为"不胜愤恨"，于当年七月联络左羽林大将军李多祚等率羽林军攻入武三思、武崇训宅院，杀死他们父子俩及其亲党数十人，但由于没有周密的计划和远大的政治目标，政变很快失败，李重俊、李多祚兵败被杀。

由于这次事件牵涉到相王李旦，韦后对相王五个儿子顿生戒心，李隆基由卫尉少卿贬为潞州别驾，被赶出了神都洛阳。

韦后挫败李重俊等的政变，并将相王诸子贬出京城之后，更加肆无忌惮。

武崇训被杀后，安乐公主另嫁武三思的侄子武延秀，韦后、安乐公主和武延秀表里呼应，与宗楚客、宗晋卿等奸臣结为死党，窃弄朝政，到处散布韦后当为女皇的祥瑞。

此时，朝野人士也看出了韦氏的政治野心，景龙四年（710），连续有人上书唐中宗，告"韦后、宗楚客将为逆乱"。

唐中宗虽然昏庸不信，将告密者一一处死，但韦后、武延秀、宗楚客等也心惊胆战，遂于当年六月初合谋毒死了唐中宗。

韦后毒死唐中宗后，秘不发丧，伪造"遗诏"，以唐中宗16岁的第四子李重茂为皇太子，韦后临朝摄政。

韦后又让其堂兄韦温"总知内外守捉兵马事""台阁要司皆以韦氏子弟领之，广聚党徒，中外连结"。一切布置妥当以后，才让李重茂继位为帝，是为少帝。

这位少帝李重茂，只过了个把月的皇帝瘾。

几天以后，宗楚客等便按原定计划，上书少帝，称引图谶，说"韦氏宜革唐命"，显然，韦后迫不及待地想学武则天登台称帝。

韦后以为自己当皇帝的时机成熟了。其实，还远远没有。在朝中，她至少还有两股势力没有摆平。

相王李旦和他的儿子们，这是一股；还有太平公主，这是另一股。

李旦在朝廷中素有人望，且其五子英武，韦后与宗楚客等深知其中厉害，因而，早就阴谋要除掉相王李旦这一枝，只是还未得手罢了。

此时此刻，即将正式踏上历史舞台中央的李隆基，很忙。

在这之前半年，李隆基已由潞州别驾召回京城，闲居在家，他是一个有政治眼光和抱负的人，对韦后一伙人的倒行逆施深恶痛绝，遂"阴聚才勇之士，志在匡复社稷""多次邀请羽林军万骑营的将领及豪帅宴会，赏赐金帛，得其欢心"。（《新唐书》卷一二一《王毛仲传》）

李隆基还潜心结好唐中宗、相王的亲妹妹太平公主，与这位早在武则天时代就已经参与政治且有相当高的政治威望的姑母结成政治同盟，这可以说是李隆基政治策略上比较高明的一着棋。

太平公主是武则天唯一的女儿，性格也酷似武则天，有智有谋，韦后等虽然"专权中宫，都以为智谋不及太平公主，十分敬畏她"。（《旧唐书》卷一八三《武承嗣附太平公主传》）

太平公主对韦后等人的所作所为也是十分痛恨，与李隆基一拍即合。兵部侍郎崔日用一直依附韦后、宗楚客，得知韦后、宗楚客阴谋后，也许是出于害怕事情不成反而连累自己，便派人向李隆基告密。

于是，李隆基与太平公主合谋先发制人，计划发动政变，抢先诛杀韦后等人。此时，有人建议李隆基先请示其父相王李旦。

李隆基明智地决定，不告诉父亲李旦。他说：

"我们这次行动是以身为国，事成则以国归父王，不成以身殉国，决不连累父王。如果我们现在向父王请示而得到同意，则父王便是参与此危险事变；如果他不同意，我们的大计就要败露受阻。"

六月二十日夜，李隆基与太平公主的儿子薛崇简及刘幽求、钟绍京、葛福顺、陈玄礼等将领一道率万骑羽林军攻入宫中，杀死韦后及其亲信武延秀等人。第二天又在皇城和宫城大肆搜捕，先后斩杀宗楚客、宗晋卿、韦温等韦氏党羽及武氏余党，并将韦氏家族不分老幼全部杀死，武、韦二族从此贬杀殆尽。

随后，少帝李重茂让位于相王李旦。唐睿宗正式复位，改年号为景云元年。

李隆基的第一次政变，唐隆政变，成功。

现在，大唐的皇帝，是唐睿宗李旦了。

唐睿宗李旦，有一个前无古人、后无来者的记录：

他自己是皇帝，父亲（唐高宗李治）是皇帝，哥哥（唐中宗李显）是皇帝，儿子（李隆基）是皇帝，他妈（武则天）也是皇帝。

唐睿宗立李隆基为皇太子，时年 25 岁。他的大哥成器、二哥成义、四弟隆范、五弟隆业分别担任羽林大将军，掌握都城禁卫部队。

同时，以宋璟、姚元之、韦嗣立、萧至忠等为宰相，他们"协心革唐中宗弊政，进忠良，退不肖，赏罚公正，请托不行，纲纪修举，当时以为尽复贞观、永徽政风"。

但是，很快，新的矛盾又出来了。

太平公主由于在铲除韦氏集团的宫廷政变中，发挥过重大作用，所以，特别受到其兄唐睿宗的信任，朝廷政务不分大小都要事先与她商量，"权倾人主，趋附其门者如市""居处奉养，比于宫掖"。

显然，这与宋璟、姚元之等人倾心"革唐中宗弊政，复贞观之风"的目标是不一致的，朝廷中又出现了新的矛盾对立面。

太平公主起初以为李隆基年轻，没有政治经验，不把他放在眼里，及至李隆基为太子，与宋璟等人锐意改革，表现出非凡的政治才能，这才使她体会到李隆基并非等闲之辈，对自己控制政权是个很大威胁，便开始有意无意地在各种场合散布"太子不是皇上长子，不应当被立为太子"的流言，并与窦怀贞等大臣结为死党，公开要求宰相们更换太子。

李隆基与姑姑太平公主的权力之争日益白热化。

面对自己的亲妹妹与自己亲儿子的这种权力斗争，唐睿宗试图在其中搞平衡，一面加强太子的地位，一面继续容忍太平公主的胡作非为，几经尝试，反而使太平公主更加肆无忌惮。在这种情况下，唐睿宗于先天元年（712）八月果断宣布传位太子。

皇太子李隆基当月即位为帝，是为唐玄宗，尊唐睿宗为太上皇。问题是，太上皇还留了"尾巴"，他为防止太平公主与李隆基之间闹摩擦，仍然控制着三品以上官员的任免和军国重事的决策权。

李隆基的继位，并没有使太平公主有所收敛，她反而"依仗太上皇的势力，擅权用事"，七个宰相中就有四个是太平公主死党，他们是：窦怀贞、崔湜、岑羲、萧至忠。此外，禁军将领常元楷、李慈、李钦，中书舍人李猷、散骑常侍贾膺福、新兴王李晋等相当一部分文武大臣也依附于太平公主。

李隆基当然也不能容忍这种局面，暗中积蓄力量，将中书侍郎王琚、将军郭元振、禁军将领王毛仲、原宰相刘幽求、崔日用、张说、魏知古等文武人才团结在自己周围，并利用自己作为皇帝的有利条件对太平公主干政加以限制，于是，姑侄两人的矛盾进一步加深。

先天二年（713）七月，太平公主与其党羽密谋除掉李隆基，另立皇帝，先是打算于食物中下毒，未得逞后便计划用羽林禁军和南衙卫士南北夹攻皇宫，杀死李隆基。

魏知古在得知这一密谋后立即告知李隆基，李隆基遂决定再一次先发制人，采取崔日用提出的"先控制北军，后收太平公主逆党"的战略：

李隆基以皇帝之尊，亲自与郭元振、王毛仲、王守一、高力士等人一道，率三百禁卫军攻入北军（羽林军），杀死依附太平公主的将领常元楷、李慈，控制住警卫整个皇宫的羽林军，然后率军进入南衙政府部门，逮捕萧至忠、崔湜、岑羲等依附太平公主的一班死党，一并处死，窦怀贞闻变外逃，自缢而死。

李隆基的第二次政变，先天政变，成功。

几天后，李隆基下令赐太平公主死，以后连续几个月，穷追太平公主死党。

　　这次宫廷内讧后，唐睿宗知道朝廷已完全由李隆基控制，便于当月末宣布："我将退休静养，自今以后军国刑政一事以上，都由皇帝处理。"

　　十一月，李隆基加号为"开元神武皇帝"。十二月，改年号为"开元"，预示着李隆基成为拥有完全实权的皇帝，也标志着唐朝进入"开元之治"的新时期。

　　李隆基前后两次断然发动宫廷政变，挫败政敌阴谋，都得力于采取先发制人的斗争手段。

慎用贤相的治国方略

自武则天退位，唐朝的统治阶级上层，一直处于频繁的内乱之中。直到李隆基挫败太平公主的阴谋，才算结束了持续整整八年的宫廷祸乱。

这样的内乱，严重削弱了中央政府的力量，损伤了大唐帝国的元气，官员冗滥，吏治腐败，国库空虚，边疆吃紧，国家面临严重的政治和经济危机。

在这种形势下，社会"想望太平"，李隆基也顺应历史潮流，"求治心切"。

求治从何着手？

开元元年（713），李隆基首先将自武则天时期就担任宰相的姚崇召到身边询问治国之道，并任命他为宰相，《明皇杂录》卷上记载："开元中，皇上急于治国，特别注意宰辅的任用。"

他曾明确宣布："官不滥升，才不虚受，惟名与器，不可以假人，左贤右戚，岂资于谬赏。"因而，李隆基执政时期的宰相大多成为有名的政治家。

首任宰相姚崇，是老资格的政治家，在武则天、唐中宗时期前后三任宰相时，多所贡献，并参与倒武政变。史称他"擅长治道，处理政事迅速而妥帖。当时正是外戚干政之后，纲纪大坏，唐睿宗末宰相至十七人，台省要职数不胜数。崇罢冗职，修制度，择百官各当其材"，时人称之为"救时宰相"。

李隆基对于姚崇，特加恩礼，每次接见都要为之迎送起立，这是其他大臣不可能获得的殊荣。

与之同时的副相卢怀慎为官"忠清直道"，唐中宗时就曾多次上疏"陈时政得失""自以为吏道不及姚崇，故每事都推让"，时人谓之"伴食宰相"。

"救时宰相"和"伴食宰相"，两人相得益彰，司马光评价说："姚崇，唐之贤相，怀慎与之同心戮力，以济明皇太平之政。"

几年后继任的宰相宋璟、苏挺也是一对名相，宋璟素以刚正不阿著称，为相期间，"务在择人，随才授任，使百官各称其职；刑赏无私，敢犯颜直谏。"（《资治通鉴》卷二一一）苏挺"少有俊才，思如涌泉"，"宋璟刚正，多所裁断，苏挺皆顺从其美；若在皇上面前承旨、奏事及应对，则苏挺为之助，相得甚悦。"（《旧唐书》卷八八《苏环传附苏挺传》）

有一次宋璟的远房叔父宋元超，在吏部选人时对主持选举的官员有意透露自己是宋璟的叔父，以求得到好职位。宋璟知道后特地关照吏部，不得给予宋元超任何官职。

后来接任的张嘉贞、源乾曜、张说、韩休、裴耀卿、张九龄等都是当时有名的能臣。后世史家赞美李隆基时期的宰相是：姚崇尚通，宋璟尚法，张嘉贞尚吏，张说尚文，李元纮、杜暹尚俭，韩休、张九龄尚直，各有所长。

在李隆基任用宰相方面，还有一段流传至今的佳话：

有一次，李隆基照着镜子闷闷不乐，身边太监对他说："自从韩休任宰相以后，陛下比以前瘦多了，何苦这么戚戚无一日欢乐，何不罢了他的宰相呢？"

李隆基却说："我貌虽瘦，天下必肥。以往萧嵩为相，每次奏事，必顺着我的意愿办，我退朝后思虑天下事，寝不安席；如今韩休为相，每次讨论治国之道，往往直言坦陈，我退朝后思虑天下事，心安理得。我选韩休为相是为国家着想，岂能为我一身呢！"

从此，"我貌虽瘦，天下必肥"，成为帝王将相激励自己的座右铭。

开元时期的宰相，之所以能够发挥出自己的政治才能，将国家治理得井井有条，与李隆基宏观控制、微观放开、让大臣各负其责的大气，是分不开的。这方面还有一个事例可以充分说明：

开元元年（713）十月，有一次，宰相姚崇向李隆基奏请序进郎吏事宜，李隆基却仰头看宫殿天花板，姚崇再三重复说明，李隆基就是不吭声，顾左右而言他。姚崇胆战心惊，赶紧低头急步走出宫中，以为自己又有什么事情触怒了皇上，回家待罪吧。

事后，李隆基的心腹太监高力士劝李隆基说："陛下新登大位，宰相奏事，应当确定可否，为何一声不吭！"李隆基说："我选任他为宰相，就是要他处理国家日常庶务，只有大政方针才需和我共同商量。郎吏小官，何必一个一个要我定夺！"

这才是帝王风度！

作为一个国家、一个集体的首脑，的确不可能也不必要事必躬亲，因为人的精力是有限的，而社会管理事务却是千头万绪，以一个人有限的精力去管理社会千头万绪的事务必然力不从心，力不从心就必然产生失误。

只有群策群力，依靠集体的力量，才能把事情做得更好。自古以来无数的事实说明，只有充分发挥集体每一个人的智慧，才能减少失误，把事情尽可能做好。凡是事必躬亲的官员没有一个最终能把事情办好的。

李隆基不仅对宰相的选拔任用十分重视，对地方长官的任用更是特加关注，即位之初，就专门下诏说："自今以后，都督、刺史每次赴任前都要到皇宫和我告别，我要亲自与他们交谈，以观察他们的方略如何。"

开元四年（716），他还在宫廷内亲自策试新任命的县令，把他认为不合格的四十五人当场斥免，并贬斥了主持选官的吏部侍郎二人。

特别是为了保证地方官的质量，他创造性地推行了一套中央与地方官员"出入常均"的轮换交流制度。

这一制度开始于开元二年。这年正月，他下令说："选京官有才识者担任都督、刺史，而将都督、刺史中有卓越政绩的人提为京官，使之出入均衡，形成制度。"

以后历年，为此又接二连三地发布命令，将中央各部许多有政绩的官员陆续选送各地任都督和刺史，使这一措施得到了切实的落实。

开元十三年（725），李隆基自选中央各部诸司长官有声望的大理卿源光裕、尚书左丞杨承令、兵部侍郎寇此等十一人为刺史，特命宰相、各部尚书、御史等为之送行，"饯于洛滨，供张甚盛"，李隆基还亲自赋诗赐之。

在关注"出"的同时，李隆基更加注意"入"，大量选调地方上有政绩的能干清慎官员入京担任中央高级官员。

他执政期间的许多宰相就是直接从地方官提拔上来的，如前面所说的姚崇、宋璟、张嘉贞、源乾曜、杜暹、萧嵩、裴耀卿等。

倪若水为汴州刺史，"政尚清静，人吏安之。"李隆基亲自颁下手令，将他提为户部侍郎。

姜师度历任陕州刺史、同州刺史等地方官，以疏决水道、屯田种稻使"公私大收其利"著称，李隆基将其调进京中担任将作大匠。

《旧唐书·良吏传》中所载多数是"政术有闻"的地方长官入朝为京官。

值得注意的是，这种"出"和"入"不是单向的，李隆基在开元前期和中期从京官中派出的都督和刺史，经过几年的地方政治实践，又有很多因政绩优异再次入朝担任三省和诸司"清望官"。也就是说，在李隆基执政期间，中央官和地方官是经常保持双向交流的。

这样一种制度对保持政治清明健康，十分有好处。因为这样做，一则可以改变根深蒂固的"轻外任、重京官"传统观念，借以鼓励地方官的工作积极性，进一步提高地方官员的素质和自信心；二则可以进一步沟通中央与地方的信息交流，加深地方对中央大政方针的理解，增强中央大政方针的准确性和有效性，加强对地方的治理。

选用清慎宰相，实行中央官与地方官的轮换交流制度，这是李隆基英才治国战略的两大突出特点。

史称："开元之世，贤臣当国，四门俱穆，百度唯贞。"

论事极为挑剔的王夫之，也对李隆基开元时期的用人之道称赞有加："唐多才臣，而清贞者不少概见……唯开元之世，以清贞位宰相者三：宋璟清而劲，卢怀慎清而慎，张九龄清而和，远声色，绝货利，卓然立于有唐三百余年之中，而朝廷乃知有廉耻，天下乃藉以乂安。"

此外，李隆基还大力裁汰冗员数千人，重建官员考核制度，严明赏罚。

特别值得一提的是，李隆基还根据宋璟的建议，恢复了唐太宗时期的谏官议政制度，提倡谏诤，他本人也比较能接受臣下的劝谏，所以，国家大政方针才能够保证符合实际，避免失误。

总之，李隆基所开创的"开元之治"是他始终积极推行任人唯贤、英才治国的用人战略的结果。

此外，李隆基还积极推行以法治国的战略。

他一面接受姚崇"行仁政"的国策，颁布新的法典，革除和减轻过分残酷的刑罚，穷治酷吏余党和子孙，定下对酷吏"终身勿齿"的禁令；一面大力提升执法平恕公正的官员，诸如李杰、李朝隐等都是当时涌现出来的著名法官，敦促各级官员严格而公正地执法，并以身作则。

史载，李隆基同父异母弟薛王李业的舅父王仙童侵暴百姓，受到御史弹劾，李业向李隆基求情，李隆基听从宰相姚崇和卢怀慎的建议，无情处罚了王仙童。

特别是有一次王皇后的妹夫、也就是李隆基的姨夫长孙昕，因与御史大夫李杰有隙，就约自己的妹夫杨仙玉在里巷将李杰痛打了一顿。

本来这是一起普通的打架斗殴事件。但由于殴打的是朝廷重臣，李隆基知道后，怒火中烧，表示："为令者自近而及远，行罚者先亲而后疏。"随后下令将长孙昕、杨仙玉杖杀于朝堂，以示对其无故殴打大臣的辱国行径的惩罚。

开源节流的基本国策

开源节流，是李隆基治国的基本国策。

在他看来，开源便是大力发展农业经济，达到国强民富的目标；节流便是提倡节俭朴素，在全国重新兴起贞观时期那种务实俭约的风尚。

李隆基重视农业发展的战略，第一个战役是在全国范围内开展检田括户运动。

唐朝经过高祖、太宗、高宗和武则天近一个世纪的统治，均田制已逐步遭到破坏，土地兼并加剧，"广务田宅"成为官僚士大夫的主要追求，地主庄田遍布各地，农民大量转变为庄客，自耕农急剧减少，这不仅影响国家赋税收入，也影响农民生产的积极性和农业的发展。

李隆基一面发布命令，重申均田制的规定，禁止在长安、洛阳两京五百里内设置牧地，不得违法买卖口分田和永业田，不得占借公私荒废田。一面派宇文融为全国覆田劝农使，率十道劝农使和劝农判官，分头到全国各地检查黑地和豪强荫庇的客户，把检括出来的土地全部没收，按均田制分给无地的农民使用。

对于政府"账外"的人户，一律登记注册，就地入籍。这次检田括户的结果是中央政府增户 88 万，岁增客户税钱百万。

水利是农业的命脉，在我们中国这样一个农业自然经济国度里，水利也就成了国家和民众的命脉。中国历代王朝都有着重视农业水利建设的传统。

在李隆基整个执政期间，全国共兴建 50 多项大型水利工程，相当于整个唐朝兴建水利工程的 20%，超过了高宗和武则天统治时期所建水利工程的总和。

为了增加在土地上的劳动力，李隆基还采取了裁汰僧尼的措施。

以上是开源。

在节流方面，李隆基带头，从自己开始节欲、节俭。敢于从我做起，我为天下表率。

他意识到："文质之风，自上而始。""隋氏纵欲而亡，太宗抑欲而昌。"

唐朝经过近一个世纪的和平统治，奢侈之风渐渐兴起，特别是宫廷自武则天时代后期起竞相浮华，极尽奢靡。

开元二年（714）七月，国家大政初步确定后，李隆基便针对"风俗奢靡"的社会弊端，断然采取了四项措施：一、皇帝乘舆服御、金银器玩，宜令有关部门销毁，以供军国之用；其珠玉、锦绣，焚于殿前；后妃以下皆不得服珠玉锦绣。二、百官所服带及酒器、马衔、鞍镫等，三品以上，允许饰以玉，四品饰以金，五品饰以银，自余皆禁之；妇人服饰从其夫、子；其旧成锦绣，允许染为皂色。三、自今以后天下再不准采珠玉、织锦绣等物，违者杖一百，工人减一等。四、撤销两京织锦坊。

李隆基"始欲为治，能自刻厉如此"，的确是非常可贵的，为当时的移风易俗起到了非常好的表率作用，这是当时社会风气能够迅速好转、国家能够迅速富强的重要因素之一。

此外，李隆基还下令减省宫女，用牛车将她们一一遣送回家，并为此下诏说："看到不贤的人事莫若自我反省，想禁止民众谤议莫若自我修德，改弦更张，革除弊政就好了。"

在封建专制主义社会中，皇家宫廷往往蓄养宫女成千上万，这些人不仅耗费国家大量财政开支，而且，她们争宠斗艳，乱宫干政，严重影响帝王的道德形象。

唐太宗上任伊始即遣放掖庭宫女三千，李隆基即位也效法太宗遣放宫女，这是为人表率、倡导俭约风气的一个很好的突破口。

薄葬思想在中国起源较早，春秋战国时代就已产生，唐太宗曾专门为此颁布过诏令，但经过近一个世纪的和平生活，朝野奢侈之风渐长，厚葬习气自然卷土重来。李隆基重申薄葬主张，也可谓是对症下药的良方。

　　李隆基还特意下了一道《禁厚葬制》："自古以来的帝王都以厚葬为戒，因为那是无益于亡者而有损于生者的事。近代以来，共行奢靡，互相仿效，渐成风俗，耗竭家产，乃至家国都凋敝不堪。""宜令有关部门据品令高下，明文规定：冥器等物，仍定色数及长短大小；园宅下账，并宜禁绝；坟墓茔域，务遵简俭；凡诸多送终之具，并不得以金银为饰。如有违者，先决杖一百。州县长官不能举察，并贬授远官。"

寸土不让的国防战略

李隆基即位之初，国防危机十分严重。

武则天万岁通天元年（696），契丹首领李尽忠利用民族矛盾，煽动部众举兵反叛，先后攻占营州及其管辖下的连昌、师州、鲜州等 12 州。

武则天曾派大将王孝杰率军反击，结果全军覆没，王孝杰阵亡。从此，契丹人实际控制了今东三省一带，常常出兵南下侵扰。

西突厥则乘唐自武则天时代开始的连续的宫廷政变，出兵逐渐蚕食，至李隆基即位时已与吐蕃一道瓜分了西域，占领安西四镇，堵塞了"丝绸之路"。

西面吐蕃自唐太宗征服其族并与之和亲以后，一直与唐保持和平友好的主仆隶属关系，但自唐高宗、武则天时代开始，吐蕃与吐谷浑发生利益冲突，由于唐朝奉行坐山观虎斗的态度，引起吐蕃人的不满，遂至连年与唐朝发生冲突，双方互有胜负，唐朝坚持和亲政策，吐蕃则步步进逼，至李隆基即位之时，吐蕃的势力已深入唐西域境内，严重扰乱唐朝沿西域西去的国际贸易通道。

李隆基执政以后，为彻底解决边疆国防问题，巩固国家的统一和民族的安定，对国家军队和国防问题做了大量的调整和改革。

首先，针对府兵逃匿、军府空虚、将士习练废弛的状况，对府兵制进行了改革。

一是从原来的府兵中挑选壮士充当禁军，扩大禁军规模，使之成为国家的一支精锐野战部队；二是由国家出资从各地招募兵员，充当各地军事要塞和边防重镇的驻防任务。这两种军人都是一切由国家供养，士兵可以带家属，长期在军中供职服役。

这实际上是唐朝兵制的重大变化。李隆基将原来的兵农合一的义务兵役制，改为了职业雇佣兵制。这在当时均田制已遭破坏、府兵已名存实亡的情况下是十分适宜的，而士兵的职业化对改善军队的素质和提高战斗力也是很有利的。

其次，颁布《练兵诏》，令西北各军镇加强军事训练，扩大兵员人数。又专门派兵部侍郎裴崔、太常卿姜皎，前往各地军镇检查督促诏令的执行情况。

再次，为了解决军马供应不足的问题，李隆基专派心腹将领王毛仲任内外闲厩使，具体抓这项工作，使军马数量迅速增加。

最后，为了解决军粮问题，李隆基下令，在西北近万里的边防线上及黄河以北部分地区设置庞大的屯田区，较好地保证了军粮的就地供应问题，避免了从前那种千里运输的劳民伤财局面。

在做好必要的准备之后，李隆基开始对边疆用兵。

首先，于开元二年（714）、开元十八年（730）、开元二十二年（734）连续几次出兵征讨契丹，最后，在大将张守珪的指挥下，全面击溃契丹军队，迫使契丹首领率众投降。

李隆基对西突厥的策略，也是以军事剿灭为主。

当时，突厥首领默啜可汗乘唐中宗、唐睿宗之乱屡次出兵侵扰。李隆基即位后，默啜屡次遣使求婚，均遭李隆基拒绝，便更加肆无忌惮地骚扰边境地区。

李隆基则一面与兴起于今新疆地区的由西突厥分化出来的回纥、葛逻禄、拔悉密三个大部落结好，从西突厥的西面威胁突厥；一面在中受降城（今内蒙古包头一带）设立大都护府，以大将王晙为安北大都护，将驻守在今内蒙古西部、宁夏和新疆等地的边防军统一指挥，边屯田边练兵，然后利用突厥内部发生冲突之机，伺机出击。

从开元二年（714）开始对突厥用兵，由回纥等部为西路军东向攻击西突厥西部，唐军则从今内蒙古呼和浩特、包头出动两路大军，一北向，一西向，对西突厥形成东、南、西三面包围夹击的战略态势，时战时和，至天宝三年（744），终于在新兴回纥部族的全力协助下完全消灭了西突厥，回纥基本承袭了原西突厥的大部分土地。

李隆基即位时，对唐朝西部边境威胁最大的是新兴的吐蕃民族，这个民族活动于今青藏高原，太宗时期，文成公主入嫁吐蕃赞普松赞干布，双方一直友好相处，没有发生大规模冲突。

吐蕃一直与活动于今青海一带的吐谷浑民族处于对立状态，高宗、武则天时代以来，吐蕃经常向唐朝廷状诉吐谷浑侵其疆界，但唐朝此时看到吐蕃逐渐强大，便有意扶持吐谷浑以牵制吐蕃，故对吐蕃的诉苦或置之不理或偏袒吐谷浑。吐蕃对唐朝廷这种偏袒态度十分不满，便经常出兵攻击吐谷浑和骚扰唐西部边境。

唐高宗咸亨元年（670），薛仁贵率十万大军征讨吐蕃，大败而归，安西四镇全部丢弃，吐谷浑也被吐蕃消灭。

此后，唐朝对吐蕃一直处于守势，但唐睿宗即位后一面送金城公主入藏和亲，一面设置河西节度、支度、营田等使，统一指挥凉州、甘州、肃州、瓜州、沙州、伊州、西州等七州营田和戍守，并加强安西都护府的兵力。

李隆基执政后，为便于对吐蕃统一指挥作战，特设陇右节度使。开元二年秋，吐蕃出兵十万大举进攻河西临洮（今甘肃岷县），同时，也对兰州一带展开全面进攻。李隆基派大将王晙和郭知运率军迎击，挫败吐蕃军队，吐蕃转而求和，但李隆基不许，并随后发兵十万全面反击吐蕃，夺回被吐蕃侵占的河西九曲之地。

至开元十七年（729），吐蕃屡战屡败，频频求和，李隆基始允其请，双方虽于赤岭一带设立分界碑，相约彼此不再攻掠。但吐蕃并不就此罢休，而是将注意力转向西域（今新疆），大肆派兵进攻西域各族。

唐朝在屡次下令吐蕃罢兵休战无效后，于开元二十四年（736）开始派兵从凉州方向侧击吐蕃，夺回西域控制权。后来，唐大将高仙芝、哥舒翰又先后率大军征讨吐蕃，俘获吐蕃国王，攻占其都城，彻底征服吐蕃，直至安史之乱发生后，吐蕃人才又乘机横行起来。

总之，李隆基在边疆问题上基本采取先软后硬、以军事征服手段为主的策略，全面收回了自唐高宗以来丢失的国土和边疆控制线，完全恢复了唐太宗创造的大唐疆域。

他的这种战略，大体上以在北方采取守势而在西方采取攻势，即鉴于突厥大本营远居大漠以北，来去飘忽，而大唐已无唐初李靖这样的天下名将，故对正北面的突厥采取强兵防御的战略态势。

又鉴于吐蕃强盛，严重威胁唐对西域的控制和丝绸之路的国际贸易交通线，故对吐蕃采取全面强硬的军事进攻手段。因而，李隆基一面屡次拒绝突厥的求婚请求，一面屡将公主下嫁东北的奚、契丹等部族首领，并招抚突厥北面的九姓部落，又与回纥等西突厥衍生部落联手，最大限度地孤立突厥，使之处于四面受到威胁的境地，再加之以军事进攻的手段。

对吐蕃则完全采取全面而连续的大规模军事进攻，直至俘其国王，占其都城方始罢休，因而能够重新夺回对西域的控制，彻底解除西部边境的威胁，并为吐蕃最终并入中华版图奠定了基础。

综上所述，李隆基在其执政的前半期，即开元年间（713—741），治国安邦发愤图强，与其文臣武将一道采取了一系列的文韬武略，使国家很快恢复并超过了唐太宗所创下的"贞观之治"的繁荣景象。

《旧唐书》对李隆基执政时期的文韬武略是这样总结的：

李隆基君临天下，严格典刑，明申礼乐，爱好慈俭，遵循轨仪。黜前朝佞幸之臣以杜绝奸臣，焚后庭珠翠之玩以戒绝奢侈，禁女乐而出宫嫔以表示身教，赐酺赏而远声色以戒惧荒淫，叙友义而睦骨肉以敦厚风俗，励兵而责帅以严明军法，朝集而计最以考核吏能。朝廷之上，无非经世济国之才；表奏之中，皆得论治忧思之士。而又旁求硕儒，讲道艺文。倡言谏净，日闻献纳；长辔远驭，志在于升平。贞观之风，一朝复振。

把李隆基夸成了一朵花。虽难免有溢美之词，但大体接近事实。

但李隆基终究不是唐太宗那样马上得天下的君主，在取得了相当可观的文治武功之后，开始追求享受，声色犬马，无所不好，尤其是夺儿媳杨玉环以为己妃，封之为杨贵妃，从此，与杨贵妃朝夕厮混，将国家大事一并扔给李林甫、杨国忠等一班奸臣，朝政因之日益败坏。

又因开疆拓土、追求边功，在东、西、北边境设置总揽一方军民的节度使，宠信东北三镇节度使安禄山，终于导致安禄山于天宝十四年（755）举兵叛乱，造成历时八年的"安史之乱"，盛唐由此转衰。李隆基也在忧郁中死去，一代英君就这样有始无终地结束了他的政治生涯。

宋代史学家司马光对此做了如下品评："唐明皇依恃其太平日久，不思后患，竭耳目之玩，穷声技之巧，自以为帝王富贵都不如我，想达到前无古人，后无来者的程度，不仅为了自己娱乐，也想以此夸耀于人。岂不知大盗在旁，已有觊觎帝位之心，终于导致举朝逃亡，生灵涂炭。可见，君主崇尚奢侈华靡以夸示于人，适足以成为大盗的诱惑。"

第十四章

CHAPTER14

安史之乱　暴逆必败

开元二十四年（736），范阳节度使张守珪向中书令张九龄报告，他手下有一员番将在讨伐契丹时失利，违犯军法，已将其执送京师，请朝廷将其斩首，以正朝典。

张九龄同意。不仅仅是因为这个番将犯了军法，而且因为此人他早就认识。几年前，在这个番将入京汇报工作时，张九龄就见过。当时，他曾判断："乱幽州者，必此胡也。"

现在，此人犯了军法，张九龄决定借此机会，杀了他，永绝后患。

可是，宰相张九龄同意了，皇帝李隆基不同意。为了显示自己的皇恩浩荡，他下令将这个番将放了。而张九龄也在此事之后不久，就被免掉了职务，从此在政坛上消逝，他再也没有机会改变李隆基的决定了。

整整二十年之后，当李隆基躲在成都一隅之地，为自己的这个决定后悔得牙疼时，他泪流满面地想起了张九龄。

兵凶战危之际，李隆基仍然从成都派出中使，前往张九龄的家乡韶州曲江（今广东韶关），去祭奠这位已经去世十多年的前宰相。只为了他二十年前的英明和神奇。因为，张九龄在开元二十四年执意要杀掉的那个番将，名叫安禄山。

这是一个在唐朝掀起了翻天巨浪的人，这个巨浪，就是安史之乱。安史之乱始自唐玄宗天宝十四年（755），结束于唐代宗广德元年（763），前后历时八年。

八年间，唐中央政府与叛乱军阀展开了政治与军事上的殊死较量。最后，中央政府在天时、地利、人谋等各方面更胜一筹，终于战胜叛乱集团，恢复了全国的统一局面。

然而，大唐王朝经历了安史之乱之后，正如一个健康人经历了一场大病一样，再也恢复不了往日的生机与活力了。

这场旷日持久的叛乱，起源于李隆基晚年政治与军事的严重失误，而决胜于安史叛乱集团军事战略的严重失误和政治策略上的不得人心。

秘密准备，直取首都

天宝十四年（755）十一月，唐朝身兼平卢（辖境约当今河北东北部及辽宁省，治所在今辽宁朝阳市）、范阳（辖境约当今北京、天津及内蒙古东部，治所在今北京大兴区）、河东（辖境约当今山西北半部，治所在山西大同市）三道节度使及河北道（今河北省及山东、山西一部）采访处置使的胡人将领安禄山，突然举兵反唐，率十五万步骑兵，浩浩荡荡地杀奔唐朝东都洛阳。

其战略计划是：诈称朝廷有密旨，"令起兵入朝讨伐杨国忠"，倾巢出动，取道河北，沿太行山东麓南下，直取洛阳，然后，沿黄河西进潼关，攻取长安，建立大燕帝国以取代大唐。

具体部署如下：

以范阳节度副使贾循守范阳、平卢节度副使吕知诲守平卢，确保后方基地安全；

以部将高秀岩守大同，以防备太原及朔方唐军抄袭其后方；

安禄山自己则与谋士高尚、严庄和亲信将领史思明、崔乾佑等亲率主力军十五万，于夜间出发，秘密而迅速南下，直扑洛阳。

唐朝自唐太宗的贞观年间开始，为了便于控制归附中国边疆地区各民族以及防御四夷叛乱，在边疆地带设置都护府和都督府，至唐玄宗开元年间，为适应府兵制的破坏和募兵制的产生，将边疆都督府改为十道节度使，后增至十二道节度使，他们是：平卢道、范阳道、河东道、关内道、河西道、北庭道、安西道、陇右道、剑南道、岭南道、江南道、河南道这十二道节度使。

在这十二道节度使中，安禄山一人就兼任了三个，即平卢、范阳、河东三道的节度使，统军近二十万，占唐军全国总兵力的三分之一，又兼河北道采访处置使、御史大夫、左仆射等职，爵封东平郡王。

安禄山本出身胡人，勇敢善战，开始为幽州节度使部下，因体格魁梧，性情狡诈，善于逢迎，虚报军功，迅速上升为节度使；他又勾结奸相李林甫，认李隆基宠妃杨贵妃为干娘，对李隆基百般献媚，对唐中央所有握有实权的官员都一一重金贿赂。

因而，得到李隆基的特别信任，升迁很快，在短期内连兼三道节度使。他所兼三道节度使及河北采访使，实际控制着全国五分之一的土地，即今东三省、北京、天津、河北、山西及山东一部，幅员广大，物产丰富，人口众多，战略位置十分重要，成为当时唐朝各地所有节度使中实力最强的大军阀。

他多次入朝受到李隆基和杨贵妃亲切接待，将唐朝中央内部政治十分腐败和各地武备久已松弛的状况看得一清二楚。因此，逐渐产生了化家为国的叛乱念头。又因争宠的缘故，他与继李林甫为相的杨国忠一直不和，二人相互轻视对方，杨国忠因安禄山不附从自己而屡言安禄山必反，安禄山也因杨国忠在朝廷独揽大权而担心有朝一日受其陷害，故更加决心反叛朝廷。

安禄山为发动叛乱，做了充分的准备工作：

一是暗中修筑雄武城作为大本营，大量制造兵器，畜养战马数万匹，积极扩充军队；

二是专派心腹将领刘骆谷常驻京城长安，专伺探听唐朝廷动静；

三是收罗奚、契丹等东北边疆部族的投降兵将八千余人，以作自己的反叛骨干力量，并以恩信结好契丹等边疆民族；

四是借口所部将士征讨有功，利用自己得到李隆基信任的条件，前后奏请升迁部下将军五百余人，中郎将一千余人，借以笼络将领；

五是大量收罗蕃汉文武人才，以汉人高尚、严庄、张通儒、孙孝哲等为谋主；

六是向李隆基求兼监牧使，从而将唐边境放牧的优良军马尽数据为己有。

在起兵之前，安禄山对军事部署十分重视。为此，其谋士们曾做过一番探讨。

谋士何千年主张兵分四路，一路绕道河套北面直取关中西部以包抄长安，一路南下取太原，再由蒲津渡河入关中，一路南下山东并进而夺取江淮，一路由安禄山率主力直取洛阳，再进攻关中。这个主意，过于分散兵力，没有被安禄山采纳。

另一谋士高邈则献计："借口向朝廷进献战马，暗中进兵直取洛阳。"这个主意，被安禄山采纳了。

当年二月，安禄山先向朝廷上疏用蕃将三十二人取代汉将；七月，又上书请求向朝廷献马三千匹，每匹两个马夫，另遣蕃将二十二人护送。这一来，献马时就将有六千余将士获得允许，可以名正言顺地进入京城了。

朝廷方面也有聪明人。河南尹达奚珣觉得可疑，便上书李隆基，建议献马之事暂缓到冬季再说，得到李隆基同意，安禄山这一偷袭洛阳的计划便没有实现。偷袭不成，安禄山干脆于十一月公开举起反叛大旗，起兵十五万，号称二十万。

唐朝廷得知安禄山反叛消息后，先是将信将疑，迟迟不做反应。在确信安禄山反叛后，做出如下部署：

任命安西节度使封常清为范阳、平卢节度使，立即前往洛阳募兵防守，以阻击安禄山的进犯；

任命朔方右厢兵马使郭子仪为朔方节度使，集兵备战，以准备东出井陉断敌后方；

命金吾将军程千里为潞州长史，王承业为太原尹，就地募兵，镇守太原，以拱卫关中门户；

增设河南节度使，以卫尉卿张介然为节度使，驻守陈留（今河南开封），以拱卫江淮地区；

以荣王李琬（李隆基第六子）为元帅，高仙芝为副元帅，在长安募兵十一万，组成天武军，出关迎击安禄山主力军。同时，命朔方、河西、陇右三镇兵马除留守者外，由节度使率领二十日内到达长安行营集结听命，以保卫关中。

从表面上看，唐朝中央政府方面这一应变战略部署似乎天衣无缝：把守卫洛阳和关中地区作为战略重点，以正面迎击叛军为总体战略，辅之以敌后截击和扰乱，并充分考虑到敌人向江淮扩展的可能。

但事实上，尽管唐朝始终遵循并依靠这一战略最终取得了胜利，但所付出的代价是十分惨重的，可以说得不偿失，因为这一战略十分保守和被动：

一方面，安禄山所部为大唐东北部边防军，装备精良，将士善战，人数众多，何况由北而南地势上是自高趋低，因而可以说叛军兵锋锐不可当。即使唐军能在短时间内集数十万大军于洛阳，也难以正面抗击倾巢而来的叛军，兵法所谓"锐卒勿攻"正是指的这种情况。

另一方面，唐朝精兵猛将当时基本都集结在西北部对付回纥与吐蕃，一时难以调集，两京兵力仅八万人，且多是"市井负贩，无赖子弟"，临时招募的军队也缺乏训练，根本不是叛军对手，河南、河北一带原本就没有多少能征惯战的野战部队，又因和平日久，各地武备废弛。加之洛阳是四战之地，除了城墙高峻外并无天然险要可守。

因此，将大军集中在洛阳一线防守是绝对错误的战略。如果一开始能够主动让出洛阳，重兵守住潼关，迅速调集西北边防精锐部队，从朔方即今河套北面直捣安禄山老巢卢龙与范阳，唐朝平定安史之乱就可能无须如此反复和持久。

所以，唐朝中央方面在战略上一开始便处于十分被动的地位。

如果安禄山不计较一城一地的得失，乘内地空虚之机，倾全力直扑关中，完全有可能一举占领长安，彻底摧毁唐王朝中枢系统。但是，安禄山的军事战略也并不完美，从一开始就暴露出致命的缺陷：

叛军没有意识到河东地区（今山西全境）的重要性，没有分出足够强大的兵力夺取这个关中的重要门户，以震慑关中、拱卫自己的侧后方。

这样一来，不仅使得大同与太原一线两千里纵深地带成为唐朝拱卫关中和组织反击的基地，严重威胁着安禄山后方基地与前线的联系，也使安禄山叛军从后方平卢、范阳到前线洛阳成为处处被动挨打的一字长蛇阵，安史叛军的最后失败正是由于郭子仪、李光弼这一军群以河东为基地不断打击叛军右翼以致安禄山无法迅速夺占长安和摧毁唐中枢机构所致。

急于求成，丧失良机

安禄山一起兵，进展顺利，仅仅33天，就占领了洛阳。

防守洛阳的封常清，手下都是临时招募的乌合之众，不堪一击，在与叛军血战几个回合后，实在守不住，只好退出洛阳。

封常清退到陕州时，与前来接应的高仙芝商量道："常清连日血战，敌人兵锋锐不可当，而且潼关无兵，如果叛军迅速进军入关，那么都城长安就危险了。陕州不可能守住，不如退守潼关，以卫关中。"

高仙芝认为言之有理，遂一道退兵潼关。

安禄山的部队追到潼关时，面对已有高仙芝、封常清等数万军队驻守的潼关天险，没有全力进攻，只留下崔乾佑驻守陕州，与封常清对峙。

安禄山自己，则在美女与物资充盈其中的洛阳，迫不及待地享受起来，并准备在洛阳称帝，这是安禄山第一个严重的战略失误，它给了唐朝廷一个组织反击的喘息时机。

如果安禄山在攻占洛阳后马不停蹄，乘胜追击，在封常清和高仙芝立足未稳的情况下，定可一鼓作气拿下潼关，然后倾全力迅速夺占长安，一举摧毁唐朝中央指挥枢纽和李唐皇室，那么，大唐天下就非安禄山莫属了。

但是，安禄山准备在洛阳称帝，故改变原来直扑关中的战略部署，拟先略定关东和江淮地区，便派张通晤率一支部队南下往山东和江淮扩展，但不久张通晤即兵败被杀，派往河北的部队也被颜真卿击败。

安禄山的大同军使高秀岩、薛忠义，也率军在北方展开攻势，进攻唐朔方振武军。朔方节度使郭子仪率部下左兵马使李光弼、右兵马使高睿、左武锋使仆固怀恩、右武锋使浑释之等挥军迎击，大败敌军，乘胜进围云中。

郭子仪并另派公孙琼岩率一支部队攻占马邑，打通与太原王承业的联系。

郭子仪的这一作战行动，具有非常重要的战略意义。不仅使朔方军与太原军两大军区联为一体，使高秀岩击败朔方、进而南下太原、趋蒲津以与安禄山自潼关夹攻关中的计划成为泡影，而且在河东地区即今山西地区形成一道坚强屏障和一支机动的有生军事力量，为下一步东出井陉进入常山，给安禄山后方拦腰一击创造了良好开端。

与此同时，李隆基鉴于潼关以东已经失守，江淮租赋沿运河入黄河转关中的水上运输线已被切断，遂于当月命永王李璘为山南节度使，以控制和巩固荆襄地区安全，又以颍王李璬为剑南节度使（二王为节度使并不到职，只是居长安遥领而已），以保证富饶的四川盆地控制在中央政府手中。

这可以说是李隆基极富战略眼光的一招，后来唐朝之所以能长期与安史大战以及与各地藩镇作战，都是依赖这两个根据地作为后盾才取得持久的胜利。

但是，接下来，李隆基开始狂妄自大，错误地认为安禄山的军队不堪一击，且偏信宦官谗言，以失地折兵为由将封常清、高仙芝斩首，严重挫伤坚持抗战的广大将士的积极性。接着，他在做出皇太子监国而自己御驾亲征的决定后，又溺于杨国忠、杨贵妃的奸谋，取消亲征计划，令天下军民大失所望。

取消亲征计划后，李隆基任命当时名将哥舒翰为兵马副元帅，统率各路藩镇兵马近二十万进守潼关，同时，又令天下四面进兵，急于夺回洛阳。

天宝十五年（756）正月，自以为大功告成的安禄山在洛阳自称大燕皇帝，以达奚珣为侍中，张通儒为中书令，高尚、严庄为中书侍郎。

与此同时，李光弼受命率军东出井陉，支援河北军民，在常山与安禄山大将史思明大战四十余日。四月，郭子仪又率军增援李光弼，与之合兵十余万，大举反击史思明，最后将史思明围困于博陵（今河北定州），与常山（今河北正定）太守颜杲卿、平原太守颜真卿等河北军民遥相呼应，使安禄山叛军的后方陷入一片混乱之中。

于是，范阳和卢龙等安禄山的后方基地与洛阳的联系被割断，安禄山不得不分兵增援史思明。

在河南方面，济南太守李随、饶阳太守卢全诚、南阳节度使鲁炅、睢阳太守许远、真源县令张巡等率河南各地军民纷纷起兵抗击安禄山叛军，阻止了叛军向东南发展的战略计划，保证了江淮的稳定和江淮粮食物资源源不断地运到关中。

这样一来，洛阳西面有哥舒翰统率的十几万大军，北面的山西与河北有郭子仪、李光弼、颜真卿等几支共十几万唐军，南面有李随、许远和张巡等人所率部队，唐朝大军实际上已从东南西北四个方向，对洛阳的安禄山叛军主力构成了战略包围态势，初步扭转了战略被动局面，取得了战略主动权。

天宝十五年（756）五六月份，安禄山叛军因河北后方一再大败，前后方联系中断，而河南方面也毫无进展，因而军心大乱。

安禄山不知所措，将当初主张起兵反唐的谋主高尚和严庄臭骂一通，准备放弃洛阳，退回范阳，处于急迫危困、犹豫未决之中。

可见，安禄山虽然拥有大唐王朝五分之一的土地和三分之一的兵力，但他起兵造反，并没有一举将唐朝打翻在地，再踏上一只脚。恰恰相反，李隆基在叛军兵锋正盛的初期，就能实现战略主动，掌控大局。

下一步，只要不出意外，唐朝就可以在安禄山造反的一年内，将其消灭。如果是这样的结果，对于李隆基，对于大唐，该是多么美好。

问题是，出了意外，还是大意外。

这个大意外出在李隆基身上。虽然形势一片大好，但还远远不够。因为他很急。他对于安禄山叛乱十分恼火，一心想迅速平定叛乱。

在李隆基看来，要急于消灭安禄山，最直接的就是，潼关的哥舒翰出战，一战而胜。

此时，宰相杨国忠也迎合李隆基的速胜心理，出来添乱。

他本与哥舒翰有隙，此时他居然担心哥舒翰会不顾国家大局，反戈西指，也学安禄山，用"清君侧"的名义来对付他。于是他奏请李隆基同意，募兵万余人屯于灞上，由杨国忠亲信杜乾运统率。这一招儿，明显不是为了对付安禄山，而是为了对付哥舒翰。

哥舒翰得知这一消息，也担心为杨国忠所暗算，便因事以军令将杜乾运召到潼关处死。

正好，有情报传到长安，说潼关外的崔乾佑所部"兵不满四千，皆羸弱无备"，杨国忠便敦促李隆基下令，让哥舒翰出关作战，进攻崔乾佑，以收复陕州、洛阳等地。

哥舒翰反对。他上书李隆基说：

"安禄山久习用兵，如今刚刚举兵反叛，岂能无备！必定是以羸弱之师引诱我军。我们如果出兵，正中其计。而且，叛军远来，利在速战；我军据险以扼阻，利在坚守。何况叛军残虐失人心，兵势正日渐衰减，必将发生内讧，到那时我们再乘机出兵，可不战而胜。我们的目的是取得战争胜利，何必追求快速。如今诸道所征兵将大多未到，请姑且稍待一些时候。"

这显然是一个以逸待劳、守险挫锐的明智战略设想。

另两位名将郭子仪、李光弼也反对。他们也上书说：

"请皇上让我们引兵北取范阳，攻占叛军巢穴，俘虏叛军妻子儿女以为人质招降叛军将士，叛军必然内部崩溃。潼关大军唯一的策略是固守以挫敌人锐气，不可轻易出兵攻击。"

如果唐军能按照这一计划行事，由郭子仪、李光弼率军全面出击范阳和卢龙，彻底摧毁安禄山的后方基地，安禄山必然全线溃退，那时，哥舒翰再挥兵出关反击，郭子仪等则率部南下迎头拦截，安禄山全军必定覆没无疑。

可是，名将再英明，计划再高明，架不住皇帝李隆基急于捞回颜面，架不住宰相杨国忠有私心。他们不顾一切劝告，一再催促哥舒翰出兵。万般无奈，哥舒翰只好于六月四日，痛哭流涕地率部出击。

明知必败，所以痛哭流涕。

为什么哥舒翰明知必败？

因为他手下的兵，是关中及潼关等地的几十万大军，大多是内地和平时期的守卫部队，以及临时招募而来的市井无赖，只有数量优势，没有质量优势。换句话说，他手下的兵，不如安禄山的兵。安禄山的兵，是一直在边疆打仗的百战精兵，就单兵素质而言，可称天下第一。而他手下的兵，既不是他曾经带领过的经受过战争考验的河西、陇右精兵，也不是久经训练的士兵，而是临时拼凑起来的杂牌部队。

哥舒翰率军出关，在灵宝西原与崔乾佑的部队相遇。

西原南靠山，北阻河，山水间狭隘通道七十余里。崔乾佑的部队已抢先占领了山头险要地形，正面只用万余人迎战，哥舒翰看到崔军兵少，便督诸军前进会战。部将王思礼率精兵五万为前锋，庞忠率兵十万继后，哥舒翰则统兵三万在河北岸鸣鼓督战。崔乾佑将精兵埋伏在山上，下山迎战的万余人表现出稀稀拉拉、萎靡不振的样子，唐军见状发起攻击。

崔军佯装败退欲逃，待将轻敌无备、跟踪追击而来的唐军引入隘道，崔军伏兵突起，先居高临下用木石轰击唐军，杀伤甚众，又用柴火堵塞隘道两头，唐军以为火烟中到处是崔军，拼命用弓弩射击，结果自相残杀一阵之后，箭矢用完。这时，崔军绕道到唐军背后发起攻击，唐军首尾受敌，加之山道狭隘，十万军队无法展开，自相践踏，或排挤入河而死，或被烧杀而死，顷刻之间全军溃乱，前后奔逃。

崔军则乘胜追击，一直追到潼关。唐军退入关中的只有八千人，不堪一击，很快被尾随而来的崔军击溃，潼关遂告失守。随后，哥舒翰在部将火拔归仁的胁迫下投降崔乾佑。

潼关是关中地区的东大门，大门一开，关内再也无险可守。所以，潼关一失守，李隆基别无选择，只好带着杨贵妃及皇子皇孙等，由陈玄礼率禁军掩护，悄悄开城门向巴蜀逃跑。

走到马嵬驿时，兵变发生，杨国忠走到了生命的尽头，被杀。让李隆基心痛万分的是，他被迫下令，缢杀了最爱的杨贵妃。

当时，皇太子李亨的长子广平王李俶、次子建宁王李倓、宦官李辅国以及当地百姓数千人劝李亨留在关中继续领导抗敌斗争，他们认为：

"叛乱的胡人进犯长安，四海分崩离析，如果不能顺应民心而抛弃民众逃跑，何以能兴复唐室！如今太子殿下跟随皇上入蜀，如果叛军烧绝栈道，那么中原大地就等于拱手让给叛军了。人情一旦离散，不可复得，届时虽想光复大业，也不可能了。不如收西北各地守卫边疆的将士，将郭子仪、李光弼从河北召回，与之合力东讨叛军，克复两京，平定四海，恢复大唐江山。"

李亨的次子李倓又向李亨建议：

"朔方军离此最近，而且，兵马强盛……目前，叛军刚入长安，忙于掳掠，无暇向外扩张地盘，乘此机会迅速前往朔方，依靠该地兵马，再图恢复大业，这是上策。"

于是，李亨率李隆基分给他的两千人马急赴灵武，李隆基则逃向四川。

在另一方，攻下了潼关的安禄山，觉得幸福来得太突然了。

安禄山在得知崔乾佑攻占潼关以后，竟命其留在潼关十日，暂不进兵。这是安禄山又一个重大的战略失误。如果安禄山及时进军关中地区的话，就有可能迅速占领长安，活捉李隆基及其文武大臣，一举摧毁唐王朝。

到那时，树倒猢狲散，全国各地的唐军必然失去作战目的而作鸟兽散，那样一来，天下就是安禄山的了。

这只能说明，安禄山对于潼关唐军出关作战而被打败，是多么缺乏思想准备！这也就从反面证明了唐军出关东进的失策。

整整十天之后，安禄山才反应过来：他马上派部将孙孝哲率军进入关中，占领长安，遂一举打破唐军对叛军的战略包围，转而处在西可威胁陇西、南可侵扰巴蜀与江汉、北可直捣太原的战略主动位置上。

此时，安禄山占领长安，李隆基西逃，整个唐朝军政指挥中枢实际上已处于瘫痪状态，形势一下子变得对叛军十分有利。

但安禄山再一次犯下战略大错，既不派兵追击李隆基以进占巴蜀，也不挥兵继续西进，占领大西北，彻底消灭唐军在西北的主力，以斩断唐朝的一方手臂，而是在长安日夜耽于声色，急于享受大燕皇帝的快乐。

这就又一次给了唐军以组织反击的战略时机，为安禄山的最后覆亡埋下了祸根。由此也可看出，安禄山其实就是一个毫无战略眼光和政治远见的匹夫而已。

安禄山最不应该忘记的，应该是此时的皇太子李亨。因为这个人，将成为今后打击他的指挥中枢。

李亨去了灵武。而且，听从部下劝告，在他的父亲还健在并未宣布传位的情况下，宣布即位，终于美梦成真，当上了皇帝，是为唐肃宗。

李亨当皇帝的这个地方，很好。

因为灵武地处河套上游，水草丰盛，物产丰富，朔方军长期屏障长安西北大门，历来是控制西北的边防重镇，又是南下关中、东出晋冀的战略要地，兵马强盛，是易守难攻的天然复兴基地。唐朝最后之所以能战胜安禄山，就是得力于这一基地的支持。

李亨即位后，颇有些新官上任三把火的气象，下诏历数李林甫、杨国忠等人罪过，开谏诤之路，各地文臣武将纷纷前往投靠，一时间，人才济济，兵马会集。

李亨也尽心图谋恢复，整军练武，准备反攻。特别是郭子仪率精兵五万返回灵武，成了李亨大举反击的主将，隐士李泌是李亨当太子时的密友，胸有文韬武略，此时也被李亨召到灵武，成为李亨大举反攻的主要谋士，在以后的战争进程中为李亨的政治与军事提出过不少重要的战略构想。

现在，平叛舞台的主角，是李亨了。

至德元年（756）六七月间，李亨对整个战略部署做了如下调整：

以长子李俶为天下兵马元帅，李泌为元帅府长史，郭子仪为武部尚书；组成元帅府核心领导班子；

以李光弼为户部尚书，北都（今山西太原）留守，以确保河东；

以周泌为河西节度使，彭之耀为陇右节度使，吕崇贤为关内节度使；薛景仙为扶风太守，郭英乂为天水太守，以巩固西线；

以鲁炅为山南东道节度使，贺兰进明为河南节度使，张巡为河南节度副使，来瑱为淮南西道节度使，高适为淮南节度使，以确保江淮；

以第五琦为江淮租庸使，他上任后推行榷盐法，大大增加了赋税收入，保障了江淮租庸的征收和转运；

以李承采为敦煌王，与仆固怀恩一道出使回纥请求援兵。

这里就任淮南节度使的高适，就是写下了"莫愁前路无知己，天下谁人不识君"名句的诗人高适。这一场安史之乱，改变了很多诗人的命运。

高适是唯一的幸运儿，因为他得到了皇帝的赏识，就任淮南节度使，参与平叛；最倒霉的是王昌龄，他在大乱之中途经亳州，竟被刺史闾丘晓杀了；李白也倒霉，他跟着有野心没实力的永王李璘，先是坐牢后被流放夜郎；王维则失陷于被叛军攻下的长安，被迫接受了伪职，要不是有个与唐肃宗共过患难的弟弟王缙相救，也是杀头、流放的大罪；杜甫呢，也不幸落入叛军之手，被押送到了长安，后幸而脱身，但从此过上了颠沛流离的艰难生活。

　　大乱面前，个人的命运，宛如蝼蚁。

只求速胜，只要首都

对于当时以灵武为基地的唐军如何确定今后大反攻的战略部署，当时曾有过争论。李亨的高参李泌认为：

"叛军猛将不过史思明、安守忠、田乾真、张忠志、阿史那承庆等数人而已。现在如果令李光弼从太原出井陉，郭子仪从冯翊（今陕西大荔）入河东，则史思明、张忠志不敢离范阳、常山，安守忠、田乾真不敢离长安，我们两支军队就可牵制住敌人四员猛将，剩下随从安禄山的将领就只剩下阿史那承庆了。然后，请陛下先令郭子仪暂时不要攻取华阴，让洛阳与长安之间暂时保持通畅，陛下率所征各路援军集于扶风，与郭子仪、李光弼相互轮番出击，敌人救首则击其尾，救尾则击其首，使敌人首尾难顾，往返数千里，疲于奔命，我则以逸待劳，敌人来犯则避其锋，去则乘其后，不攻城，不遏路。明年春再命建宁王为范阳节度大使，从塞北绕道出击，与李光弼成南北掎角攻取范阳，倾其巢穴。那时，安禄山退无所归，留则不安，我们再以大军四面合击，必能擒获安禄山，平定叛乱。"

高明。

显然，李泌针对安禄山叛军从长安到洛阳一字长蛇阵、毫无战略回旋余地的态势，采取先疲后歼的战略部署：首先有计划地在洛阳、长安两头轮番出击，使敌人首尾难顾，疲于奔命；然后直捣敌人老巢范阳，截断敌人退路；最后，大军四合，发起总攻，全歼叛军。

当时，河北、河南两方唐军都在奋力打击叛军，叛军老巢范阳与洛阳之间已基本被切断，而安禄山在洛阳和长安都没有向四周发展，周围地区实际控制权仍在唐军手中。但安禄山手中仍有十几万长期守卫边疆的训练有素的大军，并没有受到任何毁灭性的打击，将士战斗力相当雄厚，犹如一只收缩爪牙的猛虎，不是轻易可以侵犯的。因而必须先实施消耗敌人有生力量的疲劳战术，再施以毁灭性的最后一击。

这时的李亨手中也有了一定数量的军队，且回纥、吐蕃等边疆民族的援兵也已到达，完全具备出击敌人的实力。所以，李泌这个战略设想经过努力是可以实现的。

李泌，唐朝第一奇人。说李泌奇，是因为他一贯以道士自居，并且唐肃宗李亨把他当朋友。他也愿意为李亨贡献自己的聪明才智。他一生淡泊名利，与官场若即若离，先后多次归隐山林，却又历仕玄宗、肃宗、代宗、德宗四朝，官至宰相，爵封邺侯。更为重要的是，他是一个文能安邦、武能定国的高人。

郭子仪也认为"河东居于两京之间，得河东则两京可图"，并派兵采取偷袭的战术一举击溃崔乾佑，夺回河东。

但是，李亨和他爹一样，急啊。明知道是高招，但时间太久了。所以对于这一较为持久的战略设想没有足够的耐心，不予理睬。

李亨也想打速决战，不想打持久战。

于是，他轻信宰相房琯的建议，让房琯直接率五万大军前去收复两京，但房琯毫无谋略，一败涂地，以死伤四万余人的代价告终，这次失败对当时唐军士气的影响十分不利。

正当平叛陷入僵局的时候，叛军开始了自我毁灭。

次年（757）正月，安禄山在洛阳被他的大儿子安庆绪杀死了。安庆绪杀了他爹，自己当了叛军统帅。但史思明不服。从现在起，安禄山的叛军开始从铁板一块，变得分崩离析。

形势开始有了转机。

二月，唐军各路援兵到达凤翔后，李泌请李亨按其战略设想部署进兵时，李亨却仍然没有吸取失败的教训，和李隆基一样，急于收复两京，主张采取正面进攻两京的战略。

李亨哪儿有那个耐性？在他看来，收复长安、洛阳，比什么都重要。

为此，李泌进一步申述自己的见解说：

"现在我们以手里现有的兵马直取两京，可能成功。但敌人必定再度强大，我们必定再度受困，并非久安之策。因为我们现在所凭恃的都是西北守边将士和诸边疆少数民族的军队，这些人性耐寒而怕暑热，现在乘其新到的锐气，进攻安禄山已疲惫松弛的部队，势必能取胜。但两京春气已深，暑夏即将来临，叛军收余众，远逃巢穴，关东地热，我军必然因热而思归，不可能久留。叛军休兵秣马，等到我大军退回关内，叛军必然重来。那时征战时日就没有止境了。不如先用兵于范阳寒冷之地，除其巢穴，则叛军退无所归，根本永绝。"

李亨自然还是不听，于四月命令郭子仪为天下兵马副元帅，统军进攻长安，但很快失败。九月，唐军经过休整补充，郭子仪再次统军十五万从凤翔出发进攻长安。与敌军在长安城南布阵厮杀，唐军采取正面攻击、背后夹击的战术，经过一天苦战，杀敌六万余人，击溃叛军。

叛军乘夜撤出长安，逃往东京洛阳。

在当夜敌军撤退时，部将仆固怀恩再三请求李亨率全军乘胜追击，不可纵敌逃走以免再生后患，他说："李归仁、安守忠都是安禄山的猛将，在大胜之后突然遭受失败，这是上天赐给我们的良机，我们为何要纵虎归山呢？若让他们逃走，将来必然再次率军为我之患，到那时就悔之莫及了！战尚神速，千万不能等到天明。"

李亨却以将士疲惫为由不允所请，实际上李亨是害怕出兵追击万一有失就有可能再次丢失长安，他的目标在于尽快收复长安、洛阳，至于消灭了多少敌人并不在乎。唐军就这样又错过了一次歼敌的极好机会，充分显示出李亨保守的战略思想。

在收复长安三天后，郭子仪率军继续东进，安庆绪则倾全力在潼关和陕州阻止唐军，但很快被唐军突破。

安庆绪在得知陕州失守之后，主动放弃洛阳逃往邺城（今河南安阳）。郭子仪遂兵不血刃地收复了洛阳。

李亨果然赢了。

但是，一是赢得不太彻底：正如李泌所预料的那样，由于没有乘胜追击逃敌，故并没有歼灭叛军主力，却在与叛军主力的正面较量中付出了惨重代价，叛军则保存了主要军事力量，为后来的战乱反复埋下了祸根，印证了"欲速则不达"的古训。

二是赢得不太轻松：由于他急于恢复两京而借用了回纥兵，并做出了财物上的承诺，致使在进军过程中，回纥兵一路大肆抢劫，民众百姓的生命财产遭受重大损失，诚所谓"饮鸩止渴""剜肉补疮"。

纵虎归山，死灰复燃

至德二年（757）十月，丢掉了长安、洛阳的安庆绪败逃到邺城，其将李归仁率数万军队败退回范阳归附史思明。

不久，其将蔡希德率兵自上党（今山西长治）、武令珣率兵自南阳、田承嗣率兵自颍川，分别到达邺城，又招募河北诸地团练和散兵，合兵六万人。叛军的势力又恢复了。

一恢复元气，叛军就开始了再一次的内讧。

安庆绪对留守后方范阳的大将史思明兵力增强十分不放心，便于当年十二月以征集援兵为由，派阿史那承庆和安庆忠回范阳，企图乘机除掉史思明。

史思明在部下劝说下，逮捕阿史那承庆和安庆忠，率所辖十三郡、将士八万人降唐。叛军河东节度使高秀岩也随之投降。

大好事。

但是，让李光弼搞砸了。他认为史思明最终还会反叛，劝说李亨派曾与史思明有厚交的乌承恩为范阳节度副使，赐阿史那承庆铁券，让他们俩暗中寻机除掉史思明。但在次年六月，乌承恩图谋败露了，史思明别无他路，只好再次反叛。

这样，就在河北形成了安庆绪、史思明两个既相互戒备又相互依赖的反唐军事集团。

这是名将李光弼一生中的失误之一。如果唐朝方面从容大度地接受史思明的投降，利用他的势力来对付安庆绪，待到消灭安庆绪以后，再采取对策制服史思明，便可达到各个击破的目的。

不过，相比之下，李亨的失误更多、更大。

李亨在收复洛阳后，忙于以胜利者的姿态，迎接李隆基回长安和大封宗室功臣，在将近一年后，才开始调集军队进攻安庆绪。

这给了安庆绪很长的喘息时间，同时也为唐军又一次大失败种下了祸根，这是李亨又一次的重大战略失误。

安史之乱中经常出现的怪象是，安禄山占领洛阳之后，就开始迫不及待地享乐、称帝；占领长安之后，也是迫不及待地享乐。好像过完了今天，再没有明天似的。就是不派兵去追击唐军的主力和抓住李隆基、李亨。唐朝这边的李亨也是。他占了长安、洛阳，就好像叛乱已彻底平定了似的，也开始迫不及待地做一些不着调的事，就是不派兵去抓紧消灭叛军的主力。

直到乾元元年（758）九月，李亨才命朔方节度使郭子仪、淮西节度使鲁炅、兴平节度使李奂、滑濮节度使许叔冀、镇西北庭节度使李嗣业、郑蔡节度使季广琛、河南节度使崔光远及平卢兵马使董秦率步骑兵二十万进攻安庆绪，又命河东节度使李光弼、泽潞节度使王思礼率部协助进攻。

如此豪华的阵容，李亨却不设元帅，而以宦官鱼朝恩为观军容、宣慰处置使，以节制各路大军。

十月，九节度使的部队在肃清邺城外围的各郡县后，将邺城团团围住。

安庆绪急忙向史思明求救，表示愿以皇帝相让。

利诱之下，加之唇亡齿寒的担心，史思明即率十三万兵马南下救援安庆绪，但不敢逼近邺城，只是遥为声援。

十一月，唐军崔光远部攻占魏州（今河北大名），这样一来就等于截断了史思明与安庆绪的联系，对史思明部也是一个莫大的威胁。

因此，史思明立即兵分三路南下争夺魏州。十二月，魏州被史思明攻占，次年（759）正月，史思明在魏州自称大圣燕王，并按兵不动，想坐山观虎斗，以收渔人之利。

在这种情况下，唐军是继续围攻邺城，还是先攻击史思明以争夺魏州，又面临一个重大战略抉择。李光弼认为：

"史思明得魏州而按兵不进，这是想引诱我懈惰，再以精兵乘我不备而偷袭之。请让我与朔方军一同逼近魏州，寻求与史思明决战，史思明鉴于嘉山战败的教训，必然不敢轻出，相持日久，我们就一定能乘机攻占邺城。"

因为安庆绪在邺城只有几万人马，犹如瓮中之鳖，粮尽必降，根本无须几十万大军久久围攻。而唐军主力逼近魏州，一则可以挡住史军南下势头，截断史军与叛军联为一体的可能，以利唐军攻取邺城；二则可以寻机与史军单独决战，以当时唐军兵力和九节度使的勇略，是有取胜可能的，如果能先行打垮史军，不仅邺城安庆绪可不战自降，且河北各地可一举而下，这正是"围点打援"战略的优势所在。

这种战略态势，正是百余年前李世民率军征讨王世充遇到窦建德率大军救援时的情形。

可惜宦官鱼朝恩不听。

于是，九节度使的部队几十万人齐集邺城之下，一味强攻，从十月至次年二月，久攻不下。

此时，史思明见唐军已疲劳，救援时机成熟，便率大军自魏州逼近邺城，让诸将离城五十里分开扎营，又每营选精锐骑兵五百，日夜轮番出击骚扰唐军、抄袭唐军粮道，弄得唐军"诸军乏食，人思自溃"。

经过这样一段时间的小规模袭扰战后，史思明认为决战时机已到，遂率大军直抵邺城城下，寻求与唐军决战。

三月初六，两军展开决战，唐军六十万，史军五万，混战在一起，双方死伤各半，最后因风暴大作才使双方溃退。

唐军九节度使各自溃退回本镇，郭子仪也退保洛阳。

邺城决战中，唐军在兵力上占有绝对的优势，但结果却是双方死伤各半，应该说唐军是最大的失败者。

李亨对功臣的不信任，成了此次战役最大的败因。两京恢复后，李亨明显对郭子仪等功臣有所猜忌，故每战必用宦官监军，竟致九节度使齐集邺城会战而无一令诸将信服的元帅，却听命于一个毫无军事知识的太监。

邺城会战唐军失败后，史思明退至沙河收集部队进入邺城，诱杀安庆绪、高尚和崔乾佑等，收编其部队，留长子史朝义守邺城，自率大军返回范阳。

次年（760）四月，史思明在范阳自称大燕皇帝，改范阳为燕京，准备再次南下争夺中原。

一切都在李泌的预料之中。唐朝虽然占领了长安、洛阳，但叛军因没有丧失元气，经过一番整顿，卷土重来。又一个大燕皇帝，新鲜出炉了。

唐朝方面，李亨本就觉得郭子仪功高震主，所以在邺城会战失败后，以兵败为由，将其免职，而以李光弼代为朔方节度使、天下兵马副元帅。

还好，李光弼接替郭子仪，是称职的。这也是唐朝不幸之中的万幸。

李光弼受任后，立即率五万兵马赶赴东都洛阳，整顿防务，准备迎击史思明的进犯。九月，史思明兵分四路直扑洛阳，计划重温安禄山的旧梦，在夺取洛阳后进而西入关中，夺取长安，再争大燕天下。

洛阳留守韦陟以为洛阳不可守，应当留兵陕州，退守潼关，据险以挫敌锐气。

李光弼则认为：

"两军相当，贵在进取而忌退守，如果无故放弃五百里地盘，则敌人的气焰就更加嚣张了。不如移军河阳，北连泽潞，有利则进取，不利则退守，表里相应，使敌人不敢西侵，这就是猿臂之势。"

韦陟又提出："既然如此，为什么不守洛阳泥？"

李光弼解释说："如果守洛阳，那么，洛阳外围四周据点都要分兵把守，我们兵力少，再加分散是无法守住的。"

李光弼的这种所谓"猿臂之势"，也是相当科学的战略设想。

因为，洛阳处于洛河接近黄河的入口处，四通八达，需要大兵团防守才能济事。而河阳则是靠近洛阳的黄河边上的一个军事要塞，北岸、河中沙洲、南岸有相互呼应的三座城堡，中间大桥相连接，城小而固，地位险要，进可直攻洛阳，退可守如泰山。

唐军如果守住河阳，即使洛阳被敌人占领，敌人也不敢在没有占领河阳的情况下进兵关中。所以河阳的地势就好比一只猿猴抱住树干，伸出长长的手臂，可以牢牢控制住洛阳及进入潼关的必经之路。

于是，在史思明大军接近洛阳时，李光弼率军主动撤出洛阳，退守北岸的河阳三城，同时将洛阳所有物资全数搬入河阳三城。

史思明看到李光弼已据守河阳，实际控制着已空空如也的洛阳城，害怕李光弼随时袭其后，便不敢居洛阳城中，只在城南的白马寺驻扎下来，倾全军攻打河阳，但均告失败。

史思明有良马千余匹，每于傍晚放于河边牧草洗浴，又让马循环往复以示其多。李光弼让人出城从附近各地找来五百余匹带小驹的母马，却将小马驹关在城内，等到史思明的马来到河边，便将母马一齐放出，母马失去小马，嘶叫不已，而史思明的战马听到河对岸母马叫喊，纷纷浮水渡河，追逐母马入城，李光弼就这样不费吹灰之力招来史思明一千多头战马。

在李光弼一生中，像这样的战术计谋相当之多，这也使他成为中唐英勇善战的名将之一。

史思明痛失战马，恼羞成怒，列战船数百艘，前面以火船开路，再次大举进攻河阳城。

李光弼则用长竿数百，叉住火船，再以石炮轰击战船，打退了敌人的多次进攻。这样一来，史思明实际上已被李光弼牢牢钉在洛阳，不得不中止西进计划。

史思明被李光弼打得没有办法。正在烦恼之际，有人来帮他了。

谁？李亨。

此时的李亨，和当年李隆基催促哥舒翰进攻洛阳一样，他听信宦官鱼朝恩的话，一再敦促李光弼主动进攻史思明。

上元二年（761）二月，李光弼万般无奈，只好硬着头皮出击，在洛阳北郊邙山布阵，与史思明决战。结果全军大败，连河阳三城也一并丢失。史思明遂乘胜进攻潼关，但被唐军卫伯玉的神策禁军击退。

还好，史思明经此一役，也走到自己的尽头。

当年三月，史思明被儿子史朝义所杀，进而引起内部相互残杀，混战数月，死伤数千人。

本来，史思明所部都是安禄山旧将，多数不服史朝义指挥，史朝义集团一时陷入四分五裂的状态，再也无力西攻潼关了。

宝应元年（762）四月，诱发叛乱的李隆基和越平越乱的李亨相继去世，太子李俶继位，是为唐代宗。

正是在李俶手中，终结了安史之乱。

李俶即位后，继续推行正面强攻、以图恢复的战略，于当年十月任命其长子雍王李适为天下兵马元帅，以仆固怀恩领诸军节度行营，统领各路大军再次会攻洛阳。

这次唐军兵分三路：

一路由仆固怀恩率唐军及回纥骑兵从陕州经渑池东进洛阳；

一路由李光弼率领从河南开封西进洛阳；

一路由泽潞节度使李抱玉率领由河阳三城南下攻击洛阳。

史朝义见唐大军压境，召集将领商量。

阿史那承庆认为："唐军如果只有汉兵独来，我们就可倾全军与之决战，如果有回纥兵助战，那么其兵锋锐不可当，应当退守河阳。"

但史朝义狂妄自大，不听从这一比较中肯的战略分析，倾全军出城，在城外昭觉寺北面列阵与仆固怀恩决战。

仆固怀恩这一次运用了恰当的战术：将部队分为左、右、中三军，自率中军从正面与敌交战，将精锐骑兵及回纥兵分为左右两军绕道出敌阵后分两翼夹击敌军，经过一场血战，唐军大获全胜，史朝义率残余渡河北逃。

仆固怀恩不给敌人以任何喘息之机，乘胜追击，一直打到幽州，沿路叛军所控制州城纷纷投降，史朝义逃回范阳，范阳留守节度使李怀仙已降唐，史朝义不能入城，最后退到温泉栅（今河北卢龙境内），众叛亲离，走投无路，自杀而死。

一场持续近八年的安史之乱，至此才告结束。

敌后战场，艰苦卓绝

在唐军主力与叛军主力沿着洛阳、长安一线，在正面战场上反复进行战略较量的同时，河北与河南各地的唐军，也在敌后战场与叛军进行了殊死搏斗。

一是颜杲卿、颜真卿的常山保卫战。

常山地处太行山八大出口之一的井陉口东侧，正当滹沱河北岸，是一处西控太行之险、东扼河北之要、北胁范阳之门的战略要地。秦始皇灭赵、韩信攻赵都是由此先破井陉而取胜的。

因此，安禄山沿太行山东侧南下时，先塞井陉口，以防朔方唐军由此攻其范阳和卢龙后方。

唐常山（今河北正定）太守颜杲卿在安禄山率大军南下过其境时，心知其奸但力不能制，只好暂时假装顺从。

天宝十四年（755）十二月，当安禄山占领洛阳后，平原（今山东德州陵城区）太守颜真卿（与颜杲卿同五世祖）派人告诉杲卿："迅速起兵断敌后路，可以延缓敌人进攻关中的时间。"

收到颜真卿传来的消息后，颜杲卿西连太原尹王承业、东连颜真卿，于十二月二十一日举兵出击，先后杀安禄山部将李钦凑，擒安禄山心腹高邈和何千年等。

随之，饶阳太守卢全诚、河间司法李奂、济南太守李随群起响应，共推颜真卿为盟主，这就在今太行山东麓至渤海这一带平原（今河北南部）形成了一块由唐军控制的根据地，拦腰斩断了安禄山老巢范阳、卢龙与洛阳前线的联系。

接着，颜杲卿又派马燧入范阳游说安禄山留守范阳的节度副使贾循归唐。

安禄山深知河北失控的危险，立即派大将张献诚率军万人围攻饶阳，被颜杲卿击败后，又派韩朝阳回范阳秘密处死贾循，派大将史思明率步骑一万南下，大将蔡希德率军一万自相州前线北上，两路夹击常山。

次年正月，由于太原守将王承业拥兵不救，颜杲卿城破被杀，河北诸郡重新落入史军手中。还好，颜真卿这次幸免于难，他到了唐肃宗的凤翔，担任御史大夫。

二月十五日，李光弼率步骑近两万人由太原出井陉口，再次夺回常山，擒获敌守将安思义。

李光弼以活命为条件让久经战阵的安思义出计如何守常山，安思义说：

"将军兵马远来疲劳，如果突然遇上劲敌，恐怕难以抵挡，不如尽快移军入城固守，早作准备。史思明的部队虽然精锐，但不能持久，如果无利可图就会气丧心离，等到这种时候才可战胜它。如今，史思明正在围攻饶阳，离此不到两百里，昨天我已去急信求救，估计其先头部队明天早晨必到此地，大军也会随后赶到，将军不可不留意。"

李光弼采纳了这个建议，率军入城，立即着手战斗准备。

果然，史思明得报常山吃紧的消息，立即解饶阳围率全军西救常山，先锋部队次日晨到达常山城下。李光弼率步兵五千出东门迎战，夹滹沱河摆成阵势，以千余弓弩手成四列横队，轮番射击，敌骑兵多次冲击都被弓箭击退。敌人骑兵只好退却以待步兵到达。

这时，村民向李光弼报告说，敌人五千步兵一昼夜急行军已到达距常山不远的逢壁镇，正在休息。李光弼马上派出步骑兵各两千，悄悄沿河岸而下，接近敌人时，敌人正在吃饭。

唐军立即发起攻击，全歼敌五千步兵。史思明得知败报，只好退守常山附近的九门镇。

这一战，李光弼之所以能以弱胜强，关键是他清楚地看到了敌我双方的优势和劣势所在，即敌人骑兵精锐难挡，但远来疲劳且无险可恃，而我军的优势则在于据城守险，以逸待劳。

于是，用唐军弓弩手去对付敌人骑兵，而用唐军骑兵去对付敌人步兵，这很有点类似于春秋齐国名将孙膑所创造的以强击弱、以弱对强的战术，且充分发挥唐军以逸待劳的优势和突然袭击的战术，先行摧毁敌人可用之攻城的步兵，这样，敌人所剩惯于野战的骑兵就在坚城之下无用武之地了。

二是张巡、许远的雍丘睢阳保卫战。

雍丘（今河南杞县）地处汴水上游，是当时河南道的一个交通枢纽，更是下游重镇睢阳（今河南商丘）的北面门户。

天宝十五年（756）正月，安禄山在占领洛阳后，派张能晤、李庭望、杨朝宗等将领率兵向东南拓地。

唐雍丘令令狐潮降敌，随后前往陈留（今河南开封）见敌将李庭望，唐真源令张巡遂乘机率军民起兵讨逆，占领雍丘，有兵数千人。

张巡是河南南阳人，史称他"博通群书，晓战阵法。志气高迈，不拘细节"。他于开元末年考中进士，因未能结交当朝权贵杨国忠，故只得一县令。

三月初，令狐潮领着敌将李怀仙、杨朝宗等率兵四万前来围攻雍丘。

张巡的部下个个惊慌失措，但张巡以为，敌人兵多而精锐，必有轻视我方之心，如果我们出其不意而击之，必能收一时之胜，挫敌锐气。

于是，留千人守城，并不是武将出身的张巡，亲率千余士兵分数队出城，突然向敌人发动冲击，张巡身先士卒，枪伤遍身不下战场。因此，战士们个个奋勇杀敌，敌军猝不及防，一时大乱，纷纷败退。

第二天，敌人再次围城，用石炮轰击城墙，城墙倒塌殆尽，张巡则马上在断垣残壁间立木栅守卫，日间百般设防，夜间则率军出城袭击敌人。

将士们食不卸甲，伤不下城，寝不解衣，前后六十多天，大小三百余次战斗，终于击退敌人。

五月中旬，令狐潮再次引兵围攻雍丘。这次正逢安禄山攻破潼关并进而占领长安，李隆基败逃到四川，其太子李亨败逃到灵武，人心一片摇动。

张巡手下六位将领都劝张巡投降，以为敌军太强，城堡难守。张巡责以大义，处死六将，军心更加稳定，仍然采取白天守城、夜晚出袭的战术。

苦战四十多天，城堡岿然不动。在苦战中，城中箭矢用完，张巡仿诸葛亮草船借箭的战术，扎成草人一千多个，然后穿上黑衣服，趁夜色茫茫的时候从城墙上放下去，敌军以为唐军下城墙偷袭，争先恐后地放箭，张巡因此得箭数十万。

由此张巡得到启示，以后连续几次放下草人，敌人见到草人只是笑笑而已，再也不上当放箭。

于是，张巡选五百壮士组成敢死队，在夜晚放下城去，敌人以为又是草人，照样不设防，五百壮士冲入敌营，拼死砍杀，放火烧营，敌人大乱，败退十余里。

八月，安禄山所署河南节度使李庭望率步骑两万余人，距雍丘三十余里扎营，以断张巡粮道。

张巡率兵三千乘夜前往袭击，杀敌大半，李庭望被迫率残部退走。

在得悉敌军有数艘运米盐的船抵达雍丘城外的消息后，张巡在夜间派出一支精兵，悄悄潜水出城，夺获粮盐千余斛，然后放火烧毁其余粮船。

张巡还善于用战术欺骗来创造战机。

在粮尽援绝的情况下，他派人对令狐潮说要率军出城投降，要求敌军退后六十里。令狐潮不知是计，马上下令退军。张巡乘机率军出城将六十里内的木材柴草及粮食等全部运进城内，加强守备。

令狐潮大怒，更加疯狂地攻城，但由于张巡得到了适当的补充，敌军更加攻不进。

月余后，张巡因城内缺马，又装出实在坚守不了的样子，派人去对令狐潮说："你若想得到这座城池，就送我三十匹战马，我得马后便好乘马出城逃奔。"

令狐潮又中计，立即派人送来三十匹战马。张巡得马后，选派三十名骑将，做好出战准备。

在令狐潮率军前来责令张巡让城时，张巡率三十名战将突然冲杀出去，杀敌军百余人，活捉敌将十四名，还缴获了一批牛马器械。

十二月，叛军杨朝宗率步骑两万准备袭击宁陵，断张巡后路，并在雍丘北筑新城为杞州，以备长期围攻张巡。

在这种情况下，张巡主动放弃雍丘，东守宁陵，仅有战马三百，兵三千。与睢阳太守许远配合，在宁陵与杨朝宗大战一昼夜，歼敌一万多，杨朝宗率残部连夜逃窜。

睢阳是淮河上游的一个重要战略据点，是拱卫江淮的重要门户。

至德二年（757）正月，安庆绪因李庭望久攻张巡不下，改派尹子奇率步骑十三万全力进攻睢阳，张巡遂放弃宁陵，退入睢阳，与许远一道守卫更为重要的睢阳城。

当时，许远有兵六千余人，合张巡兵共万人，城中百姓数万。

在异常激烈的防御战中，许远自以军事才能不及张巡，遂主动将全城守备事宜让与张巡负责，两人相互配合，许远指挥后勤供应，张巡指挥作战：

其一，以忠义激励战士，以攻为守，白天严密防守，夜晚精兵出击。

其二，以疲劳战术袭扰敌人。在频繁夜战间隙，张巡又经常在夜晚鸣鼓集兵，装出又要出击的样子，敌军得报，通宵戒备，张巡却不出战；等到天亮时，张巡偃旗息鼓，敌军用飞楼从城外高空中看城中无兵卒动静，便解甲休兵，这时，张巡却突然率军杀出城外，经过一夜折腾的敌军不堪一击，损失惨重。

其三，敌人作大型云梯，上坐壮士两百人，下以木为轮推向城下，张巡则预先在城墙挖凿上中下三排洞眼，中间洞眼出一木顶住云梯使不得进，下面洞眼出一木钩住云梯使不得退，上面洞眼出一木置火把烧之，云梯上敌军死伤殆尽。后来，敌人还曾筑土山攻城、造大车撞城等，张巡均一一设计对付取胜。敌人无法攻进城中，便改为断睢阳外援和粮道，长期围守。

其四，运用分化瓦解战术，前后说服敌将领弃暗投明入城投降者甚多。不仅借此熟悉了敌军内幕，而且为守城补充了兵将来源。

令人扼腕的是，当时驻守彭城的嗣虢王李巨，驻屯临淮的御史大夫贺兰进明等都手握重兵却不救援。

十月，张巡、许远将士死伤大半，仅四百余人，个个伤病不能战，城池这才失守，张巡和许远力尽被擒，壮烈殉职。

在历时二十二个月的雍丘、睢阳保卫战中，张巡部下仅万余将士，前后与敌大小四百余战，共歼敌十二万，充分显示了他卓越的军事才能。

一介文人、进士出身的张巡，却无师自通，颇有战术：

一是"兵将相习，人自为战"。他用兵不论攻守，不拘泥于古战法与战阵，让各位将领根据需要和实际情况处置。

对此，他有过如下解释：

"如今我军与叛军交战，云合乌散，变化无常，数步之间，势有异同。临机应变往往在一瞬间，如果事事要请示大将，那就必然来不及做出反应便时去势变，这就不符合用兵贵在知变的原则。所以，我务使兵知将意，将识士情，兵将相互熟悉，人自为战，这就如同手臂使指，无往而不可！"

因此，他的部队将领能根据实际情况做出应变决定，士兵单独作战的能力强，一以当十，十以当百。

二是以攻为守，攻守结合。即白天守城杀敌，夜晚选择精兵猛将出城偷袭和扰乱敌人，借以消灭敌人有生力量和震慑敌人心理，这是一种典型的积极防御战术。

三是兵不厌诈，充分运用谋略，灵活机动地打击敌人。张巡前后坚守三城，奇谋妙计百出，仅欺骗战术就有巧取敌箭、骗敌战马、诈降取材等。

当然，张巡之所以能得心应手地运用和实施这些战术，根本的原因还有两点：

一、他能在战斗中身先士卒，与将士同甘苦、共患难，并注意时刻以忠义激励将士。在战斗中所获牛马资粮等秋毫不入囊中，全部分给将士，甚至在战斗最艰苦的时候，毅然将爱妾和奴婢杀死以充军粮，将士们感动得泣不成声。每逢作战，张巡总是站在最前沿，遇到将士退却，他总是对他们说："有我在此，你们都为我在此决一死战。"因之，将士往往为之死战而取胜。在前后二十二个月中，张巡的将士没一个叛降的。

二、许远与之同心协力，无私配合。所以，许远同样是功不可没的英雄。当睢阳城攻破之日，张巡部下南霁云、雷万春等三十六将及军民四百余人没一个变节投降。

三是李光弼的太原保卫战。

太原是山西战略重镇。太原一失，则山西不保，山西不保，则关中门户洞开，所以，太原又是关中地区的重要门户。

天宝十五年（756）六月，郭子仪、李光弼在常山得知安禄山叛军已攻陷潼关、长安等，立即还军太原以保根本，回太原后，在听说李亨在灵武即位，于是郭子仪又率精兵五万奔赴灵武。

史思明在郭子仪、李光弼退回太原后乘机扫清河北全境，进而兵分四路会攻太原。当时，太原守军不满万人，精兵已随郭子仪赴朔方灵武，形势异常严峻。太原诸将都主张赶快加固城墙，以防敌人攻城。

李光弼却认为："太原城周围四十里，在敌人到来之前不可能加固完毕，只是白白消耗自己体力。"便率军民在城外开挖堑壕以巩固城防，并预先做土砖数十万以备用。等到史思明率军进抵太原城，开始攻城后，每有城墙坏则用土砖补之。

当李光弼得知敌军三千人正由河北运送攻城器具来太原时，即派部将率精兵悄悄出城，在半道上将敌三千护送将士击杀殆尽，放火烧了所有攻城器具。又从城内掘地道通城外，出奇兵对敌人实施突袭。李光弼又设计诈降，约于次日出降，史思明信以为真，当夜李光弼却命士兵掘地道至敌营垒下环绕敌营掘空地底而以木撑住。

次日，李光弼派出数千人装作投降的样子出城来到敌营边，这时，唐军烧断敌营地底撑木，敌营顷刻塌陷，死伤千余人，而李光弼则趁机率军出击，杀敌万人，获胜而归。

这时，安禄山已为安庆绪所杀，安庆绪命史思明回守范阳。史思明遂留下蔡希德继续围攻太原，自己则率军回到范阳。李光弼得知敌人军心不稳，兵力锐减，便亲率精兵大举突击蔡希德大本营，大获全胜，太原之围遂解。

太原保卫战中，李光弼最突出的战术是地道战，他利用地道战不仅使敌人无法接近城下，而且利用地道出击，消灭敌人有生力量，再辅之以间谍战，时刻掌握敌人动向，伺机集中兵力发起反击，最终化险为夷。所以，这也是一种以攻为守的防御战术。

在整个平定安史之乱的过程中，唐军涌现出许多能谋善战、忠勇无比的将领，如郭子仪、高仙芝、封常清、李光弼、颜杲卿、颜真卿、张巡、许远、仆固怀恩、李嗣业等，他们在各自的防线内打了许多漂亮的防御战和歼灭战，成为唐朝中央平叛战争最后得以取胜的基本保证。

战略失误，帮了倒忙

事实上，唐朝能够最终平定安史之乱，是极为侥幸的。

就总体战略而言，唐军并没有占到多大优势，中央决策者一再地出现重大战略失误，致使唐军的战略反攻时机大大减少与迟到，战略反攻结果也常常出现曲折与反复。

这些失误可以归结为两点：

一、李隆基、李亨父子俩忠奸不辨，始终不信任忠于朝廷的战将，使高仙芝、封常清、哥舒翰、郭子仪、李光弼等诸多名将不仅不能独当主帅、自如指挥，按照自己正确的战略部署去夺取胜利，反而受制于乃至死于愚蠢无知的宦官之手；

二、李隆基、李亨父子俩始终采取消极防御、正面进攻的保守战略，着眼于一城一地的得失，孜孜于长安、洛阳的收复，耿耿于大唐帝国天子的面子，不顾将士与民众的生命财产以及社会的长久安定，没有适时集中兵力打击直至彻底消灭叛军主力，致使战争一再反复，久战不决。

而最后之所以能战胜安史叛乱集团，一则是安史叛乱集团本身的战略失误太多，没有及时集中兵力打击唐中枢指挥机构，彻底摧毁李唐皇室，消除全国军民的向心力所在，也没有及时集中兵力聚歼唐军主力，以使唐朝廷失去招架之功与还手之力；

二则是安史叛乱集团只注意了对唐军的军事打击，不仅没有采取适当的政治与经济措施来安定社会与民心，反而一路上烧杀抢掠，严重损害民众利益，因而遭到老百姓的普遍反感，引起河北、河南广大地区民众的强烈反抗。

三则是河北李光弼、颜真卿、颜杲卿、李萼、张兴等将领在敌后顽强抗守、频频出击，拦腰截断了敌人的后方供应线，牵制了大量敌军，致使安禄山、史思明前后两次延迟面向关中长安的战略进攻计划，都不得不停留在洛阳至潼关一线；河南张巡、许远等将领则苦守雍丘、宁陵、睢阳前后达二十二个月，阻挡了安史叛军南下江淮的战略进攻势头，粉碎了安史叛军夺取江淮、截断关中与巴蜀的粮道，并对关中实施战略包围的计划，保证了江淮粮赋源源不断地经江、汉运往关中。

正因为唐朝廷对安史之乱的平定是被动的、侥幸的、勉强的，所以也是不彻底的。史朝义自杀后，其旧部将领田承嗣、李怀仙、张忠志等向朝廷投降，被朝廷任命为魏博、卢龙、成德、相卫等镇节度使，实际控制着河北地区。

史称，河北这些节镇"收安史余党，各拥劲兵数万，治兵完城，自署文武将吏，不供贡赋……虽名为藩臣，羁縻而已"（《资治通鉴》卷二二三），这就为以后此伏彼起的藩镇叛乱埋下了祸根。

安史之乱是平定了，但其后遗症也即将一一出现，直到把大唐送入亡国的结局。

大唐经此一乱，正如健康人大病一场，元气大伤，再也无法恢复昔日的荣光与生机了。

唐廷削藩　双管齐下

宝应二年（763）春，田承嗣献莫州投降，送史朝义母亲及妻子于唐军。史朝义率五千骑逃往范阳，史朝义部下李怀仙献范阳投降。史朝义无路可走，于林中自缢而死。

以史朝义的死为标志，由安禄山、史思明发动的历时八年的安史之乱，自此结束。

但是，一个安禄山倒下去，千万个安禄山站了起来。

藩镇——安史之乱最大的副产品，唐王朝身上驱之不去的"癌"，出现了。

在安史之乱后期，当史朝义战败北逃时，唐军在仆固怀恩的率领下一直追到范阳和卢龙，叛军余部纷纷投降以保存实力。其中，最主要的是李宝臣、田承嗣、李怀仙、薛嵩等四人，被称为"河北四镇"。

张忠志（后改名李宝臣）为成德军节度使，治所恒州（今河北正定）；田承嗣为魏博节度使，治所魏州（今河北大名北）；李怀仙为幽州、卢龙节度使，治所幽州；薛嵩为昭义节度使，治所相州（今河南安阳）。

这些人，就是站起来的第一批"安禄山"。

从此以后，这些藩镇集地方军事、政治、经济大权于一身，武装割据、父死子继、自补官吏、不输王赋，骄横之时甚至称王称帝，与朝廷分庭抗礼。

后来，其他地区增设的节度使也有样学样儿，一个个都成了地方强藩，遂使藩镇成了大唐胸口永远的痛。

唐朝中央，则经过了唐代宗李俶、唐德宗李适、唐宪宗李纯三代人的努力，想尽办法，用尽谋略，也耗尽了国力，才终于打平藩镇，实现形式上的统一。

李适削藩，虎头蛇尾

第一批地方强藩出现在唐代宗李俶时期。

李俶在位时，曾有意削弱藩镇实力，消灭强横藩镇，甚至发动了讨伐魏博节度使田承嗣的削藩战争，但因种种原因而失败。

大历十四年（779），李俶去世，皇太子李适继位，是为唐德宗。削藩的重任，历史地落在了唐德宗李适的身上。

李适即位后，鉴于唐代宗时代军政混乱、内外交困的局面，发愤图强，志在恢复大唐强盛气象，一举扫平藩镇跋扈的割据局面。于是，选贤举能，整顿财政，崇俭绝贿，加强军备，严格法制，使政治局面为之一变，中央政府实力大为加强。对外则与北面的回纥、西面的吐蕃讲和修好，对内则开始全面削弱藩镇、强化中央集权的举措。

当时淮西节度使李忠臣已为其侄李希烈所逐，李希烈代为淮西节度使；平卢淄青节度使李正己占有相当于今山东全境的十五州控制权，魏博节度使田承嗣已死，其侄田悦继任为节度使，据有魏、博、相、卫、名、贝、澶七州（相当于今河南、山东黄河以北的部分及河北西南边的一小部分），成德节度使李宝臣据有恒、易、赵、定、深、冀、沧七州（相当于今河北中部），这三镇实际上是联为一片的；山南东道节度使梁崇义据有襄、邓、均、房、复、郢六州（相当于今湖北西北部及河南西部）。

这四镇节度使早就商定要确立子孙世袭制，田承嗣去世后由其侄田悦继任，正是李宝臣、李正己、梁崇义胁迫中央承认的结果。

建中二年（781），李宝臣去世，其子李惟岳也如法炮制，先自称节度使，再上表要朝廷承认，梁崇义、田悦、李正己也相继为李惟岳上表请命，朝廷中一部分大臣也以为如果不予承认就会引发叛乱。

但李适早就有志打击藩镇气焰，认为："这些藩镇本来没有资本作乱，都是借国家土地，假大唐官爵，以聚众作乱。以往因国家软弱，从其所欲，因请而任命，反而叛乱日益增多。可见厚予官爵不足以止乱却足以滋长叛乱，李惟岳终究要叛乱，是否委任他为节度使都一样。"

李适十分坚决地拒绝了李惟岳的要求。

于是，四镇遂决定联合起来抗拒朝廷，一场中央与地方的内战随之展开。

李适的战略企图是：借此机会，集中力量一举削平四镇，彻底粉碎四镇确立子孙世袭制的梦想，以改变中央软弱、藩镇强横的局面。

战略设想则是和外击内，与周边民族特别是与回纥、吐蕃修好关系，以解除后顾之忧，然后调集四镇周边节度使和中央禁军四面来击，一举荡平四镇。

四镇的应变战略则是：联合作战，确保独立不受侵犯。先下手抢占邢、磁二州等地，将成德与魏博两镇连成一片，并派兵扼守徐州的甬桥（今安徽宿州符离集附近）、涡口（涡河入淮口，在今安徽怀远东）和襄阳，切断淮河及汉水两条粮道，破坏唐朝廷的粮食补给线。

建中二年（781）五月，四镇决定联合抗拒朝命，并认为"邢、磁二州如两眼在我腹中，不可不除"，因此，处于四镇中间地带的田悦首先率主力军数万向邢州、磁州（二州处于成德与魏博两镇西部之间的接合部位）发起进攻。

七月，唐朝廷命河东节度使马燧为魏博招讨使，率步骑二万，会同昭义节度使李抱真、神策先锋都知兵马使李晟合兵八万援救邢州，进攻田悦，以图中间突破，首先击败田悦，再进而收拾北面的成德及南面的淄青两镇。

在临名（今河北永年），唐军大败田悦，解邢、磁二州之围，杀伤敌军万余，田悦连夜退到洹水南岸固守，急忙向李纳（当时李正己已死，由其子李纳继任）和李惟岳求救。李纳派兵万人屯于田悦的东面，李惟岳派兵三千屯于田悦的西面，三军首尾呼应。

马燧则屯军于漳河北岸和邺城一带，以准备会战，一面派出大批间谍去策动田悦等三镇将士起义。田悦为防马燧的军队渡过洹水北面的漳河，抢先在漳河南岸修筑月形城堡以阻止马军前进。

建中三年（782）正月，马燧率诸军从漳河上游涉水过河进至洹水北岸，寻求与田悦决战。李晟等将领不理解马燧的战略意图，说："我军后勤供应没有保障，为何反而深入敌军纵深？"

马燧解释说：

"我军粮少，只利于速战。如今三镇连兵不战，企图拖垮我军。而三镇的军队以田悦居中，淄青军居东，成德军居西，如果我们分兵进击东西二镇军队，则田悦必出兵相救，我们就会腹背受敌，作战起来必然不利。所以，我们应当进军直逼田悦。如果田悦出战，必为我军所败。而东西二镇兵力不多，不敢贸然相救。"

于是，做三道浮桥渡过洹水，每日出兵挑战。

田悦也是战场行家。他根据马军远道而来、粮运不继的弱点，坚守堡垒不与决战。

在这种情况下，马燧与李晟等将领一道策划了一个佯装退兵以诱敌追击的战略退却行动。

下令全军在半夜起床进食，然后悄悄沿洹水北岸向东北撤退直趋魏州，并命令各军："如果敌军追来，立即就地列阵迎敌。每军留一百骑兵在营中击鼓鸣号，举火燃灯，等到诸军出发完毕以后，再偃旗息鼓，隐藏起来。待敌军追过河后，再烧断浮桥。"

不多时，田悦的侦察兵发现中央官军早已人去营空，田悦立即与东西二镇兵共四万余人，急起直追，企图乘马燧的军队撤退之机，掩杀一番。大约追了十多里才追上马军。

马燧的军队知敌人已追上来，便预先停下来，列阵以待，将五千精兵摆在前面。等到田悦等三镇军队追到阵前尚喘息未定，还来不及列阵时，马燧就指挥部队冲杀过来。田悦的部队浩浩荡荡、又喊又跑地空着肚子追击了十多里，早已气喘吁吁，立脚不稳，在马燧军队的拼死冲杀之下，纷纷向后溃退。

一直退到洹水北岸，此时，过河浮桥早被马军烧毁，田悦的部队立即陷入一片惊慌之中，自相践踏，排挤入水者不可胜数，最后，田悦率残部千余人逃往魏州。

但是，此役未能扩大战果。由于李抱真与马燧不和，致使马燧十余日后才率兵追到魏州，此时，田悦已得到休整，马燧的军队屡攻不克，战争就此停顿下来。

洹水一战，马燧的成功在于其诱敌追击一招十分高妙。这一战，马燧的兵力和士气占有绝对的优势，且田悦刚刚吃了败仗，故田悦在马燧的屡次挑战中死守不战，显然这种情况用诸如双方对战时佯败诱敌等一般的方法是难以奏效的。

于是，马燧干脆来个大动作，全军撤退，并预先断敌归路。而田悦等三镇军队素来骄悍能战，不把中央军放在眼里，虽然在马军优势兵力面前不敢出战，但如果马军撤退，他们却是敢于也急于出战以求捡点便宜的。

马燧就这样在撤退中打了个大运动战，在运动中歼灭了田悦大量有生力量。

就在马燧、李抱真等军胶着于河北三镇的同时，建中四年（783）八月，淮西节度使李希烈又在河南闹事，自称天下兵马大元帅，率军向洛阳、开封发起进攻，唐军哥舒曜部在河南襄城被围。

当时李适一筹莫展，下诏询问他最信任的翰林学士陆贽该怎么办。

陆贽为此提出了如下战略对策：

与其在服远战争中弄得疲惫不堪，不如整修近畿事务；与其想方设法挽救失误，不如改弦易辙。如今幽、燕、恒、魏（河北一带）的形势缓慢而祸轻，汝、洛、荥、汴（河南一带）的形势危急而祸重。田悦覆败之余，不可能再有远略，王武俊有勇无谋，朱滔多疑少决，互相牵制，形势危急他们就会合力抵抗，形势缓和他们必然互生嫌隙，不可能兴大浪、遗大患，这就是我所说"势缓"的缘故；李希烈果断进取，残忍诛杀，据有蔡、许富庶之地，现在又在邓、襄等州掳掠了大量财富，他东进则我方粮道绝，他北向则关中危，这就是我所说"危急"的缘故。

代、朔、汾、灵等州军队早就是国家的精锐所在，上党、盟津等地军队则是新组成的精锐部队，现在全部调到河北山东战场，将多势分，兵广财费，显然，河北战线失于兵力过重。李勉是个文官，而用在汴州这种兵家必争之地；哥舒曜的部队是临时招募的乌合之众，而用来防守襄城，抵挡李希烈锐气正盛的军队，显然，河南战线失于力量薄弱。现在如果调河阳李凡的部队还救洛阳，李怀光的部队回援襄城，只用太原和泽潞的部队来对付山东与河北，则河北与河南都可保无虞。

他又认为：

"治国的关键在轻重得当，本大而末小，国家才能安宁。所以，治天下如同身体使手臂，手臂使手指，大小次序适当而不乱。关中是国家四方的根本，首都长安是关中的根本。长安好比是身体，关中好比是手臂，四方各地则是手指。

"所以，前代总是转四方租税、迁天下豪杰以充实首都。太宗置府兵八百所，关中占有五百，举天下不敌关中，这就是居重驭轻的战略。由于太平日久，安禄山乃能乘外重之势一举而攻克两京。然而，当时国家诸牧尚有战马，州县尚有粮储，故肃宗得以中兴。肃宗以后，藩镇之祸不断，关中军队悉数东讨，故吐蕃乘虚而入，先帝无力抗御，这是失于轻重不平衡的结果。先帝吸取教训，加强关中地区禁卫兵力，因此才有朔方、泾原、陇右等地军队抗击西戎，河东有太原之兵控制北狄。

"如今，朔方、太原之兵已屯戍山东，而关中神策等禁卫六军已悉数远征关外，而且还在不断地要求增兵加粮。陛下为之停止边防军，抽调禁卫军，拿出内库所有军马兵器，选将家子从军，税私马以增加军骑，又税房屋，贷商人，增设诸科杂税，弄得关中民不聊生。万一有人像朱滔、李希烈那样在关中地区举兵窃发，陛下何以抵御？"

陆贽是唐德宗时期的才子、名相。从他所出的主意，可谓洞若观火，是相当符合当时实际的。但李适没有接受陆贽这个战略设想。

陆贽的预言也非常之准：两个月后，泾原节度使姚令言的部队奉命东征，路过长安，果然就哗变了。

建中四年（783）十月，唐朝廷征调泾原（今甘肃泾川）等镇兵马东救襄城。

节度使姚令言率五千兵马路过长安，将士都带来家属，希望得到朝廷丰厚赏赐。当时天气寒冷，又下大雨，而朝廷却一无所赐。出长安到了东郊才派京兆尹犒劳将士，却又都是粗粮青菜。

将士大为不满，遂乘姚令言在宫内未回之机，相约返回长安，杀入皇宫。

当时的禁军大多是名在禁卫、身在市井，召之不愿来，来之不能战，李适猝不及防，只好匆忙带上皇室家眷逃出京城，退到奉天（今陕西乾县）。

哗变将士将久已削职、闲居长安的原凤翔节度使朱泚找来做主帅。

朱泚本就对李适无故削其职而软禁在家久有怨愤，遂趁机谋夺天下，自称"大秦皇帝"，改年号为"应天"。

在封授将相、初步建立起政权构架以后，朱泚即率大军进攻奉天。

此时，唐军大将浑瑊出使回到奉天，李适立即任命他为京畿、渭北节度使，另一将军白志贞为都知兵马使，守卫奉天。

在守卫奉天的战略上，本来李适下令让各路援军在醴泉挡住朱泚大军，但节度使韩游瑰却想退守奉天城，监军翟文秀苦劝说：

"如果我军退回奉天，敌军必然随后也到达奉天，等于是引敌人逼迫奉天城。不如留此坚守，敌军必然不敢越过我们而去奉天；如果敌人丢下我们而直趋奉天，我们就可与奉天里外夹攻。"

韩游瑰则认为：

"敌强我弱，如果敌人分兵把我们围在这里，再以主力直趋奉天，奉天兵力寡弱，何能夹攻？我如今急趋奉天，正是为了保卫天子。而且我军将士饥寒交迫，敌人则财物丰厚，假如他们以厚利引诱我军，我就无法禁止了。将士一散，大势就完了。"

于是，韩游瑰率军退入奉天，朱泚的大军也随之进围奉天，唐军出城反击，大败而退，敌人一拥而入，幸亏浑瑊与韩游瑰率将士血战，才算把敌军击退。

韩游瑰在此次奉天保卫战中，固然立下了头功。但他此次决策，却是错误的。因为从此奉天城就被围得水泄不通，险情四起。

十一月，灵武节度留后杜希全、盐州刺史戴休颋、夏州刺史时常奉各率兵千余人会合渭北节度使李建徽共五万余将士入援奉天。

李适召集将相讨论援军应当从哪条道路进奉天。浑瑊等人认为：

"漠谷道险狭，如果入援部队从那里进来，有可能遭敌人伏击。应当从乾陵（唐高宗陵墓）北面附柏城而进，在奉天城北的鸡子堆扎营，与奉天城内守军成掎角之势，以分散敌人的兵势。"

奸相卢杞却迂腐地以为部队过乾陵会惊扰高宗亡灵，坚持让部队从漠谷道入城。

李适不得已只好命令入援部队五万多将士从漠谷道进城，结果遭敌军伏击，援军损失惨重，大败而退，奉天城内出兵接应，也被打得一败涂地。这样一来，城中形势更加危急，内无粮草，外无救兵。

这时，朔方节度使李怀光率军从魏州日夜兼程赶到蒲城，李晟的军队也到达蒲津，两支部队会合在一起共有五万多人，便一起进军到东渭桥（今西安东北）；神策兵马使尚可孤奉命讨伐李希烈，率三千兵马进至襄阳北，听说长安发生兵变，立即回军入援，在七盘山击败朱泚守将仇敬，攻取蓝田；马燧也派兵五千到达长安中渭桥；镇国军将领骆元光在华州招募士卒万余人进兵至昭应（今陕西临潼西）。

这样，朱泚的势力只能控制长安一座孤城。其部将李忠臣率军与各路援军作战，屡战屡败，急忙派人到奉天城外向朱泚求救。这使朱泚不得不分兵回救长安，另一方面则加紧攻城。

奉天城人心惶惶，将士离心。幸好此时李怀光的兵马使张韶冒死微服入城，向李适报告援兵五万余人已到泾阳，这才使城中人心稳定，斗志复振，连续击退朱泚几次气势汹汹的进攻。第三天，李怀光率军进攻醴泉，守军退入长安。

朱泚得到这个消息，大惊失色，立即撤兵退回长安，奉天这才得救。

这次奉天保卫战虽然最后在各路援军的声援下取胜，但对于奉天守军来说却是失败的。

这种失败种祸于两次失算：一是韩游瑰不应当一开始就主动撤军回奉天，醴泉是奉天的东大门，是敌军从长安进兵攻奉天的必经之路，占有醴泉，敌军就不敢直接进兵奉天，即使进兵奉天，唐军也可从后面予以牵制；而放弃醴泉，就等于将打出去的一只有力拳头收回，失去掎角之势的奉天城当然就不堪敌人一击，这正如一个手脚被束缚住的人无所用其力。

二是奸相卢杞迂腐无知，竟以害怕惊扰了乾陵高宗亡灵而让援军进入敌军虎口，不仅白白葬送万余将士的性命，而且要不是各路后续援军到来，奉天城肯定失陷，大唐皇帝李适可能因此当一次俘虏。

李怀光性格粗疏急躁，从河东入援的路上多次指责奸相卢杞败坏朝政、罪不容赦。奉天解围后，自以为大功告成，心想李适必将召见待之以厚礼。但他低估了卢杞的能量。

卢杞听到李怀光一路上对自己的攻击言辞后，害怕李怀光入朝后对己不利，便向李适建议说："李怀光功业巨大，国家是赖，敌人破胆。如果让他乘胜取长安，则易如反掌、势如破竹。如今若让他入朝，必然又是赐宴，又是封赏，流连几日，使朱泚残敌入城，从容准备，则长安就难攻克了。"

李适以为说得有理，便下令让李怀光暂不到奉天朝见，立即与各路援军一道向长安发起进攻。

而李怀光因近在咫尺不得入见天子，心里老大不舒服，知道是卢杞从中作梗，便借口将士疲惫，留屯在咸阳，再也不肯向前进一步，却秘密与朱泚通谋问好，暗中准备反叛。

在这样的压力下，李适于十二月被迫将卢杞贬出京城，去当远州司马。

次年即兴元元年（784）初，李怀光因胁迫朝廷贬斥卢杞而内心不安，终于公开举起反叛旗帜，率军进攻奉天，李适得报，仓皇出逃奉天，李怀光派兵随后追击。李适再次逃难，既是命苦，也是自找。

此时，韩游瑰屯兵汾宁，戴休颜屯兵奉天，骆元光屯兵昭应，尚可孤屯兵蓝田，都先后得到诏令归李晟统一指挥，李晟因此势力大增。这一次，李适总算用对了人。

李怀光则因其反叛不得士心，将士日益离心，纷纷投奔李晟，最后，连朱泚也不把他放在眼里，以臣礼对待他。

李怀光羞怒交加，只好率剩余将士逃回河中（今山西永济）。

四月，浑瑊率汉中诸军出斜谷，克武功，引兵至奉天，与李晟构成东西相应、夹攻长安的战略态势。

李晟对长安朱泚之敌，先采取心理战术，每次抓到朱泚派出的间谍，就把间谍引到操场看军事操练，给以美食和路费，让其回城宣传官军的威力，并放风说："请贵军用心防守，不要做对不起朱泚的事。"同时，每日率精兵到长安东门外耀武扬威。

此后，日夜都有将士从长安城逃出来向李晟投降，可见李晟的心理战取得了效果。五月，李晟看到攻城时机已经成熟，便召集诸将商议攻城战略战术。诸将都主张先攻外城，掠坊市，再进攻宫城。

李晟却认为：

"坊市地方狭隘，如果敌人在其间伏兵抵抗，两军格斗，居民惊扰，对我军非常不利。如今敌军都在宫城中，不如从宫城北面进攻，直捣其腹心，敌人必然崩溃。这样，宫阙不残，市民不惊，才是上策。"

三天后，李晟诸军从宫城北对敌军发起全面进攻，很快将朱泚击败，朱泚率残部逃出长安，在败逃途中被部下杀死。

这一战，李晟取胜最重要的手段，一是采用耀兵以慑敌的心理战术，极大地瓦解了敌军士气；二是总攻的突破口选取正确。

朱泚把军队主力放在宫城以保卫他自己，虽大多是乌合之众，但都是身经百战的亡命之徒，如果从外向内一步一步地推进，与朱泚的部队展开巷战，即使能取得最后胜利，代价也将是巨大的，长安也必将于战火之中遭受巨大损失。

李晟选取紧靠都城北面的宫城为总攻突破口，可能一开始会遇到顽强抵抗，一旦攻进，就可直接击溃朱泚军主力，主力溃散，其余散兵游勇就不足忧了。

尽管李适在贞元二年（786）终于平定了最后一个造反的藩镇李希烈，但他所进行的削藩战争，只能算是虎头蛇尾。

痛定思痛，综观李适在这之前的政治和军事措置，可以看出四镇叛乱及由此引起的朱泚、李怀光、李希烈等叛乱，与李适政治方略和军事战略的严重失误是有密切关系的。

这种失误归纳起来，大端有三：

一、尽管李适即位之初励精图治，革除了唐代宗时的一些弊政，采取了一些正确的政治措施，但李适却听信谗言，错误地将一代理财专家刘晏无故处死。

这样一位对国家做出巨大贡献的财政专家和清正官员无故被杀，天下人都为他喊冤叫屈，都怪朝廷不明是非，致使各藩镇节度使不寒而栗，说："我们这些人罪恶多端，岂得与刘晏同日而语？刘晏尚且无故受死，那么我们就该诛灭九族了。"

780年李适杀刘晏，次年，河北四镇就开始反叛朝廷，因为他们已感觉到这个朝廷不可信赖、不必尊奉了。

二、唐德宗初年李适接受此前宦官专权的教训，以宿将白志贞统领禁军。可惜白志贞治军不善，造成严重的有额无兵现象，故在建中四年（783）泾原兵变时，召禁军御敌，却无一兵一卒应战，独有宦官窦文扬、霍仙鸣率领宦官保护李适逃难。

所以，朱泚消灭后，李适开始用宦官掌管禁军，从此，名将李晟、浑瑊、马燧、韦皋，名相如李泌、陆贽、贾耽等都受制于宦官，藩镇则多出自宦官推荐，中央台省官员也奔走于宦官之门。

此外，信用奸相卢杞，也是使政治迅速走向腐败的一个重要原因。

卢杞是一个十分奸诈阴险的人，史称他："嫉贤妒能，不如己意者，不置之死地就不止。"

他用杨炎排挤乃至冤死刘晏，再用计贬死杨炎，同时为相的颜真卿、张镒为人忠正清廉，为李适所信任，他设计让他们出使去慰问叛乱藩镇，致死敌手。杜佑掌管度支，李适甚是崇重，他百般诋毁，终致贬为苏州刺史等等，卢杞之罪过史不绝书，许多藩镇叛乱事件与他的从中为奸有关系，如李怀光叛乱完全是卢杞一手造成的。

三、不信任功臣宿将。李适每次命将出征藩镇，总是同时任命几路将领各率兵马以会战，却往往不设主帅，或用宦官居中协调，致使诸军往往不能齐心合力，协同作战，错过了许多极为有利的歼敌取胜机会。

李纯削藩，形式统一

　　唐宪宗李纯（李适的孙子）于永贞元年（805）即位，继承李适的削藩遗志，选贤举能，先后任用杜黄裳、武元衡、李绛、裴度等一时贤才为相，使国家政治、经济和军事形势都有了比较大的改观，具备了较好的削藩条件。

　　此时，全国的节度使已增至四十九个，力量进一步被分化，个别节度使割据的条件已大为削弱。但是，成德节度使王士真、魏博节度使田季安、淄青节度使李师道、淮西节度使吴少诚仍然时常与中央对抗，随时都可能构成对中央的威胁。

　　对于藩镇的专横跋扈，自安史之乱以来，朝廷多数大臣都主张纵容姑息、得过且过。

　　李纯即位后，首先举兵反叛朝廷的是西川节度使刘辟，朝廷大臣大多以为蜀道险阻，不可轻起战事。

　　宰相杜黄裳却认为：

　　"自德宗以来，朝廷屡经忧患，务为姑息，节度使的更换总是等到前任死后，先遣中使前往察看军情所向然后顺从授之。中使或私下接受地方将领贿赂，归朝后即为之请命，朝廷也就随而授任，不曾有出自朝廷意愿的委任。陛下如果真的想整顿政治与军事，加强中央集权，应当逐渐设法削弱藩镇势力，那样，天下才可治理好。"

　　杜黄裳极力主张派兵征讨刘辟，并举荐神策军使高崇文率军出征，最后得胜而归。

后来，又接连击败镇海节度使李琦和夏绥节度使韩全义，使朝廷威望大增，也进一步增强了李纯削平藩镇的决心。

唐朝廷削藩的初步胜利应该说是杜黄裳首唱削藩的功劳。我们常说好的开头等于成功的一半，政治也是如此，任何政治只有慎始才能善终，因为政治的原则是以先为例，枪打出头鸟，为以后树立一个好的先例，这是一种行之有效的战略。杜黄裳建议对首先举兵反叛的刘辟坚决打击，正是一种不给后来者留下消极榜样的战略。

不幸的是，削平三镇叛乱使李纯产生了轻敌情绪，因而与其宰相们在削藩的战略方针上发生了严重分歧。

当时，如杜黄裳、武元衡、裴垍、李绛等宰相都是胸怀大才的人物，对时局和削藩战略有着十分清醒的认识，他们几乎不约而同地认为，削藩是一个较长而复杂的过程，应当等待时机成熟，讲究策略，绝不可急于求成，硬拼蛮干，企图毕其功于一役。

但李纯却得意忘形，以为任何藩镇强横，只要中央政府决心削平，就能达到目的。

于是，当元和四年（809）三月，成德节度使王士真（王武俊长子）去世，其子王承宗要求继承节度使职时，李纯想乘平三镇余威，"欲革河北诸镇世袭之弊，乘王士真死，欲自朝廷除人，不从则兴师讨之。"

裴垍、李绛等都认为用武力讨平成德的时机还不成熟，李绛说：

"河北诸镇不服从朝廷领导，谁不愤慨。但现在出兵讨伐，恐怕时机未到。成德自王武俊以来，父子相承四十余年，人情习惯，不以为非。何况王承宗已经实际控制军务，一旦朝廷任命新的节度使，恐怕他未必肯听命。此外，范阳、魏博、易定、淄青等镇也以地相传，与成德一体，他们听说成德由朝廷命节度使，必然内心不安，暗中相互结连。其邻道张茂昭请代王承宗，恐怕并非出于诚意。如果中央任命了新的节度使，成德周围各镇将处于主动态势，进退都有利。如果新任节度使能够顺利进入成德，如张茂昭这些人就成了有功之臣；如果新任节度使无法前往履任，其周围诸镇又会相互勾结。但作为国家，一旦出令，就不能中途而废，必须兴兵进讨。其周围将领节镇都要加官晋爵，士卒增衣加粮，却按兵玩寇，坐观胜负，而劳民伤财之病都归在国家身上。如今江、淮水灾，公私困穷，兴兵讨伐之事，未可轻动。"

但部分掌握军权的宦官却极力主张派兵进讨。七月，卢龙节度使刘济和魏博节度使田季安先后病倒，李纯又想进兵，李绛再次指出：

"群臣看到陛下连平三镇，易如反掌，故谄谀急躁的人，都争着进献策谋，劝陛下趁机削平河北，根本不从国家长远利益着想，陛下也因为最近平定三镇叛乱而轻信其言。

"我们臣下认为，河北藩镇与吴蜀藩镇不同，应该区别对待。为什么呢？巴蜀和江浙之地以往都不是反叛之地，其四邻都是由效忠国家的大臣控制。刘辟、李琦独自生出反谋，部下都不与之同心。刘辟、李琦只是以财利笼络着众人，国家大军一到，就土崩瓦解。所以，我们当时都劝陛下举兵讨伐。成德就不同了，内则将士根深蒂固，世代相袭，外则四镇相连，声势呼应。当地民众对节将怀着世代抚慰的恩情，不知君臣顺逆的道理，劝说他们不听从，威胁他们不服从。而且，邻近各镇平时相互忌恨，一旦听说朝廷要更换节度使，又会合力同心，这是为他们的子孙着想，担心有朝一日自己也会被取代。万一各镇相联结，兵连祸续，财尽力竭，西北边疆吐蕃、回纥乘机入侵，后果就不堪设想了。刘济、田季安的情况与王承宗一样，如果去世时有机可乘，届时再设法处置。如今就开始用兵，恐怕不妥。太平盛世，不是一朝一夕可达到的。"

这种分析是十分有道理的，正如李绛所分析的，四川、江浙一带是李唐的腹心和后院，历来比较安顺驯服，刘辟和李琦的叛乱带有很大的偶然性，故朝廷没有用多大力气就平息了叛乱。

但成德、卢龙和魏博就完全不同了，这一带自安史之乱开始与中央对抗，已有五十多年的反叛历史，将士民众结为一团，而且历来是几镇联合抗命，不是轻而易举就可改变现状的。

这时，淮西吴少诚病重，李绛又提出先定淮西的建议：

"吴少诚这次病重必不能痊愈。淮西情况与河北不同，四周都是效忠国家的州县，没有叛乱的邻镇相助；朝廷趁此机会任命新的节度使，正是时候，万一不服从，就可命将征讨。我希望陛下放弃平定成德那种难以实现的计划，采取先定淮西这种容易成功的策谋。"

这是一个避免两面作战、先易后难、先弱后强的战略设想，非常符合当时朝廷力量不强而又十分希望削平藩镇的实际需要。

但李纯不听。反而听信吐突承璀等宦官的一面之词，于十月任命左神策中尉吐突承璀为元帅，率军征讨王承宗等。

结果，卢龙、魏博等镇节度使暗中与王承宗相勾结，致使吐突承璀屡战屡败，到次年七月，李纯不得不下诏赦免王承宗，承认他的节度使之职。

这场战争打了十个月，运用兵力近二十万，耗资近七百万，损兵折将，一无所获，被李绛不幸而言中。

李绛（764—830），是中晚唐名相之一，河北赞皇人，进士出身，为人胸怀大略，正直忠贞，对李纯时代的政治与军事提出过不少重大策略。

元和七年（812）八月，魏博节度使田季安去世，十一岁的儿子田怀谏由其母元氏和族叔田兴扶持继任节度副大使。

朝廷得知消息后，宰相李吉甫主张派兵进讨，李绛则认为不必用兵，魏博不久自当归顺朝廷，他分析说：

"我观察到，两河藩镇中的强横跋扈者都惯于将兵力分散掌握在诸将手中，使之不能专在一人之手。这是因为担心诸将权任太重会乘机谋夺自己的地位。诸将势均力敌，不相统属，若想暗中联结，则众心不同，其谋必泄；若想独自变乱，则兵少力微，势难成功。加之这些节度使往往重赏告密，严刑峻法，所以诸将互相猜忌，不敢先发。强横藩镇就依靠这种方式长期与中央对抗。由此我便想到，如果有严明主帅驾驭，能够控制诸将，就可保平安无事，否则就会出乱子。

"如今田怀谏是个乳臭未干的小子，军府大权必然要有人暗中操纵，而诸将势均力敌，互不买账，怨怒必生，这样过去那种分兵之策就成了今日各拥兵相强的根源。田怀谏终究要被屠杀或囚禁，何必要我们派兵进剿呢？田兴自副将起而代理主帅，这是其周围各镇最痛恨的做法，他如果不倚靠朝廷自存，就会立即被周围各镇所消灭。所以我以为不必用兵，就可坐待魏博归朝。陛下可按兵养威，严敕各道选练兵马，以待诏令调用。然后让魏博诸镇知道朝廷这一举措，不出数月，魏博军中必有人起而为变。届时，朝廷特别要响应迅速，抓住机会，不爱官爵，重奖其人。让两河各地藩镇听到有关消息后感到害怕，担心自己的部下也会起而仿效以博取朝廷厚赏，必然个个恐惧，争向朝廷表示恭顺。这就是所谓'不战而屈人之兵'的策略。"

李纯这次吸取了前几次教训，听从了李绛的建议。

不久，田怀谏果然因为幼弱，军政都听家僮蒋士则处理，招致将士造反，杀蒋士则，拥立田兴为帅。

田兴则与将士约法三章："不杀田怀谏；遵守朝廷法令；向朝廷申交版籍表示归顺，请求朝廷委派官员。"随后马上派使者到长安上表归顺。

李纯得知这一消息后，高兴地对李绛说："贤卿对魏博的预测如同符契一样相合。"李吉甫建议派中使前往观察，李绛马上表示反对，说：

"如今田兴奉献出他所辖土地兵众，坐待朝命，我们如果不乘此时推心抚慰，结以大恩，而必定要等到中使到那里拿来将士请求命田兴为节度使的表章，然后中央才任命他为节度使，那就等于田兴的节度使是其部下为他争来的，不是出于朝廷对他的信任。这样，在田兴心目中，又是将士占第一位，朝廷占第二位，他对朝廷的感激就会从现在的程度大大减弱。这个笼络田兴的机会一失，后悔莫及。"

李绛意识到这是一个千载难逢的争取魏博归顺朝廷的大好机会，便反复在李纯面前论证应如何利用这一良机重赏田兴，一则表彰归顺朝廷的忠义之举，二则借以鼓励全国各地节镇接受朝廷领导。

李纯最后接受了他的建议，下诏任命田兴为魏博节度使。魏博军民听到消息，无不欢欣鼓舞，田兴也感激得泪流满面。

接着，李绛又向李纯提出一个重赏魏博将士的建议：

魏博五十余年不服朝廷领导，如今一旦举六州之地来归，等于割河北的腹心，捣叛乱的巢穴，如果不给以重赏，使之大喜过望，就不足以奖慰将士之心，就不足以使四邻仰慕。请中央调拨国库钱一百五十万缗赏赐魏博将士。

李纯左右的宦官以为给得太多，怕以后各镇攀比，李绛给李纯算了一笔账：

"田兴不贪专制一方之利，不顾四邻相侵之患，归顺朝廷，陛下何必爱小费而弃大计，不趁机收一道人心？钱用完还可再有，机会一失不可复得。假如国家发十五万兵取六州，一年而克，其花费何止一百五十万？"

一番话使李纯茅塞顿开，立即下令如数赏赐，并免魏博百姓一年租赋，又派重臣裴度前往祝贺和抚慰。

魏博军民得到赏赐和免除租税的诏令后，欢声雷动。成德和淄青两镇的使者听到这个消息后，个个相顾失色，说："由此看来，倔强不听朝廷命令又有何益呢？"

从此以后，魏博一镇严格执行中央法令，按时交纳租税，定期朝见皇帝，其他各镇也一时不敢再生二心。

这可以说是李绛重奖归顺者战略的重大收获，其意义不仅在于不费一兵一卒就收复了与中央抗命五十多年的魏博六州，在多年来连兵抗拒朝廷的河北四镇中间地带撕开了一个大缺口，更重要的是给其他各藩镇树立了一个好的榜样。

元和九年（814），淮西节度使吴少阳死，其子吴元济自任节度使。李纯遂决定出兵讨伐，任命荆南节度使严绶为招讨使，率各镇九万兵马前往讨伐。

吴元济则向成德王承宗、淄青李师道求救。王承宗和李师道一面派兵以协助朝廷进讨的名义前往暗中相助，一面派人潜入东都洛阳放火烧毁军需储备钱帛三十余万缗、谷三万余斛，又派人潜入长安杀死主张讨伐吴元济的宰相武元衡、击伤另一主战派大臣裴度。

一时间，弄得人心惶惶，大臣纷纷要求停止讨伐淮西、撤销裴度职务。

李纯决心很大，不仅不停止讨伐，反而提拔裴度为宰相，将用兵讨伐之事全部委托给裴度负责，并下令出兵进攻成德和淄青两镇，以为武元衡报仇。

由于朝廷陷入两面作战，战线过长，兵力分散，加之将领不力等原因，连吃败仗，战争打了几年也无多大进展。元和十二年（817），李纯下令停止对成德和淄青作战，专心对付淮西，并派名将李晟的儿子李愬前往淮西指挥作战。

李愬原任太子詹事，位卑名微，但他不愧是名将之后，熟谙文韬武略。

当时，朝廷对淮西的作战分西面与北面两条战线：北面战线由名将李光颜统率，从郾城向南压向蔡州，连战皆捷，对淮西吴元济形成最大威胁和压力；西线由唐州（今河南泌阳）向东推进，先由高霞寓为帅，后由袁滋统率，都连吃败仗，故西线将士都或多或少有畏敌怕战情绪，淮西方面也不把唐州的唐军放在心上。

正月，李愬到达唐州后，深知当时唐军屡遭挫败，将士个个害怕出战。他到任后，第一步便是因势利导，笼络将士之心，故意显示出懒散懦弱的样子以继续麻痹淮西。

这就是兵法上所谓"形之，敌必从之"的战略原则。他逢人便说：

"皇上知道我这个人懦弱忍让，故派我来安抚你们。至于争战攻取，不是我关心的事。"

他还亲自到各兵营巡访慰问，安置抚恤伤病员；又故意"不事威严"，当部下提醒他注意治军不严的后果时，他说：

"我并非不知道不应该这样。我的前任袁滋因在敌人面前表现无能而罢官，敌军对他很轻视。如今我受命继任元帅，敌人一定加强戒备。所以，我故意表现出治军不严的样子，敌人就会以为我像前任那样的懦弱而放松警惕，然后我们才可设计破敌。"

果然，淮西吴元济既连续击败唐军，又轻视李愬名位素微，遂不加戒备。

二月份，李愬确定偷袭淮西巢穴蔡州（今河南汝南）的战略方针，马上进行了一系列的准备工作。

一是大量派出间谍和利用敌方间谍刺探敌人军情。李愬采取优待俘虏的政策，每次抓获敌人兵卒或间谍，都要亲自抚慰和询问敌情，因而对敌方城守战略、地形险易、兵力虚实、路途远近等都了如指掌。

孙子说过："凡是我军所要攻击的目标和城池，都必须先弄清其守将及其部下将领的姓名等，必须充分利用敌人的间谍进行反间。"李愬正是运用了孙子这一战术思想。

二是化敌为友，以毒攻毒。二月初唐军抓获淮西猛将丁士良，李愬给以官职，让他继续带兵，丁士良感激不已，又献计擒获文城栅谋主陈文治，诱降了文城栅守将吴秀琳及其三千守军,大大削弱了淮西西线的防御。

吴秀琳又献计说,要取蔡州,非先抓获淮西猛将李祐不可。

于是,李愬又设计擒获了李祐,而且对李祐采取特别优待的措施,任命他为自己部下最精锐的警卫部队"六院兵马"的总指挥。

李祐为感激李愬对他的信任,也就倾其所能为李愬出谋划策。李愬又大量招抚淮西难民,借以收揽民心,瓦解敌人士气,这就是兵法上所谓"用兵不如用民,用友不如用敌"的战略原则。

三是组织承担突袭任务的特种突击部队。李愬来到唐州以后,感觉到兵力太少,便要求朝廷增派部队,朝廷为之增派步骑六千余人。

接着,李愬在全军中挑选出三千敢死将士,组成特种部队,号称"突将",针对突袭的战术要求,亲自教练,日夜不停,使之始终处于战备状态。

四是组织部队在三至五月间,首先一步步地肃清蔡州外围据点,与蔡州北面的唐军李光颜部取得了联系,切断了蔡州与其所辖申、光二州的联系,并在朗山攻击战中故意输掉以骄敌军士气。

这时,北路军在李光颜的指挥下,连连取胜,一直打到了蔡州北面的军事要地洄曲。七月,裴度亲自来到北路军前线督战,使前线将士精神为之大振。

九月,李祐向李愬建议说:

"蔡州精兵都在洄曲和四周外围据守,守州城者尽是老弱病残,我们可以乘虚直捣蔡州。等到周围各城敌人守将得知消息,吴元济早已被我擒获。"

李愬非常赞同这个战略计划,在得到裴度同意后立即实施。

十月十五日,大雪纷飞,李愬决定利用天寒大雪的气候条件,率军出发奔袭蔡州。其军事部署是:由李祐、吴秀琳率三千"突将"为先锋,自率三千人为中军,李进诚率三千人为后卫,乘雪夜出发。部下都不知道到哪里去,只是说"往东走"。

到达蔡州外围的张柴村,李愬指挥部队一个不留地消灭了敌军布置在这一带的警戒兵力,然后命令部队停下休息吃饭,在留下五百将士负责撤毁蔡州与周围各镇的道路桥梁后,又于夜间率军出发,这时李愬才告诉将士,这次出发是前往蔡州袭击吴元济。

监军宦官一听竟吓得当场哭了起来，说："我的天啊，果然落入李祐奸计了！"诸将也个个面无人色，以为必死无疑。

到达蔡州城下时，正是半夜，大雪仍然下个不停，蔡州城内外无一人觉察出唐军的到来，李愬立即指挥众军悄悄登城。由于蔡州三十年都没见到唐中央军，都没打过仗，守门兵士一个个正在熟睡，毫无战斗警惕性。

没经多大战斗，吴元济即束手被擒，蔡州落入唐军手中。随后，申、光二州也相继投降。

李愬雪夜袭蔡州是中国历史上最成功的突然袭击战例之一。

他之所以取得如此完美的成功，一是他战前通过敌人的降将、战俘和敌我双方的间谍对敌情做了深入的了解和分析，同时对自己的部下将士也深入基层做了详细摸底，知己知彼，当然就能百战百胜；二是战前他为突袭战斗做了长达九个月的周密部署和准备工作，突袭战斗是在有充分把握和周到准备的基础上进行的，所以能够一战而胜。此外，李光颜从北线牵制住吴元济主力兵团也是李愬取得突袭成功的重要因素之一。

吴元济被擒、淮西平定，对其他割据藩镇震动很大，淄青兵马使杀李师道，归顺朝廷，成德节度使王承宗忧虑而死，其弟王承元仿照魏博田兴的做法，主动上表归顺。至此，唐朝四分五裂的局面暂时宣告结束，李纯削藩的战略目标终于实现。

唐代自安史之乱以后，削藩与反削藩的战争从大历十年（775）开始，到元和十二年平定河北四镇，打了四十二年，算是暂时结束。至此，大唐的天下，至少在形式上是统一了。

削藩战争，实际上是中央集权与地方割据的矛盾激化的结果。藩镇割据的根本原因则在于唐朝中央政府在平定安史之乱过程中，急功近利，为迅速达到打败安史叛军的目的，不惜滥设军区，任意扩大军区长官节度使的权限，致使其握有一方军政、民政、财政大权，军事权力一旦与政治、经济大权结合起来，必然产生独霸一方的军阀、滋润分裂割据的毒苗。

而唐朝廷在削藩战争中之所以屡屡失败，祸根又在于李俶、李适、李纯等封建专制帝王大权独揽，不信任文武大臣，而信用不学无术的宦官阶层，导致战略战术屡屡失误，以致削藩战争掏空了大唐的国力。

第
十
六
章

CHAPTER16

名将武略　扬威边疆

有唐一代，名将辈出。

这些名将，不仅内战内行，外战也内行。先后有李世勣、刘仁轨、裴行俭、郭元振、王忠嗣、高仙芝等名将，在唐朝的边疆地区打出了唐朝的国威，打出了唐军的军威。

在这些名将扬威边疆的战役中，凝聚着他们的文韬武略。

李世勣苦战平高丽

李世勣是唐代可与李靖相提并论的军事家之一，曹州（今山东曹县）人，原为李密手下大将，后投降唐朝，受到李世民重用，跟随李世民南征北战，先后参与了统一全国和征服突厥等战争，屡建战功。特别是在唐朝征服高丽的前后五次东征中，他作为主帅，立下了不朽的功勋。

古代的朝鲜半岛分为高丽、百济、新罗三国，高丽即今朝鲜共和国，百济即今韩国西南部，新罗即今韩国东南部，一直是中国各王朝的附属国。

贞观十四年（640），高丽国大臣盖苏文杀死唐朝敕封的国王高建武，自封为莫离支，这个官儿，大致相当于唐朝的兵部尚书兼中书令。

盖苏文威武雄壮，有文武才，慨然有称霸东亚之志，大举兴兵进攻新罗，南联百济与日本，北结我东北的靺鞨，准备与唐朝抗衡。

新罗则屡屡到长安告状，李世民为之屡次遣使劝说盖苏文不要攻击新罗与百济，盖苏文不仅不听，反而将唐使者扣押起来。

李世民此时已先后征服突厥和西域等西北部边疆民族，此时开始将扩张矛头指向辽东——当时将今长白山以东的朝鲜半岛称为辽东。

他认为："辽东本来是中国的领土，隋代四次出兵征讨，都没有收回。我如今东征既是为中国报子弟之仇，也是为高丽雪君父之耻。而且，国家四夷已宾服，唯有此一方未平，所以，现在趁我未老之时，借用文臣武将余力以平定之。"

李世民遂于贞观十八年（644）七月，大举出兵进攻高丽，具体部署如下：

命令将作大匠阎立德和太常卿韦挺在河北和江浙负责造船和督运粮草；

命令大将薛万彻等镇守太原和灵州（今宁夏灵武），以防突厥等；

任命李世勣为辽东道行军大总管、李道宗为副，率步骑六万从幽州直趋辽东；

任命张亮为平壤道行军大总管，率水军四万从山东出海直趋平壤；

李世民自己则率后续部队从洛阳直趋幽州为后援。

当时，唐军远征高丽，出营州（今辽宁朝阳）遇到的第一个敌方重镇便是辽东城（今辽宁辽阳北）。辽东城南有盖牟城（今辽宁盖州）、安市城（今辽宁抚顺东北）、建安城（今辽宁大连金州区），北有后黄城（今沈阳北）、银城（今辽宁铁岭南）、扶余城（今吉林四平）等。

次年二月，李世勣率军到达柳城，一面令副将李道宗、张俭率兵分两路向新城、建安、盖牟城以断敌援路，一面虚张声势，装出要北出怀远镇，而暗中则悄悄从北面隋代所筑甬道中东趋辽河，从通定镇渡过辽河，出敌不意，兵临辽东城下，将辽东城团团围住。

高丽守军见唐军突然而至，满城惊骇，闭门坚守，以待援军。

李道宗则先后攻破盖牟城、建安城等，以阻击敌方从国内来援。

三月中，高丽四万援军渡过鸭绿江，直扑辽东。李世勣果断决定围点打援，先吃掉援军，再回头攻城，遂命李道宗率部阻击敌军，自己则随后率部侧击，在李道宗部开始败退之际，李世勣率军赶到，然后两军夹击，大败敌军，有效地阻挡了辽东城的后援。

在李世民亲自到达辽东城外围后，李世勣即指挥部队向辽东城发起总攻，经十二天激战，终于用抛石车和撞车撞开城门，大军一拥而入，遂占领全城。

这一战，得力于李世勣、李道宗预先充分估计到了敌军的增援可能，抢先占领或截断了辽东城南北两翼，并在敌大批援军赶到后，又果断地实施"围点打援"的战略，集中兵力击溃了高丽四万援军，这不仅严重削弱了敌方势力，而且也断绝了辽东城守军的待援希望，打击了守军士气，因而总攻辽东城时才比较顺利。

不久，李世勣与李世民一道率军在安市城与高丽援军十五万进行了一次大会战，李世民采取惯用的伏兵夹击战术，大败敌军。但由于李世民晚年持重，一反年轻时奇策制胜的做法，坚持正面一城一地的进攻，屡次拒绝李道宗等人所提出的关于分兵直趋平壤、先捣毁敌根本的策略，李世勣无法自如地实施自己的战略计划。

结果，围攻安市城三个月，不能攻克，只好在冬季到来之前撤军退兵，第一次东征就这样中途流产。

后来，李世民及继位的李治又连续三次试图东征高丽，都因各种原因或谋而未发，或发而未果。

唐高宗乾封元年（666）五月，高丽盖苏文去世，三个儿子泉男生、泉男建、泉男产相互争权，其中，长子泉男生派人入唐求援。这对于一直想征服高丽而不能遂愿的唐朝来说，当然是一个千载难逢的好机会。

十二月，李治任命李世勣为辽东道行军大总管，率郝处俊、契必何力、庞同善等大将再次远征高丽。次年九月，李世勣率水陆大军渡过辽河。

这一次，李世勣首先集中兵力对新城（约在今辽宁海城）展开攻击。不到十天，新城守军力屈而降。随后，李世勣亲引大军连下周围十余城。高丽泉男建在海城东面的金山城集兵决战。李世勣让庞同善率军正面迎击，派大将薛仁贵率军绕过敌后回击，大败高丽军，斩首五万。

此后，李世勣派郭待封率水军从辽东半岛泛海直趋平壤，命薛仁贵率三千精兵为先锋从陆路向前推进，一路上势如破竹，很快打过鸭绿江，进至平壤城下，与先期到达这里的水军会师。

月余后，高丽国王高藏与泉男产率军民出城投降，泉男建自杀。至此，高丽被彻底征服，唐置安东都护府于平壤，分高丽旧地为九个都督府、四十二个州、一百个县。任命大将军薛仁贵为安东都护，统兵两万镇抚高丽。

李世勣一生用兵有两个特点：一是"行军用兵，颇任筹算，临敌应变，动合事变，与人图计，识其臧否，闻其片善，扼腕而从"。这就是说，他用兵既善于精心谋算，随机应变，也善于听取别人意见，不固执己见，不拘泥成法。二是善于抚御士兵，推重情义，与士卒同甘苦，共患难，史称他"前后战胜所得金帛，皆散之于将士""大捷之日，多推功于部下，因此，将士皆为所用，战无不胜"。

刘仁轨孤军镇百济

刘仁轨，唐高宗李治时代文武双全的一位奇士，河南汴州（今河南开封）人。

他并非行伍出身却战无不胜，战功赫赫；自学成才，未曾科举，却三为宰相，于国家政治也有巨大贡献。

他一生中，不论是在政治上还是在军事上，几乎无一败绩，可以说是一位杰出的政治家和军事家。

最出彩的一笔，是他带领海外孤军，成功为唐朝守住百济。

唐高宗显庆五年（660）十月，唐军大将苏定方率军渡海征服百济后，留下刘仁愿镇守百济城（今韩国全州），王文度镇守熊津（今韩国锦江上游公州境）。

不久，王文度病卒，百济僧人道琛和旧将福信乘机从锦江入海口南边的周留城各自起兵围攻刘仁愿。李治遂命刘仁轨为带方州（故地在今韩国首都首尔西北）刺史，统率王文度原将士，调发新罗军队配合，救援刘仁愿。

刘仁轨治军严整，边战边进，所向克捷，一直打到百济城外。道琛与福信连忙解围退保作存城，刘仁轨遂入城，与刘仁愿合兵休整。

其后，福信杀道琛，并其兵马，又招纳散兵与亡命，军势日振。此时，苏定方受命率军围攻平壤，不克而还。

李治遂下令给刘仁轨说："围攻平壤大军已回，百济孤城不可独守。宜全军撤往新罗，在那里暂驻。如果新罗需要你等留守，就留在那里镇守；如不需要，就渡海回国。"刘仁轨部下听说要回国，个个欢呼雀跃。

但是守是留，这是一个相当重要的战略问题。刘仁轨认为：

"人臣为国家之利，有死无二，岂得先顾其私！皇上欲灭高丽，故先破百济，留兵镇守，就像一把利刀直指高丽心腹；目前，虽然百济余寇日盛，但我军守备尚严，如果我们秣马厉兵，攻其不备，定无不克。取得大捷之后，士卒自然心安，然后分兵守险，张开兵势，再飞表向朝廷报告，要求增兵。朝廷得知我们能够取胜，必然命将出师，我们有了增援，必能消灭百济余寇。这不仅使前功不致尽弃，还能为国家永除海表之患。

"如今，围平壤的大军已退，熊津要塞的部队也撤了过来。这样，百济的地方势力必然再度兴起，高丽贼寇何日可灭！我们在敌人中间独占一孤城，稍一动脚即为敌人所擒，即使能退入新罗，也是寄人篱下，若有变故，悔不可及。何况福信凶残悖逆，君臣猜忌，很可能会自相残杀；我们正应该坚守观变，乘便攻取，不能移动。"

这显然是一个从国家利益着想而完全不顾个人安危的战略设想。

对于当时一心想消灭高丽的唐朝来说，能尽量占领百济是有百利而无一害的，因为百济在高丽的南面，是消灭高丽的一个战略要地，唐军可随时从百济出兵直扑高丽都城平壤，与自北而来的唐主力大军形成南北夹击的战略态势，且能截断高丽南退或与百济联兵作战的可能。

但从留守唐军将士生命来说，留下来无疑凶多吉少，且不说当时唐军留在百济城者不足一万将士，即使有几万军队，对于远在海外异国的百济来说，也是微不足道的，万一百济民众起而反抗，加之福信的军队，唐军极有可能葬身在百济民众战争的海洋中，几乎没有生还的可能。

李治之所以下令退军，也是从留守百济的唐军生命着想，不愿看到成千上万将士为国捐躯于异国他乡。

当时，百济王丰及福信看到刘仁轨孤守一城，便派人对他说："大使什么时候归国，我们将派人护送您。"

由此，刘仁轨看出福信恃胜无备，便率军突然发起攻击，连克数城。真岘城（约在今锦江下游西岸）地势险要，是唐军粮运必经之地。福信在此重兵防守。

刘仁轨亲引精兵乘半夜守军懈怠，头顶伪装草丛，攀崖而上，一举攻克，唐军士气从此大振。刘仁轨随之派人回国求援，李治见刘仁轨攻守有方，立即命将军孙仁师率七千水军赴援。

不久，百济内部果然分裂，百济王丰杀死福信，遣使高丽和倭国（今日本），求援兵拒唐。而此时刘仁轨得孙仁师援兵，兵势大振。

诸将认为处在锦江入海口的加林城是水陆地冲，应当先攻占它。但刘仁轨认为：

"加林城险固难攻，急攻则必然多伤士卒，缓攻则旷日持久。周留城是百济王的巢穴，百济残余势力的根本所在，应当先攻击它。如果攻克周留，其余城守不攻自破。"

于是，刘仁愿、孙仁师率陆军，刘仁轨率水军夹击周留城。

在锦江口，刘仁轨遇到倭国援兵，四战四捷，杀倭寇殆尽，海水尽赤。遂乘胜进围周留城，小战而克。

百济王丰逃奔高丽，王子忠胜、忠志降。首领沙吒相如、黑齿常之率军降。唯有任存城不降，刘仁轨便让黑齿常之率部下前去攻取任存城。

刘仁轨部下将领都觉得降将不可信赖，刘仁轨却料定这两人"忠勇有谋，是感恩之士"，信而不疑。黑齿常之等果然攻拔任存城。这个黑齿常之，后来也成为唐朝的名将之一，还帮助武则天平定了徐敬业叛乱，为唐朝立下了汗马功劳。

随后，百济各地纷纷重新归顺，加上原已臣属的新罗，这就等于在高丽南部筑起一道坚不可摧的长城，既堵死了高丽南逃退路，又截断了倭寇进援的道路。

事后，刘仁轨受命率军镇守百济。刘仁轨在百济，下令收葬遗骸，抚恤遗孤，登录户口，设置长官，开通道路，整理村落，修建桥梁，改造堤塘，劝课农桑，赈贷贫穷，存问孤老。很快将百济经济恢复过来，百姓渐渐各安其业。然后，刘仁轨开屯田，积粮储，训练士卒，收集情报，以做好进攻高丽的准备。

七年后，当李世勣率军进攻平壤时，百济成为唐军火攻高丽的重要基地，配合李世勣轻而易举地平定了高丽。

从此，朝鲜半岛成为大唐的附庸，尤其是百济，在刘仁轨的经营之下，成为大唐在朝鲜半岛的一个堡垒。

　　显然，刘仁轨用兵作战，不靠猛战，特点之一是善于捕捉或创造战机，在看似平常或绝险的形势中能从大局着眼，分析出大势所在，然后精心设计，精心部署，稳中求胜，胜中求存。

　　特点之二是不局限于武力征服，而注意长远发展利益，注意从心理上征服敌国，注意从经济上笼络民心，将政治与军事有机地结合起来，这是一般的武将做不到的。

裴行俭妙计赚可汗

　　裴行俭是唐高宗时代的名将和书法家，山西闻喜人，科举明经出身，先在中央政府任吏部侍郎，掌管官吏选举十多年，创设长名榜和铨注等法，政绩卓著，称誉于时。

　　唐高宗调露元年（679），西突厥十姓叫汗阿史那都支及其别帅李遮匐与吐蕃联合出兵侵扰西域。唐朝君臣商议，准备出兵征讨。

　　当时身为吏部侍郎的裴行俭，却提出了一个瞒天过海的战略袭击计划：

　　"吐蕃叛乱方兴未艾，前些时李敬玄统二十万众征讨失败，大将军刘审礼被俘，怎能再在西部边境兴师动众呢？如今，波斯国王刚刚去世，其子泥涅师正在我国京城作人质，我们如果派遣使者护送他回国继位，正好路过西域突厥和吐蕃所控制的地区，如果能赋予使者临机处事的特权，使者就有可能随机应变，克敌制胜。"

　　于是，李治便册立泥涅师为波斯王，任命裴行俭为安抚大食使，持节护送泥涅师回国，让他到西域相机行事，制服突厥与吐蕃。裴行俭奏请肃州刺史王方翼为自己的副手，即日率随从出发。

　　裴行俭曾经当过西州（今新疆吐鲁番）长史，在当地深得人心。这次，当他率随从到达西州时，当地官民纷纷前来迎接。裴行俭趁机将军民豪杰子弟一千多人招为自己的随从，并且故意放风说："天气正热，我要等到天凉后再继续西走。"

　　阿史那都支原先听说朝廷有使者从此路过，心里着实紧张了一番，得到这一情报后，信以为真，遂暂时放下心来，不做防备。

过些时候，裴行俭召集四镇各族酋长说："我过去在这里打猎，玩得十分快乐，至今没有忘记，现在，我想趁此机会再去打打猎，你们诸位谁愿意跟随我一块去啊？"

裴行俭是中央大员，谁不愿趁此机会献殷勤、套近乎呢！一下子就有近万人表示要去。

裴行俭遂以打猎的名义，暗中部署队伍，日夜兼程，直扑阿史那都支的营地。在前进到距阿史那都支部落十多里的地方，先派与阿史那都支关系较亲密的酋长代表裴行俭前去问安，外表上装出闲暇无事的样子，似乎无意讨袭都支，随后便以中央名义连续派出使者，催促都支前来相见。

阿史那都支本来打算等到秋天来临时与李遮匐一道袭击唐中央派出的裴行俭等一行，这下突然听说裴行俭已率大军在十里以外，一时惊慌失措，计无所出，只好率子弟部下出来与裴行俭相见。

裴行俭遂趁机将阿史那都支及其部下一并擒获。随后又利用都支的令箭，召集西突厥各部酋长，一一抓起来送到唐焉支都督府所在地碎叶城（在今巴尔喀什湖南）。

接下来，裴行俭率阿史那都支部下的精锐骑兵，轻装上路，日夜兼程，奔袭李遮匐部。

在进军途中，遇到李遮匐的使者，裴行俭让其先行转回去，将阿史那都支已经投降的消息告诉李遮匐，劝说李遮匐投降。

李遮匐在大兵压境、同盟已破的情况下，只好乖乖投降。于是，裴行俭打发波斯王自行回国，自己则押着阿史那都支和李遮匐回京，留下王方翼镇守碎叶城。

唐高宗李治在皇宫接见裴行俭，对他说："这些年来西部边境一直不安宁，朝廷派你总兵讨伐，孤军深入，远行万里。你权略非常，恩威并加，兵不血刃就擒获西突厥可汗，使西部边境迅速柔服。才兼文武，理应职兼二任。"便授予他礼部尚书、右卫大将军等文武两个要职。

裴行俭在这一战中的战略战术，是十分得当的。

当时的唐军，要西征突厥，路途万里，最难的就是后勤保障。而且，以往多次征讨已经证明，大军压境往往只能一时将叛军赶走，大军一撤，叛军复来，因为西域幅员辽阔，不论是吐蕃还是突厥军队，回旋余地很大，而唐军又因粮运和水土风俗各异等问题，不可能长期驻重兵于该地。

因而，对吐蕃和突厥最有效的征讨办法是擒贼先擒王，将其闹事的首领抓获。擒贼擒王的最好方法自然是偷袭，但在西域那样广袤的地区，敌方力量强大且对地形熟悉，我方力量较弱且对地形生疏，要偷袭成功谈何容易！

裴行俭借助护送新的波斯王回国这一有利条件做掩护，率军深入西域腹地，这是给予敌方第一重烟幕，名正言顺地将精干的部队运动到突厥人的防地附近；然后又以气候炎热、须待天凉再走为借口，实现了部队在西州周围的集结，将这一作战的必备阶段非常巧妙地淡化；最后，又以打猎为幌子，将大军整装出发前往偷袭的全过程伪装得滴水不漏。

前后三重战略欺骗，非常成功，非常有效，使得裴行俭兵不血刃地擒获了手握强兵的突厥可汗，虽是李靖用兵也不能过此！

当年十月，唐单于大都护府属下阿史德温傅及其大首领奉职等率部落反叛，立阿史那泥熟匐为可汗，二十四州酋长都起而响应，兵众达数十万。

单于大都护府长史萧嗣业率军征讨，几乎全军覆没，朝廷便任命裴行俭为定襄道行军大总管，率中军十八万，并指挥东路军李文暕部、西路军程务挺部，共三十万大军讨伐突厥。

大军到达朔州后，裴行俭知道萧嗣业曾因粮道被袭而陷入困境，便召集部下说："用兵之道，安抚士兵贵在诚心，制服敌军贵在用诈。前些时萧嗣业大军粮道被敌人袭扰，导致将士冻馁，因而失败。现在我率大军到此，突厥人肯定又会故技重演，我要以计击败敌人的袭扰。"便派出运粮空车三百辆，每辆车内藏壮士五人，每人配备一把长刀、一把劲弩，用数百名老弱士兵护送，另派精兵埋伏于险要地形。

果然，运粮车在途中遭到突厥人的袭击，老弱士兵故意一哄而散。突厥兵推着粮车来到水草丰盛处，解鞍歇马，打算取下粮食放到马上运走。这时，车内壮士一跃而起，举刀奋击，突厥兵大惊失色，抱头鼠窜，却遭到早已埋伏在要路的唐军拦截，突厥兵一个不剩地被消灭。从此，突厥人再也不敢袭扰唐军粮道了。

有一天，当进军至单于都护府北面时，军队宿营，帐篷已搭好，周围防护壕沟也已挖成。

裴行俭在视察了营地后，下令全军将士立即移营到山冈上。部下将领都以为士兵已经解甲休息，难以再动，但裴行俭很坚决，命令全军迅速移营。当晚，暴风雨大作，原来的宿营地水深丈余。

诸将惊服裴行俭的先见之明，纷纷问他何以知道晚上会有大风暴，裴行俭只是笑着说："你们今后只需听我指挥就行了，不必问为什么。"

其实，这个秘密在我们今天看来，太简单不过了，这只不过是裴行俭懂得天气预测的一些规律罢了，但由这件事可以看出行军作战懂得气候变化规律是十分重要的。

由于裴行俭深得将士拥戴，加之计谋高妙，这次出征大获全胜，阿史那泥熟匐被部下杀死，奉职成了俘虏，阿史德温傅率残部逃往狼山。

次年，突厥另一部落酋长阿史那伏念自立为可汗，与阿史德温傅联合反叛，裴行俭再次受命为定襄道大总管，率武卫将军曹怀舜、幽州都督李文暕等大将出征。

这次，由于阿史德温傅与阿史那伏念分属两个不同的大部落，裴行俭便大施反间计，使阿史德温傅与阿史那伏念渐渐产生隔阂，再派曹怀舜率军引阿史那伏念出战，然后趁阿史那伏念出兵袭击曹怀舜之机，兵分两路，直捣其老巢，擒获其妻子儿女和军需装备。

阿史那伏念回军后见基地已失，只好率军北撤，裴行俭又派兵穷追不舍。阿史那伏念恐惧不已，遂秘密与裴行俭谈判，请求逮捕阿史德温傅以立功赎罪。

于是，裴行俭又一次兵不血刃地最后平定了东突厥残余，东突厥从此再也没有兴风作浪。

很明显，裴行俭用兵作战的一个最大特点，就是善于"不战而屈人之兵"，而不依靠血战苦斗。而且特别重视气候对战役和将士身心的影响，史称他"通阴阳、历术，每战，预道胜日"。意思是说，他每次战前就能提前预知胜利的日子。

郭元振自强制吐蕃

武则天当政时期，生活在我国西部的吐蕃民族逐渐强大起来，不断向西域扩张和抄掠。

万岁通天元年（696）初，大将王孝杰和娄师德率大军讨伐吐蕃，几乎全军覆没。

九月，吐蕃派使者来长安请求继续和亲，武则天派郭元振为使者前去观察形势，看究竟可否与之和亲。

郭元振是魏州人，进士出身，性格豪爽，不拘小节，是武则天时代杰出的封疆大吏，边功卓著。

当时，吐蕃大将论钦陵对郭元振提出了两个条件："一、撤走安西四镇戍兵；二、与唐平分西突厥十姓之地。"

郭元振当即反驳说："安西四镇、突厥十姓与吐蕃种类本来不同，相距又远，如今你们请求撤罢四镇唐军，岂不是要兼并整个西域吗？"

朝廷为此犹豫不决，郭元振看出了吐蕃的野心，力主不能答应割地的要求。

郭元振向武则天建议：

"吐蕃百姓疲于徭役争战，早就希望与我国和亲，只是论钦陵为了统兵专制，独不想归顺我国。如果我们现在每年派出和亲使，让论钦陵经常犯下不从朝命的罪名，则吐蕃民众必然日益怨恨他，而更加渴望朝廷恩典和亲，这样，论钦陵想大举兴兵内侵也就必然遭到大家的反对。这也起到一种逐渐离间其君臣官民关系的作用，可使其国上下离心和猜忌，祸乱也就必然从内部兴起。"

武则天接受了这个建议，此后几年间，吐蕃君臣之间果然相互猜忌，权臣论钦陵被诛杀，其弟赞婆及兄子莽布支率众来降。

长安元年（701）十一月，郭元振被委任为凉州都督、陇右诸军大使。

先前，凉州疆界南北不过四百余里，北有突厥，南有吐蕃，二寇频频来犯，常常进军到州城下，百姓疲苦惊吓不堪。

郭元振到任后，在北边筑白亭军，在南边筑和戎城，驻军镇守，控制南北边境上的战略要地，将州境拓展到南北一千五百里，从此，突厥和吐蕃人再也无法轻易打到州城之下。

又下令地方官和军队开置屯田，发展经济生产。原先，当地粟麦一斛值钱数千，在郭元振的屯田政策指导下，几年间，粮价降至一匹绢可换数十斛粟米，军粮储积可支数十年，老百姓也因此富足起来。

史称郭元振"善于抚御，在凉州五年，蕃汉畏慕，令行禁止，牛羊被野，路不拾遗"。

他对付吐蕃的战略显然是以军事实力为后盾为基础，对敌实施军事遏制和政治安抚，而不在于一兵一卒的俘获，一战一城的得失。

不久，郭元振升任安西大都护。此时，他碰到一件倒霉事儿。

当时，西突厥首领乌质勒部落强盛，朝廷与之通款和好。一次，郭元振率随从前往乌质勒的牙帐，在牙帐外与乌质勒站着商议军事。

当时，大雪纷飞，不一会雪深过膝，郭元振没有移步，乌质勒也不便移动。但乌质勒年老，受不住寒冻袭击，讲完话回到帐篷内不久便死了。

乌质勒的儿子娑葛以为，这是郭元振故意借天寒杀其父亲，准备率军攻杀郭元振。副将解琬得到这个消息后，劝郭元振乘夜率部下逃走。

郭元振认为："我以诚信待人，本不是故意要杀其父，有什么可疑惧的？而且，我们已经深入吐蕃腹地，周围都是他们的兵将，我们怎么可能逃得出去？"没有接受解琬的主张，而是照常安卧帐中。次日，亲自到牙帐中吊唁乌质勒，痛哭流涕。娑葛深受感动，立即打消了恶念，继续与郭元振和好如初，并派使者送给郭元振军马五千匹及其他许多物品。

王忠嗣持重守边疆

王忠嗣是唐玄宗时代有名的战将，陕西华县人。自幼因父亲为国战死，他被收养皇宫中。他身材魁伟，英勇好战，沉默寡言，胸有武略。

开元二十九年（741），王忠嗣升任朔方节度使。升任朔方节度使后，他却一改以往好战的性格，专以持重安边为要务。

他的指导思想是："太平时期的大将只要抚慰训练好士卒就行，不可因国家之兵，疲士兵之力以邀功立名。"因此，采取强兵壮马，严备精练，以武力威慑敌人的战略，而不追求消灭敌人或夺占敌方城池。

天宝元年（742），王忠嗣奉命北讨奚人怒皆部，战于桑乾河上，三战三捷，大获全胜。遂乘胜进军碛口（今内蒙古善丁呼拉尔），耀兵于突厥余部乌苏米施可汗。乌苏恐惧请降，但迟迟不到。

王忠嗣便在木剌和兰山筑城驻军，并大量派出间谍前去刺探虚实。然后向朝廷递上《平戎十八策》，施用反间计，唆使突厥拔悉密、葛逻禄和回纥三部进攻乌苏米施可汗。

王忠嗣再乘机出兵攻击，大败乌苏米施可汗，筑成大同、静边二城，将原受降、振武二城并为一城，使三城连成一片，从此，突厥人不敢再越雷池一步。

天宝四年（745），王忠嗣兼任河东节度使，负责从河套西部至山西北部数千里边境的防务。

他在边境要地每隔百里便择一军事要塞设城堡镇守，相互响应，敌不敢犯。平日，轻易不出兵开战，只是多派间谍深入敌境，刺探各方军情，遇有机可乘，胜券在握，才挥兵出击，所以每战必胜。

次年，又兼河西、陇右节度使。王忠嗣一身而佩四节度将印，控制东西万里边疆，是唐朝建立以来未曾有过的事，这也充分表明王忠嗣当时在朝廷将帅中的地位和威望。

在任内，他大力提倡边境贸易，特别注意购买突厥、吐蕃等游牧民族的马羊，往往标高价购买，这样一来，突厥、吐蕃的马匹为之一空，而唐边军因之马匹强壮，所以王忠嗣虽控制东西万里，仍然兵强马壮，游刃有余。

高仙芝奇袭小勃律

高仙芝本是高丽人，父亲高舍鸡在河西军为四镇校将，故高仙芝随其父在安西长大。开元末年因军功升任安西副都护、四镇都知兵马使。

小勃律王国位于葱岭以南，克什米尔以北，横跨天山中西部，与唐西域相邻，即今塔吉克斯坦和阿富汗交界一带。

当时，这里是唐与吐蕃必争的战略要地，因为吐蕃从这里西出则与唐争夺乌浒河流域诸国（今哈萨克斯坦、乌兹别克斯坦、吉尔吉斯斯坦共和国、土库曼斯坦等中亚诸国），北出则威胁唐安西四镇所控制的西域。

小勃律国王本来由唐帝国册立，至苏失利之国王继位，吐蕃妻以女，诱其附属吐蕃，西域西北二十多个小国都随之由臣服于唐转而臣服于吐蕃，这不仅对唐的大国地位是个挑战，也对唐直接控制的安西四镇是个威胁。因之，开元年间，安西前后三任节度使田仁琬、盖嘉运、夫蒙灵察，都曾率大军征讨，均无功而还。

天宝六年（747），唐玄宗李隆基任命高仙芝为行营节度使，率万余骑兵前去征讨。高仙芝受命率军出发，急行军一百多天到达特勒满川（今瓦罕河）。在这里，高仙芝将部队分为三军：命疏勒守捉使赵崇此率三千骑兵自北路直趋吐蕃连云堡，命拨换守捉使贾崇瓘率三千骑兵从赤佛堂南路趋连云堡，高仙芝自率中路军由东而西直扑连云堡。

因为连云堡是小勃律与唐西域南部交界的一个城堡，占领吐蕃连云堡，小勃律国就无险可守了，自然只有归顺。连云堡有吐蕃兵近万人，他们根本没想到唐兵不远万里突然出现在这里，惊慌失措，依山仓促奋起抵抗。

高仙芝命郎将李嗣业为陌刀将，命令他率突击队缘险攀登突击，规定"中午以前一定要攻破城堡"。李嗣业手执战旗，率陌刀队从最险要的地方攀登上去，冲入城堡，杀敌五千，俘敌千余，残敌逃走，连云堡遂被唐军占领。

占领连云堡后，高仙芝率军继续前进，三天后，到达坦驹岭，其下是峻险陡峭的四十余里高原边缘山坡，下面即是吐蕃控制的阿弩越城。

高仙芝估计将士怕险，可能不敢下去，便预先派心腹士卒假扮成阿弩越城的守卫士兵前来迎降，说："阿弩越人赤心归唐，通往吐蕃的必经之路娑夷河藤桥已经被砍断。"高仙芝假意十分高兴，即率将士下山。

三天后，阿弩越城果然派人前来迎降。次日，高仙芝率军进入阿弩越城，先派部将席元庆率兵一千为前锋进攻小勃律，让他去对小勃律国王说："我们进占你的城池，只是为了取道去进攻大勃律，不会砍断藤桥。"又吩咐他："你的部队到达后，小勃律君臣和百姓必然逃入山谷中，你应该尽量招呼他们出来，以皇帝敕旨的名义赏赐给他们缯帛。如果有首领前来，就逮捕起来，等我到后再做处理。"

席元庆一如高仙芝所教，逮捕了五六个首领，只是小勃律国王及其公主逃入石窟中难以抓到。

高仙芝进城后，急令席元庆率部迅速砍断藤桥。藤桥刚刚砍断，吐蕃大批援军便赶到河边，但无桥过河。因为娑夷河是一条崇山峻岭中的河流，舟船不能渡，这条藤桥是吐蕃为控制小勃律花了一年时间修成的，一旦砍断，至少要再花一年时间才能修好。

然后，高仙芝才派人向国王喊话，国王和公主在石窟中听说藤桥已被砍断，知道援路已绝，只好乖乖出来投降，小勃律遂彻底灭亡，唐玄宗李隆基下令在此设归仁军镇守。

高仙芝征服小勃律，意义十分重大。从此，吐蕃向西扩张的意图被彻底打破，西域西面的二十多个小国再次转入大唐帝国的怀抱，吐蕃向北袭扰大唐西域的路线也被切断。而高仙芝之所以能取胜，一靠出其不意的战略袭击手段，二靠勇往直前、连续作战的机动战术。

第
十
七
章

CHAPTER17

宰臣文韬　驰誉中原

在名将武略扬威边疆的同时，唐朝也有一大批中枢宰臣，运筹帷幄，用自己的宏韬伟略治国济民，为大唐的盛世天下做出了贡献。

其中，有两个以理财著称的专家级宰相：刘晏、杨炎；一个以政论出名的陆贽；还有一位，则是唐代政治史上有名的"牛李党争"的那个"李"，李德裕。

刘晏理财，养民富国

刘晏不仅是唐代有名的理财专家，也是一代清正廉明的宰臣。

刘晏是山东曹州人，7 岁即能赋诗为文，以"神童"著称，唐玄宗李隆基曾亲命宰相张说面试，当即授官秘书省正字。后经选举，中贤良方正科，授温县令。

刘晏自唐代宗宝应二年（763）起，任吏部尚书、平章事，兼度支盐铁转运租庸使，以宰相身份专门负责国家财政税收工作，进行了一系列的改革和创新，不仅为当时国家的财政税收做出了巨大的贡献，还为解决民众温饱、安定社会做了许多有益的尝试。

唐朝自安史之乱开始，中央财政就非常紧巴了。因为均田制逐渐遭到破坏，而建立在均田制基础上的租庸调制也随之废弛。

天下户口十亡八九，藩镇自重，贡赋不上，朝廷所能直接控制的财政区大大缩小，仅有东南江淮一隅。开元、天宝年间，国家掌握的天下户口近千万，到代宗平定安史之乱后，已不到二百万，而且，内外饥荒，关中斗米值千钱。

接下来便是藩镇叛乱不断，国家财政税收状况愈益紧张。

一句话，国家没钱了。

刘晏上任后，针对现状，以扭转国家财政状况、安定黎民百官为己任。

当时，关中地区尤其都城长安，以及边疆和各地军区完全依赖江淮转运粮食财赋供给，而经战乱后，漕运河流淤塞，道路梗阻，江淮财赋既收不上来，也运不到关中。刘晏便亲自从长安沿泾渭至黄河，再出关经洛阳、开封，下淮、泗，及江南，仔细考察了财政税收及转运水陆路交通状况，掌握了第一手财赋粮租转运的利弊得失。

然后，他上书给当时掌权的宰相元载，认为：

"国家从江淮转运租赋到长安的利与害各有四点。有利之处：一是可以减轻关中地区农商民众的租税负担；二是东都洛阳经安史大战，破烂不堪，百不存一，开通漕路经过洛阳，则可使百姓渐渐还居洛阳；三是对朝廷桀骜不驯的藩镇和戎狄，如果听说朝廷从江淮运回大量租赋，军食丰盈，定会肃然收敛一些；四是如果舟车交通便利，货畅其流，物尽其用，则可恢复贞观、永徽时的繁盛气象。

"困难在于：一、洛阳一带上下五百里，人烟稀少，房屋倒塌，鬼哭狼嚎，而经此地转车挽漕，功难成就；二、黄河、汴河等自安史之乱以来不曾疏浚，岸崩木毁，河床淤塞，千里转漕，如同网水行舟；三、洛阳以西至潼关凡六百里崇山河道，戍逻久绝，奸匪成群，夹河抢劫；四、从江淮到潼关近三千里，军镇相望，守将长官都是权要贵族，每每以无衣无食而任意截留财赋以馈军士，不是朝廷单车使者所能制服。"

问题找到了，开始改革。

刘晏针对江、汴、河、渭四河水流不同，路途遥远等特点，改革以往从江南到关中一船到底的漕运方式，推行接力式漕运，即将整个漕运分为江、汴、河、渭四段，每一段的漕船只负责那一段的运输。同时将以往由各地方政府负责招募富人督办漕运的方式，完全改为中央政府"一条龙"式官办，直接选派清正官吏主持漕运事务。

在每一段水路的适当地方选址就地造船，训练漕运兵卒，并在一段水路的两端设置仓库储粮；漕运船每十艘为一组，派军将负责押运。

这样，每一段的漕运路程短而航道熟，再也没有原来那种由于路途遥远、变化多端而经常翻船沉船导致百分之三十的漕运物资丢失在大江大河中的现象发生。从此，每年运谷粟一百多万斛到长安，无升斗沉没。

刘晏又在扬州设立造船厂，专为漕运建造坚实耐用的船只，维持漕运不因船只缺乏而中断。每造一船，给酬千缗。有人认为酬金太高，刘晏却说：

"施大计者不可惜小费，凡做事必须从长久考虑问题。如今刚刚开始设置船场，人多手杂，应当先使这些人私用不缺，才能不贪不偷，经手人不贪不偷，国家财物才能坚牢无损。如果与这些人斤斤计较小钱，这船场怎能办得长久呢！我预料以后肯定有人觉得我给造船者太多而减省酬金，减一半尚可维持，减一半以下就无法维持漕运了。"

刘晏的这一观点是非常可贵的，实际上这就是现代西方国家非常注意的养廉思想。因为人的本性是自私的，只有高薪养廉，才能最大限度地保证官员减少贪污行为，官员只有温饱不愁才能经得起物质的诱惑，才能秉公办事，才能把国家大事办好。

不幸的是，常人难以认识到这一深刻的战略思想，在刘晏罢官后，果然有关部门将造船酬金减掉了一半。到了唐懿宗咸通年间，有关部门干脆按造船的实际花费给钱，于是，所造船质轻材薄，始用则坏，漕运遂随之废毁难用。

刘晏又认为，天下户口滋多，赋税就会增多，所以他理财以养民富民为先，在各地健全常平仓制度，设立巡院，任命知院官管理常平仓，负责当地赈灾工作，每月向他汇报当地气候和收成情况，丰收之时就收购，歉收之时就贱卖，以平衡物价，并及时免除受灾地区的赋税。

因此，他所管辖的地区，民众得以安居乐业，经济也就直线上升，财税也随之增加。故刘晏始为转运使时天下户口不过两百万，在他去世前，天下户口增至三百余万，国家年财政收入则由开始时的四百万缗增至千余万缗，每州常平仓常年储粮三百万斛。

刘晏又创榷盐法，他认为官多则扰民，故将其前任第五琦的官产官销政策加以改革，撤销全国各州县所设专卖盐官，只在盐产地置盐官，负责收买盐户所煮盐转卖给商人，让商人自由到全国各地贩卖食盐。

为了保证官盐的产销，刘晏还采取了下述措施：

一、设置十三巡院，加强缉私，严禁私盐产销，每年给国家增利六百万缗；

二、禁止各州县对过境盐商盐船的征税和拦截，以保证盐运的畅通和盐价的平稳；

三、在距产盐区较远的地方设置常平盐仓，以平衡盐价涨落，既保护盐商的利益和国家的盐税收,又保证了民众对食盐的需求和盐价平稳;改革盐法后,唐政府的盐税收由唐代宗前的年六十万贯,猛增到唐代宗大历末年(766—779)的六百万贯。

刘晏认为,管理财政要在用人得力。士人重名于利,故士多清廉者;吏员重利于名,故吏多贪污者。所以专用精明强干、清正廉勤的士人为财政官员,一般胥吏只能做管理收支账目之类的工作。

刘晏所委用的官吏,虽远在千里之外,奉刘晏之命如在眼前,没有人敢欺骗他。如果有贵戚权要向他这里塞人以求捞油水,他便让来人白拿俸禄,绝不让权贵插手财政,扰乱财政秩序。

刘晏掌管国家财政十余年,史称他"为人勤力,事无缓急,必于一日内决之,不使留宿"。(《资治通鉴》卷二二六)手中掌握国家财赋几千万,自己却俭约持家,"所居修行里,粗朴卑陋,饮食俭素,室无媵妾。"(《新唐书》卷一四九《刘晏传》)

在他受杨炎迫害被处死后,国家继任管理财税的人如韩洄、元秀、裴腆、包佶、李衡、卢征、李若初等都是刘晏培养信用的忠贞干练官员。

多年后,这些人上书给皇帝,为刘晏申冤,其中有言:

"刘晏通计天下经费,谨察州县灾害,蠲除振救,不使流离死亡。大凡统治者爱民不在赐予多少,而在于使之能够安心耕耘纺织,常年平征税,荒年免征租,而刘晏尤能及时分别轻重缓急。有人指责刘晏不重视赈灾,不应该只注意在荒年贱卖储以济民。这实际上是片面的,善于治病者,重在预防,不使病人至于危险;善于救灾者,重在平时扶持,不使之穷到需要赈济。因为赈济少则不足济穷,赈济多则导致国家财政困难,国家财政困难则又开始重征苛敛;而且,赈济使人产生一种侥幸心理,官吏为奸,强者多得,弱者不得,穷人仍然穷。受灾地区所缺乏的是粮食,其他物产尚在,国家将粮食储备贱卖出去,换得贫民杂货,再利用人力转卖到丰收地区,或留下官用,这就既赈济了贫民,又使国家财力未受削弱;在灾年贱卖国家粮食储备,利用小商小贩低价转卖到村落,使贫民不致饥乏,这又省却了国家动用大量人力物力去各村各户赈济救灾。诚所谓有功于国者也。"

这一段话大致将刘晏理财的合理思想动机讲了出来,这可以说是一种于大处着眼的富国养民战略。

　　总之，刘晏理财既有大略，也有小谋。养民以富国，养廉以安民，这是刘晏最可贵的战略思想；推行接力式漕运以及严密的漕运和榷盐制度等，则是其巧妙的逻辑思维的体现。

杨炎两税，利国便民

杨炎是继刘晏之后掌管财政的宰相，他的最大功劳在于将自北魏以来的租庸调法改革为两税法。但他出于私忿，陷害杰出的理财专家刘晏以致死，却是一生中最大的污点。

杨炎是陕西凤翔人，由征辟入仕。因与宰相元载同乡，得以受到重用。德宗即位后，升任宰相。他在任期间，最大的一件工作便是着手改革财政税收制度，以期解决国家财政困难。

唐代国家财政税收制度，以建立在均田制基础上的租庸调制为主，另有户税和地税制度作为补充。

历时八年的安史之乱波及大半个中国，接踵而来的又是几十年的藩镇叛乱和削藩战争。土地兼并的加剧，农民的破产和流离，使得租庸调制名存实亡，国家财政税收仅能依靠江淮一带的地税和户税维持。

针对这种情况，杨炎于建中元年（780）向唐德宗提出了实施"两税法"的建议：

一、凡是国家百役之费，一钱之敛，中央先统计其数量，再分摊征赋于民，量出为入。二、户不分主客，以现居地为簿籍；人不论丁中，以贫富为等差；按户口、分等级交纳赋税。三、不居处而行商的人，在所处州县征税三十分之一，按其所经营品种估算大致与居住商人均等，以便不让其有侥幸之利。四、居民之税，分秋夏两次征收，当地民习惯不便两次征收者就分三次。夏税在每年六月底以前征收完毕，秋税则不超过十一月。五、原来所征租、庸、杂徭一概省免，但丁额不废，申报增减仍如旧法。六、其田亩之税大约以大历十四年（779年，这一年德宗继位为帝）垦田数为基准，平均摊征于各地田亩。七、每年年终，以所属州县户口及赋税增减为奖惩官员的标准。

唐德宗认为这一税法切实可行，便立即下令推行两税法：

命令各地黜陟观察使及州县长官，据旧征税额及人户土客定等第钱数多少，为夏、秋两税征收。其鳏寡孤独、力不能支者，可以依法减免。其丁租庸调一并纳入两税。州县常存丁额，依法照旧申报。其应交税额，请据大历十四年现佃青苗地额均税摊征，夏税六月内纳完，秋税十一月内纳完。大赦天下，遣黜陟使观风俗，仍与观察使、刺史一道统计民产等级为两税法。在此之外加收赋敛者，以枉法论处。

两税法对于当时来说，应该是一种适时可行的财政战略。

第一，它简化了税制环节和手续，既避免了因税种繁多、环节重复而带来的官吏因缘为奸、层层巧立名目额外盘剥的弊病，也省却了老百姓"旬输月送无休息"的状况。

第二，它以财产的多少（包括土地）为征税标准，以现居地户籍丁额为征税对象，这既避免了无地征租的弊端，减轻了无地农民的负担，也扩大了赋税承担面，过去难得交税的官员和商贾及一些浮户、客户都要在当地交税。这使得过去赋税单由农民负担转为农商及所有有财产者共同承担，初步贯彻了负担公平的原则。

两税法的效果是显而易见的，在刘晏理财时，国家财赋收入大多依靠盐税，一年一千二百万贯的财政收入，盐税占了大半。

实行两税法的当年，国家财政收入就增加到一千三百多万贯，盐税尚不在此内。

陆贽政论，匡谬正误

陆贽是苏州嘉兴人，中唐著名的政治家，其官场生涯最明显的特点是频频给皇帝上书或在皇帝面前论述时政得失，犹如唐太宗时代的魏征，时人比之为汉代政论家贾谊。

但是他比贾谊要幸运得多，18 岁考中进士，进入政界，27 岁就成为清高显要的翰林学士，此时正当唐德宗继位不久、藩镇叛乱肇兴之始。从此以后，他深得唐德宗信任，直到 42 岁遭排斥被贬忠州（今重庆忠县）。所以，他有条件尽己所能，知无不言，言无不尽，不像贾谊，刚刚启口便被贬逐，只能将政论留与后世。

陆贽前后上疏近百篇，对当时的政治、经济与军事等都有论述，其中不乏至今仍然闪光的政治与军事方略。

早在陆贽初任渭南县尉时，便趁德宗派出黜陟使巡行天下的机会，对黜陟使提出"以五术巡省风俗，八计观察吏治，三科选拔俊义，四赋经营财实，六德保护疲疾，五要简化官事"的系统政治方略。

五术是：听取民众谣诵以体察其哀乐，深入市场以观察其好恶，查阅政府簿书以考察其犯罪诉讼情况，查看官员服饰和车马以确定其奢俭程度，调查官员工作情况以了解其兴趣和取舍；

八计是：看户口增减以定其养民高下，看垦田增减以定其重农抑商业绩，看赋役厚薄以定其廉贪，看政府簿书的繁简以定其处理问题的能力，看监狱囚犯的多少以定其断案的快慢，看奸盗犯罪的有无以定其令行禁止状况，看选举多少以定其教化倾向，看学校兴废以定其发展教育状况；

三科是：锐意进取，贤良忠德，干练有才；

四赋是：根据丰收与歉收情况确定租税，根据当地物产状况确定征收何种赋税，根据当地丁壮人口确定庸役，根据商贾发展情况征收商税；

六德是：敬老，爱幼，救疾，恤孤，赈贫穷，济失业；

五要是：减省闲散的兵员，废除过时的法律，精减过多的官员，去除无用的物品设施，停办无关紧要的事情。

当时有识之士都称赞他所提出的这种思想。他不久便被提升为监察御史，兼翰林学士。

唐德宗建中四年（783）十月，泾阳兵变，朱泚在长安称帝，德宗狼狈逃到奉天，痛定思痛，德宗以为当时朝廷之所以如此败迹累累，也是天命使然。

陆贽却不这样认为。为此，他上书对当时朝政的败坏原因做了分析：

"自安史之乱以来，朝廷因循姑息，藩镇自擅威福，不听朝命。因之朝廷兴兵致讨，以致一人征行，十室奉资，居者疲于馈运，行者苦于锋镝，来去骚然，乡村不宁。用兵日多，供费日广，法定租赋不够，乃议加税；加税不足，又另配加；配加不足，再科杂税，并以借贷。苛捐杂税，吏不堪命，农桑废时，百姓穷竭，以致郡邑不宁。本来应当是边防军保边疆，禁卫军保城防，而国家为削平藩镇，将边军与禁军悉数东调，以致边防空虚。又搜罗私马，责将家出兵买马。私马大多在元勋贵戚之门，将家大多是将军方镇之后，如今夺其私马，籍其子弟，元臣贵戚，谁不解体？何况加之税侯王房屋，加商人之税，贵不见优，亲不见异，以致京畿不宁。

"陛下又因百废待兴，急于求成，严法寡恩，决断失于太速，察下失于太精。决断太速则难宽恕于人，疑难不容争辩；察下太精则多猜忌，但主观臆断未必是对。对下不恕则臣下惧祸，故反侧之乱生；多猜则臣下畏慎，故苟且之弊兴。于是，叛乱继踵，怨苦并生。

"陛下以兴衰委之天命，也是不对的。《尚书》说：'天视自我民视，天听自我民听。'可见人事之外并无天命。商纣说：'我不是生来就有命在天吗？'这正是他最终亡国的道理。《周易》说：'自天佑之。'孔子解释说：'佑者助也，天之所助者顺也，人之所助者信也。履信思乎顺，是以佑之。'

可见天人佑助，首先在人身体力行，这明摆着是天命在人。人事治而天降乱，从来没有过；人事乱而天降康，也从来没有过。

"太平或生祸乱，祸乱亦资太平。太平或生祸乱是由于依恃太平而不修德政，祸乱或资太平是由于经历苦难而吸取教训，奋起治理而致太平。没有苦难而失败者是因为不能居安思危，多难而中兴者是因为知庶事之难满怀忧患意识。如今，追究生乱失序的责任已经无济于事，而应当励精图强，治乱兴邦。在当今这种危急关头，更要讲究治国之道，得失之间，悔之无及。但愿陛下舍己从人，节欲遵道，远奸佞，亲忠直，推诚信，去逆诈。如此，则何忧乱贼？何畏厄运？"

唐德宗当然不以为然，把当时的祸乱归因于"推诚之弊"。为此，陆贽又指出：

"过去有人因噎而废食，因怕溺水而自沉，这种人防患的方式显然是太过分了。愿陛下引为借鉴，不要因推诚出现小弊病而妨碍了大略。人所能借助的是信，信的根本在诚。所以，圣人很重视诚信。'诚者，物之终始，不诚无物。'物就是事，言不诚则无所成事。匹夫不诚，尚且无所成事，何况帝王要依赖臣民之诚以自固呢？

"陛下所谓'诚信以致害'的论点，臣下实在不敢苟同。孔子说：'可与言而不与之言，失人；不可与言而与之言，失言。知者不失人，也不失言。'陛下可以审其言而不可不信，可慎其所与而不可不诚。民众至愚而神，他们只知生儿育女、日作夜息，似乎很愚昧。但朝廷长官的得失无不辨识、好恶无不知晓、秘密无不传播、所为无不效法。对待他们用智谋，他们也会回之以诈；对待他们以怀疑，他们就会转为暗中对抗。不以礼对待他们，他们就不会为您殉义；不以情感动他们，他们就不会效忠您。上行则下效，上施则下报，若影附形，如响应声。所以说：'唯有天下至诚，才能尽其情性。'

"如今方镇有不诚于国者，陛下兴师伐之；臣下有不信于上者，陛下发令诛之。有司奉命而不敢赦的原因，是出于以陛下所有责其所无的信念。所以，诚信不可须臾或缺。周宣王是中兴名王，尹吉甫是文武贤臣，他歌颂宣王，不美其无过而赞其能改过。可见，圣贤深知人难无过，贵在过而能改。太宗文武仁义之德、致治太平之功可谓盛大，但至今人们传颂他最多的仍是他从谏改过的美德。可见，谏而能从、过而能改，是帝王的大德。

"臣下常苦于胸臆难达于皇上，皇上则常苦于难以知道臣下的意见，这是为什么呢？这是由于九种弊病的存在。所谓九弊，上有六，下有三：好胜人，耻闻过，喜辩驳，显聪明，摆威严，执己见，这是君上的弊病；谄谀，顾望，畏懦，这是臣下的弊病。好胜而文过，必然只喜欢佞辞，忌讳直言，则谄谀者进，而忠直之言不闻；强辩而显聪明，必然好面折人言，怀疑臣诈，则顾望者自便，而匡正之益不尽；威严而刚愎，必然不能降情接物，引咎自责，则畏懦者受信用，而入情入理的劝说就无法申述了。要治天下而不务求得人心，则天下必不能治；要得人心而不愿勤接臣下，则人心必不能得；要勤接臣下而不辨忠奸，则臣下必不能接；要辨忠奸而恶直语、好谀言，则君子小人必不能辨。"

当时，西北边防吃紧，常调河南、江淮的部队轮番去守戍，称为"防秋"。由于士卒不服水土，缺乏训练，屡战屡败，将士统属不一，难以对敌。

对于这一现状，陆贽上书指出：

"势有难易，事有先后。我强敌弱，则先取所难，这就是所谓夺人之心；我弱敌强，则先攻所易，这就是所谓观衅而动。如今，国家财空于中，师劳于外，而想发兵进攻外寇，恢复失地，就会前有胜负未必之虞，后有粮运不继之患，万一战败，只能是引敌进犯，挫伤国威。如此安边，可谓不量势而攻所难。天地分离，物产各异，各地风俗长短不一。以己所短击人所长者败，以己所长击人所短者强。以水草为居，狩猎为生，便于驰射，不耻败亡，这是戎狄所长，我之所短。

"至于择将吏，修纪律，训练士卒；耀德以佐威，能近而示远；禁侵暴以彰我信，抑攻取以昭我仁；彼求和则善之而不与盟，彼为寇则备之而不报复。这是我们当今所容易做到的。贱力贵智，好生恶杀；轻利重人，忍小顾大；安其居而动，俟其时后行。修封疆，守要害，蹊堑隧，列屯营，谨禁防，明斥候，务农足食，非万全不谋，非百克不斗；寇小至则阻其侵入，寇大至则断其归路，据险打击之，多方疑误之，使其勇无所加，众无所用，掠则无获，攻则不能，进有腹背受敌之虞，退有首尾难顾之患。这就是因利乘弊，不战而屈人之兵，这是我们之所长。我的长处就是戎狄的短处，我们所易于做到的就是戎狄所难做到的，以长制短则用力少而见效多；以易敌难则财不乏而事速成。"

那么，我们的失误在哪里呢？

"失误在于谋无定用，众无适从；任将无才，有才不将；虚报不实，实报不闻；诚信不行，言行不当。而克敌之要在于将得其人，驭将之方在于操纵得法。将非其人则兵虽众不足恃，制不得法则将虽才不为用。"（《旧唐书》卷一三九《陆贽传》）

贞元八年（792），陆贽升任宰相。在这之前，德宗鉴于卢杞为相时树立朋党，排挤忠良，虽小官必再三亲问方准委任。陆贽上任后，立即请求允许台省长官自择属官，实行保举制度，保举不当，连坐举者。德宗先是同意，后来听说一些大臣自辟僚佐，多有人情，便又反悔不允许，陆贽为此上书指出：

"人之所知，固有限极，不能遍识诸士，备阅群才。如让宰相任命所有官员，必须辗转询访，这就等于变公举为私访，易明选为暗投。如像某些人所言自择属官有人情，那么，举于君上尚且有私情，荐给宰相岂能无诈？失人之弊必然由此而生。所谓台省长官即仆射、尚书、左右丞、侍郎及御史大夫、中丞，今之宰相即往日台省长官，今之台省长官乃将来之宰相。岂有为台省长官时不能举一二属吏，居宰相之位则可择千百臣僚的道理！

"求才贵在广，考课贵在精。求广在于各举所知，这就是长官荐择；贵精在于按名责实，这就是宰臣的序进。则天太后临朝，欲收人心，尤务拔擢，广委任之意，开汲引之门，进用不疑，求访无倦，非但人得荐士，也许自举其才。所荐必行，所举辄试，其于选士之道岂不是伤于太易了吗！但课责既严，进退皆速，不肖者旋黜，才能者骤升，是以当代称其有知人之明，几朝赖其多士之用。这就近于求才贵广、考课贵精的功效。

"陛下好贤之心过于前哲，得人之盛愧于往时。原因就在好恶全在陛下一人鉴赏，选任难于公举，虽开选才之路，罕施考核之方。虽使先来者渐渐懈怠，后进者不相接续，颁一令则谤沮便起，用一人则败政即成。这就是由于选才太精、标准不一的缘故。则天太后举用之法，伤于容易而得人，陛下慎择之规，失于太精而失士。陛下选任宰相必异于庶官，精择长官必甚于末品。及至宰相献谋，长官荐士，陛下又只听庶官横议，这是委人要职却轻其所言，委人小官却重其所事，而且不辨谤言之虚实，不试其事之短长。"

陆贽这种用人思想应该说是比较通达的，可惜唐德宗终不听取，我行我素。最后，藩镇没能削平，却弄得国穷民困，政败兵弱。

陆贽的政论，实际上只实施了一小部分。

德裕当政，纵横捭阖

李德裕是唐朝历辅穆宗、敬宗、文宗、武宗四代帝王的著名政治家，河北赵县人。

唐代政治史上有名的所谓"牛李党争"，便是他与牛僧孺之间恩恩怨怨的争斗。但平心而论，他在这场争斗中是被迫应战者和受害者，为此，他的许多良谋妙策都没有得以实现。

李德裕一生仕途，几起几落，虽沉浮坎坷却功绩卓著。

唐文宗大和四年（830），李德裕遭李宗闵、牛僧孺排斥，由兵部侍郎贬为成都尹、剑南西川节度使。

当时四川经南诏入侵，南失姚、协（今云南姚安），西亡维、松（今四川理番、松潘），险要尽失。加之前任节度使郭钊治理无术，百业萧条，民不聊生。

李德裕到任后，考虑到四川南邻南诏，西接吐蕃，要发展经济，首先必须修复关防，加强兵备。

于是，建筹边楼，将与吐蕃及南诏接壤的山川险要、关隘道路一一绘制成图张挂楼上，召集熟悉边境民情风俗和兵备事宜的人士一道了解并商定边防战略，筑杖义城，以控制大渡河和青溪关等险阻，筑御侮城以控制荥经之险，筑柔远城以控制西山吐蕃，修复邛崃关以控制南诏。

同时大力整顿军队，裁汰老弱，招募勇士，每二百户取一人为民兵，教习战斗，平时务农，战时从军。组成"南燕保义""南燕保惠""两河慕义""左连弩""右连弩"等步兵特种部队，和飞星、鸷击、奇锋、流电、霆声、突骑等骑兵特种部队，共十一军。

又从安定招来制甲匠人，从河中招来制弓匠人，从浙西招来制弩匠人，使巴蜀的武器装备一跃而成为当时全国第一流的水平。

接着，改革军队漕运，将原来由川东经嘉陵江转大渡河漕运军粮到川南的方式，改为直接从川中邛、雅等州漕运粮食到川南边关，既节省了工费，又减少了损耗，也大大减轻了边民运粮的劳苦程度，从根本上改变了边关军民粮食供应不足的问题。

再次，大力提倡移风易俗，将佛教寺院霸占土地清理出来退还农民。时间不长，便使巴蜀政治、经济与军事面貌大为改观，百姓安居乐业。

这样一来，吐蕃和南诏都不敢轻易挑起边衅，南诏主动修好，归还所俘工匠四千余人，吐蕃维州守将悉怛谋请求以城投降。

维州是巴蜀西部边境的天然屏障，距成都四五百里。维州原本属唐朝所有，唐肃宗至德年间以后，被吐蕃夺占，以后唐几代封疆大吏想再次夺回这个军事战略要地都没能如愿。

此时，李德裕立即接受了悉怛谋的投降，派兵进入维州镇守。

李德裕的上述各项措施取得了很好的效果，史称“其在蜀也，西拒吐蕃，南平蛮夷。数年之内，夜犬不惊，疮痍之民粗以完复”。

因此，太和七年（833），李德裕被征还京城，出任宰相。

李德裕一生中真正得以发挥自己的济国安邦之才，是在武宗继位之后。

武宗会昌二年（842），回纥遭到黠戛斯进攻，战败，部族散亡，乌介可汗奉太和公主南下，驻军塞上，族人大饥，在边境一带用器物和儿女换食品，遣使向唐朝廷求助兵粮，收复本国，并求借天德城暂驻。

退浑、沙陀两部落首领想利用这个机会抢掠回纥，便通过天德军使田牟上书，表示愿以部落兵攻击回纥。

朝臣多数主张采纳田牟的建议，李德裕却认为：

“回纥过去对国家曾立有大功，现在贫穷来归，并未扰乱边境，我们无故讨伐他们，这不是善待边民的正义之策。不如对其赈济粮食，待其越轨为变再用兵不迟。再说，沙陀和退浑都是不可靠的。他们见利则进，遇敌则退，岂肯为国家长远之计着想？天德军兵将素来怯弱，以一城之兵与回纥战，无有不败。"

武宗听从了李德裕的主张，贷给回纥粟三万斛，而没有答应借城之事。

不久，回纥发生内乱，人心更乱，粮食愈缺，便进兵到朔州界，纵兵大掠，而天德军和退浑、党项等部龟缩城内，不敢出战。

武宗又问计于李德裕，李德裕说：

"天德军附近都是碛沙之地，利于骑兵而不利于步兵。如今，乌介可汗所依恃的是公主，我们如果先派猛将率精锐小分队偷袭夺回公主，随后出动大军攻击，敌军必然败走。目前，猛将中没有能超过石雄这个人的，请任命石雄为将，率蕃汉将士衔枚夜袭，必能获胜。"

武宗即以这个方略授予石雄，命他率军出击，果然击败回纥，迎回公主。

李德裕在武宗时期为相六年，辅佐武宗削平藩镇，发展经济，安定社会，政治与军事建树丰硕。

会昌三年（843），泽潞节度使刘从谏死，其侄刘稹图谋继承节度使一职。武宗召集大臣商议对策，宰臣大多认为，回纥兵乱尚未完全平息，应当暂时让刘稹代理节度使职。

李德裕则以为：

"泽潞情况与河朔三镇不同。河朔积习已久，人心难化，是故历朝以来，置之度外。泽潞近处心腹，一军素称忠义，尝破击朱滔等……过去多用儒臣为节帅，如今朝廷若又因而授之，则四方诸镇谁不思效其所为？如此则天子的威令又将不复行得通了！"

李德裕坚持区别对待，不能姑息泽潞，并提出了如下对付泽潞的具体战略设想：

"刘稹所依恃的是河朔三镇做后盾，只要魏博、成德等三镇节度使不与之呼应，他就无所作为。朝廷应当派重臣前往河朔，告知成德节度使王元逵、魏博节度使何弘敬，就说：河朔自肃宗、代宗以来，几代帝王许其世袭，与泽潞不同。如今朝廷将出兵讨伐泽潞，但不想动用禁军到山东，泽潞在山东的三州委托你们二镇攻取。同时，对出征将士做好动员，许以功成之日，厚加犒赏。如果二镇听命，不从旁阻挠官军，则刘稹必能擒获。"

　　果然，当朝廷运用李德裕的策略，下诏通知魏博、成德二镇时，二镇俯首帖耳，不敢动弹。

　　当武宗采纳李德裕的策略，部署诸军出击后，李德裕又根据以往河朔用兵时，"诸节镇兵利于出境仰给于中央度支，或与贼通，借一县一栅据之，自以为功，坐食转输，延引岁时"的状况，建议武宗"令王元逵取邢州，何弘敬取洺州，王茂元取泽州，李彦佐、刘沔取潞州，不得取县"。

　　这样，各路军进攻目标明确，就不敢按兵观变，虚耗军费。不久，王元逵出兵开始向邢州进攻，何弘敬却迟迟不动。李德裕又设计，声言派大将王宰率陈、许二州精兵借道魏博以讨伐磁州。

　　当时的藩镇，最怕朝廷军队假装经过辖境而对自己发起进攻，何弘敬听说这一消息后，立即率军向磁、洺二州发起进攻。

　　正当中央军全力围攻泽潞时，太原发生兵变，大有与泽潞联为一体之势，朝臣大多主张罢兵息事，李德裕则认为，太原兵变不足为忧，乌合之众，只要派人前往镇压即可，绝不能因此将削夺泽潞的战役停下来，建议立即对泽潞周围中央军做出调整，调兵先镇压太原乱兵。

　　在朝廷做出军事部署后，太原监军吕义忠率军自行讨平了太原兵变部队。接着，泽潞也很快被平定。这是李德裕力排众议，坚持区别对待、不轻易姑息藩镇等一系列战略部署的结果。

　　李德裕不仅对政治事务处置得当，也有自己卓越的政治思想。

　　他在政治方略上最主要的观点便是强本弱枝，加强中央集权，在中央则应当政出宰相，既不能政由皇帝一人独断，更不能让大权落在阉宦手中；大臣则应遇事出以公心，杜绝朋党。他又认为"省事不如省官，省官不如省吏，精简冗官是为政之本"。所以在他任内，裁罢冗吏两千多人。

　　总之，李德裕是中晚唐的一位杰出的政治家，史称："自开成五年冬回纥至天德，至会昌四年八月平定泽潞，首尾五年，其筹度机宜，选用将帅，军中书诏，奏请云合，起草指踪，皆决于李德裕。""决策论兵，举无遗悔，以身捍难，功流社稷。"（《旧唐书》卷一七四《李德裕传》）

　　其实，以李德裕的才能，如果遇上唐太宗李世民那样的帝王，定能创下如房玄龄、杜如晦那样的事业。只是可惜，李德裕生不逢时。